Temas Cedoua:

EMPREENDIMENTOS TURÍSTICOS

CENTRO DE ESTUDOS DE DIREITO DO ORDENAMENTO, DO URBANISMO E DO AMBIENTE
FACULDADE DE DIREITO DA UNIVERSIDADE DE COIMBRA

Temas Cedoua:
EMPREENDIMENTOS TURÍSTICOS

Temas Cedoua:
EMPREENDIMENTOS TURÍSTICOS

AUTOR
CEDOUA / FACULDADE DE DIREITO DE COIMBRA

EDITOR
EDIÇÕES ALMEDINA. SA
Av. Fernão Magalhães, n.º 584, 5.º Andar
3000-174 Coimbra
Tel.: 239 851 904
Fax: 239 851 901
www.almedina.net
editora@almedina.net

PRÉ-IMPRESSÃO | IMPRESSÃO | ACABAMENTO
G.C. GRÁFICA DE COIMBRA, LDA.
Palheira – Assafarge
3001-453 Coimbra
producao@graficadecoimbra.pt

Abril, 2010

DEPÓSITO LEGAL
308851/10

Os dados e as opiniões inseridos na presente publicação
são da exclusiva responsabilidade do(s) seu(s) autor(es).

Toda a reprodução desta obra, por fotocópia ou outro qualquer
processo, sem prévia autorização escrita do Editor, é ilícita
e passível de procedimento judicial contra o infractor.

Biblioteca Nacional de Portugal – Catalogação na Publicação

UNIVERSIDADE DE COIMBRA. Faculdade de Direito.
Centro de Estudos de Direito do Ordenamento, do
Urbanismo e do Ambiente, e outros

Empreendimentos turísticos / CEDOUA, Faculdade de
Direito, IGAT
ISBN 978-972-40-4198-8

I – UNIVERSIDADE DE COIMBRA. Faculdade de Direito
II – PORTUGAL. Inspecção-Geral da Administração do
Território

CDU   349
         338

NOTA PRÉVIA

O Curso de Pós-Graduação em Direito do Ordenamento, do Urbanismo e do Ambiente – cuja XV edição decorre no ano lectivo de 2009/2010 – continua a constituir a pedra angular do edifício do ensino pós-graduado ministrado pelo Centro de Estudos de Direito do Ordenamento, do Urbanismo e do Ambiente (CEDOUA). Todavia, na impossibilidade de aquele curso abarcar a vasta gama das matérias incluídas naquelas três áreas jurídicas, tem vindo o CEDOUA, nos últimos anos, a complementar o referido Curso de Pós-Graduação com a leccionação de vários cursos de pós-graduação de curta duração.

Tais cursos de pós-graduação – justamente designados "Cursos Temáticos" – têm como finalidade a abordagem, de modo especializado e aprofundado, de matérias relevantes do direito do ordenamento, do urbanismo e do ambiente. Foi o que sucedeu com o curso de pós-graduação que teve como objecto os "Empreendimentos Turísticos" – uma temática cuja actualidade e importância, por serem patentes e manifestas, não carecem de qualquer justificação.

São os textos das aulas deste curso de pós-graduação – da responsabilidade de um friso notável de especialistas – que o CEDOUA tem a honra, agora, de publicar, inaugurando, assim, uma nova série de "Temas CEDOUA" – a qual se vem juntar ao já vasto núcleo de publicações do CEDOUA, onde avultam a "Revista CEDOUA", os "Cadernos CEDOUA", as "Actas" (Colóquios e Jornadas), os "Estudos CEDOUA" e um conjunto de obras dispersas, que poderão ser designadas "Monografias CEDOUA".

Coimbra, Março de 2010

O Presidente do Conselho Directivo do CEDOUA
(Prof. Doutor Fernando Alves Correia)

QUE ESTRATÉGIA PARA O TURISMO EM PORTUGAL?

JORGE UMBELINO
*Vogal do Conselho Directivo
do Turismo de Portugal, i.p.*

No âmbito do II Curso Temático sobre Empreendimentos Turísticos, organizado pelo CEDOUA, em 2009, foi incluída uma sessão[1] dedicada à estratégia do turismo português. Nela foi utilizada, como documento de suporte, uma apresentação de diapositivos, que agora se reproduz e desenvolve em texto.

1. Uma política de Turismo para Portugal, ou uma política para a oferta turística portuguesa

2. O que pensamos ter para integrar a nossa oferta turística

3. Mas será isso o mesmo que o mercado espera da oferta turística portuguesa?

4. Feito o ajustamento entre a oferta e a procura no Turismo português, qual o estado da(s) nossa(s) concorrência(s)?

Jorge Umbelino

---

[1] Sessão do II Curso Temático sobre Empreendimentos Turísticos, CEDOUA, Coimbra, 2009.05.16, sob o título «Que estratégia para o Turismo em Portugal»?

Na maioria das ocasiões, quando nos dispomos a reflectir sobre uma estratégia para o turismo em Portugal damos esse acto como sinónimo de pensar num bom modelo para desenvolver a nossa oferta turística. Convém reconhecer que estas ideias não são, necessariamente, uma e a mesma coisa, mas também que, no caso deste texto e da sessão que lhe deu origem, elas coincidem, de facto.

É importante notar que a compreensão do fenómeno turístico nos pode levar a domínios como, por exemplo, os do direito ao bem-estar e ao lazer, ou o do enriquecimento e intercâmbio cultural, mas, por agora, fixar-nos-emos nos aspectos operacionais e na dimensão económica que subjaz à reconhecida importância da oferta turística portuguesa.

A primeira obrigação que temos, ao planear a nossa oferta turística, é a de conhecer e reconhecer os recursos turísticos que a podem incorporar, em toda a sua amplitude, diversidade e distribuição geográfica.

Ao mesmo tempo, contudo, devemos ter a sabedoria – que, neste caso, também implica a humildade – de reconhecer que a interpretação desta matéria que, em primeira instância, possamos fazer, não é necessariamente a mesma que a nossa procura potencial poderá realizar. Ou, por outras palavras, não nos será útil criarmos a convicção de um qualquer potencial de oferta, por mais *coerente* e *valioso* que pareça ser, se as pessoas a quem ele se pode destinar não manifestarem a contrapartida de interesse que é necessária para que o *negócio* se concretize.

No final desta reflexão cruzada entre o que existe para estruturar o produto turístico e as tendências da procura, e já admitindo que existem linhas de convergência entre estas duas *frentes*, é indispensável incorporar a análise da concorrência directa, ou seja, sabendo que temos para vender o que alguém quer comprar, será que o estamos a fazer nas melhores condições de qualidade, preço e capacidade de comunicação?

5. Qual o nosso ponto de partida? Que histórico tem a nossa oferta turística? Como somos reconhecidos?

6. Quais as indicações dos mercados, em sentido geral e, mais especificamente, no âmbito dos nossos principais produtos?

7. Que opções estratégicas? Quantidade ou Qualidade? Que prioridades territoriais? Que prioridades nas Políticas Públicas?

8. O PENT. Selecção de (10) produtos estratégicos e de um modelo territorial para a sua interpretação

Jorge Umbelino

Continuando este percurso para desenhar um *racional* da oferta turística portuguesa, é indispensável conhecer a imagem percepcionada, a nosso respeito, pelos cidadãos dos países que, com maior probabilidade, podem vir a integrar a nossa procura como destino turístico. Como existe um histórico, já longo e relevante, da presença turística portuguesa no movimento turístico internacional, é fundamental saber se o *posicionamento* que nos é reconhecido se ajusta às linhas de convergência oferta/procura de que antes falámos ou se, ao contrário, é preciso reconstruí-lo.

Uma vez chegados a este *refinamento* da condução estratégica da oferta turística portuguesa, é necessário prolongá-lo na análise dos destinos e produtos que nos são mais *próximos*, não necessariamente do ponto de vista geográfico mas, sobretudo, da sua força concorrencial. Conhecer bem os *adversários*, para melhor os poder combater e vencer. O que é que *eles* andam a fazer? Devemos combatê-los directamente nas suas opções ou optar por caminhos alternativos?

De volta ao nosso território, mas já conhecedores dos vários pressupostos internacionais que relevam para o caminho que queremos prosseguir, devemos concretizar as nossas opções: ambicionamos ter muitos turistas? Ou, ao contrário, não muitos turistas mas apenas os que, dispostos a consumir e respeitar integralmente os nossos recursos, sirvam para atingir as metas traçadas? Em que parcelas do território vamos incrementar a oferta de cada produto? Que políticas públicas vão ajudar à prossecução destes objectivos?

Aqui chegados, cumpre reconhecer que, na actualidade portuguesa, todas estas reflexões já foram feitas e conduziram à elaboração e aprovação do Plano Estratégico Nacional do Turismo (PENT)[2], pelo que, em seguida, trataremos não já de construir um novo modelo estratégico mas sim de conhecer e analisar o que se encontra em vigor, para o que seleccionámos alguns dos seus tópicos, segundo um critério de relevância assente num percurso assumidamente subjectivo.

Oportunidades da oferta turística portuguesa
(ou grandes tendências da procura turística europeia)

1. Envelhecimento da população

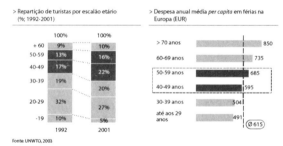

Jorge Umbelino

A esmagadora maioria da procura turística portuguesa tem origem europeia; mais do que isso, ela concentra-se em poucos países de proximidade – Espanha, Reino Unido, Alemanha, França, Holanda,

---

[2] Resolução do Conselho de Ministros n.º 52/2007, de 4 de Abril de 2007. Ver: http://www.turismodeportugal.pt/Portugu%C3%AAs/conhecimento/planoestrategiconacionaldoturismo/Anexos/PENT_VERSAO_REVISTA_PT.pdf

Itália. Assim sendo, as oportunidades da nossa oferta têm de se cruzar com as tendências estruturais da população europeia.

A primeira e mais importante nota relaciona-se com o envelhecimento. De facto, em apenas uma década (1992-2001), o peso relativo dos turistas europeus com idades entre 40 e 59 anos subiu de 30% para 38%. Nos anos entretanto decorridos, esta tendência deve ter-se acentuado e mesmo expandido para escalões etários mais avançados, na medida em que gerações de europeus que se habituaram às experiências turísticas vão envelhecendo em condições de boa qualidade de vida.

A verificação da circunstância acima descrita, que seria sempre relevante para a determinação do produto a oferecer, ganha maior expressão quando cruzada com a despesa anual média dos turistas em férias na Europa; de facto, observa-se que esta última é tanto mais elevada quanto aumenta a idade dos turistas, o que bem se compreende: trata-se de pessoas que já atingiram o topo das suas carreiras profissionais, com a consequente recompensa económica, que já reduziram as suas obrigações e despesas familiares, que se tornaram mais exigentes e disponíveis para investir no seu conforto.

Oportunidades da oferta turística portuguesa
(ou grandes tendências da procura turística europeia)

2. Viagens mais curtas

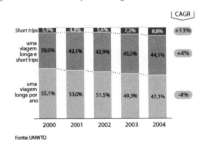

Jorge Umbelino

Uma outra constatação é a tendência para um maior fraccionamento dos períodos de férias. Desde um tempo em que a viagem era um fenómeno raro, e em que as pessoas, as poucas que podiam, gozavam um único e prolongado período de férias anual, observamos agora uma tendência oposta: com uma oferta de meios de transporte muito mais variada e acessível e com níveis de rendimento disponível mais interessantes, os europeus passaram a preferir viajar com maior frequência, encurtando os períodos médios de cada oportunidade.

O processo de partição/multiplicação dos períodos de férias tem, entre outros tópicos para reflexão, a consequência de *democratizar* os produtos e destinos turísticos. Sem terem necessidade de pôr em causa as suas preferências tradicionais, designadamente o "sol e praia", os europeus podem, agora, acumular outras experiências turísticas, abrindo o leque de produtos, de destinos e mesmo das épocas do ano passíveis de consumo.

Oportunidades da oferta turística portuguesa
(ou grandes tendências da procura turística europeia)

3. Menos despesa na viagem, mais disponibilidade para o consumo local

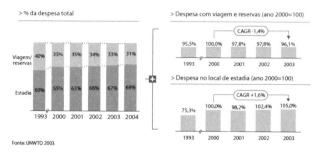

Jorge Umbelino

Como antes se comentou, uma das grandes *verdades* do movimento turístico actual, quer o internacional, quer o interno, é o embaratecimento relativo e absoluto dos custos dos transportes. Os europeus utilizam esse benefício para viajar mais vezes, mas também o usam para despender mais dinheiro com os outros aspectos das viagens. Esta indicação é valiosa para se perceber como se pode tirar o melhor partido da oferta, ajustando-a às expectativas e disponibilidades da procura.

Oportunidades da oferta turística portuguesa
(ou grandes tendências da procura turística europeia)

4. Preferência pela diversidade e aumento das reservas directas

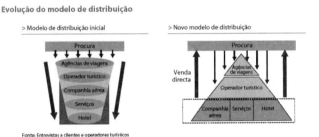

Jorge Umbelino

Para além daquilo que são as características da população europeia, e do que isso representa na formatação da procura turística que ela gera, importa perceber que o modelo de distribuição dos produtos turísticos também sofreu uma importante evolução nos últimos anos. De facto, de um tempo em que a esmagadora maioria do negócio turístico se fazia através das agências de viagens, hoje, sem prejuízo de algumas pessoas ainda continuarem a preferir esse modelo, há muitas outras que optam por uma relação mais directa com os prestadores dos vários serviços – transporte, alojamento, informação, animação.

Esta nova realidade implica duas grandes consequências: por um lado, a necessidade de adaptação a uma nova lógica de vendas, designadamente no que respeita i) ao desenvolvimento das novas tecnologias, ii) à aceitação de um processo mais fragmentado e dinâmico, quando não personalizado, iii) a uma lógica de reservas de última hora, que obsta ao conforto e racionalidade do planeamento da actividade das empresas; por outro lado, a diminuição do efeito da intermediação responsabiliza ainda mais os prestadores dos serviços turísticos, sobre quem passa a recair directamente toda a responsabilidade pela avaliação de qualidade por parte dos consumidores.

Oportunidades da oferta turística portuguesa
(ou grandes tendências da procura turística europeia)

4. Preferência pela diversidade e aumento das reservas directas

Mais do que a conceptualização da ideia antes exposta, a qual se apresenta, aliás, como razoavelmente consensual, vale a medição do peso percentual das vendas de produtos turísticos por sistema *online* de reserva: de 1998 a 2006, esta realidade passou de quase inexistente a uma presença de cerca de 1/3 da facturação, o que torna este processo como absolutamente inequívoco.

Como interpretar uma proposta de valor para a oferta turística portuguesa?

Proposta de valor de Portugal – fundamentos estratégicos

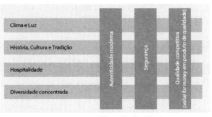

Jorge Umbelino

Depois de uma breve passagem por algumas características importantes da procura turística europeia, a qual, como vimos, é decisiva para o nosso próprio mercado, cumpre perceber como é que o PENT interpreta a proposta de valor da oferta turística portuguesa. Ou, por outras palavras, entender quais as principais armas que nos podem servir para o combate no complexo e difícil tabuleiro da concorrência internacional da oferta turística.

Segundo o diagnóstico que fundamenta o PENT, há elementos que nos diferenciam e outros que nos qualificam, sempre na tentativa de interpretar aquilo que a procura turística internacional aspira consumir. Entre os elementos que nos diferenciam, destaca-se a singularidade do *clima e da luz* que nos abrange, o valor da nossa *história, cultura e tradição,* a reconhecida *hospitalidade* do povo português e a designada *diversidade concentrada* dos recursos turísticos de que dispomos, isto é, bastante variedade disponível sem necessidade de longas viagens. Quanto aos aspectos que nos qualificam, o PENT identifica um balanço equilibrado entre a tradição e o progresso, a que chama *autenticidade moderna,* a *segurança,* traduzida em níveis satisfatórios de tranquilidade urbana e na ausência de conflitualidade política ou religiosa e, finalmente, um bom *value for money* na oferta, aqui designado de *qualidade competitiva*.

Metas do PENT para a evolução da oferta turística portuguesa

a) Crescer mais do que média europeia, sobretudo em termos de receitas
  → 5% / ano, em número de turistas (20 milhões de turistas, em 2015)
  → 9% / ano, em receitas (15000 milhões €, em 2015)

b) Representar 15% do consumo no PIB

c) Representar 15% do emprego em Portugal, através de postos de trabalho directos, indirectos e induzidos

Jorge Umbelino
MINISTÉRIO DA ECONOMIA E DA INOVAÇÃO

Com as vantagens competitivas antes descritas, e consideradas as características que reconhecemos na nossa procura e nos destinos concorrentes, o PENT estabelece metas ambiciosas para o crescimento da oferta turística portuguesa. Assim, foi fixado o objectivo de crescer acima da média europeia, sobretudo em termos de receitas: para o número de turistas, aponta-se um crescimento médio de 5% ao ano, no período 2006/2015, o que permitiria atingir o valor de 20 milhões no final desse ciclo; para as receitas, ambiciona-se um incremento médio de 9% ao ano, no mesmo período, o que levaria a um volume anual de receitas na ordem dos 15.000 milhões de euros. A verificarem-se estes índices de crescimento, o ano de 2015 mostrar-nos-á um turismo português a valer 15% do consumo no PIB e igual valor percentual na distribuição sectorial do emprego.

Depois de os primeiros anos do ciclo 2006/2015 terem revelado um crescimento acima das ambiciosas metas para eles traçadas, 2008 e 2009, ao serem muito afectados pela crise económica internacional, tiveram desempenhos mais difíceis. É preciso esperar para ver que expectativas podemos ter para os próximos anos e, sobretudo, para saber com que desempenhos atingiremos o ano de 2015.

Metas para a evolução da oferta turística portuguesa
Dados regionais

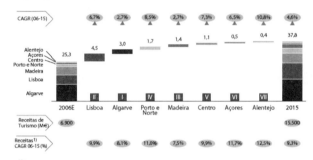

Jorge Umbelino

Importa, ainda, compreender que o desempenho expectável para Portugal não terá uma tradução igual em todas as suas regiões, já porque as situações de partida que referenciam os ritmos de crescimento de cada uma delas são diferentes, já porque os recursos que nelas se mobilizam também são diversos.

Assim, assinala-se que, em matéria de número de dormidas de turistas, os acréscimos mais significativos, em termos absolutos, deverão localizar-se em Lisboa (+4.5 milhões) e Algarve (+3.0 milhões), as duas regiões do País com oferta mais consolidada; já em termos de taxas de crescimento médio anual, os valores mais expressivos verificar-se-ão em regiões em processo de afirmação, como o Alentejo (+10,8%) e o Porto e Norte (+8.5%), sem prejuízo de o forte incremento absoluto em Lisboa também lhe valer um bom ritmo (+6.7% ao ano).

Se perspectivarmos a evolução média anual esperada para as receitas, a amplitude máxima entre regiões é de apenas 5 pontos (de +7,5% na Madeira a +12,5% no Alentejo), quando para o número de dormidas ela se situa em 8.1 pontos (10.8% no Alentejo, 2.7% no Algarve e Madeira). Ou seja, neste indicador também entra o conhecimento ou expectativa quanto à tipologia e qualidade dos empreendimentos, com reflexo no preço do serviço que prestam, coisa que, neste caso, parece pender favoravelmente para as regiões mais consolidadas; por outras palavras, estas regiões, mesmo tendo crescimentos médios anuais de número de turistas mais modestos, o que se compreende, face à sua própria base de referência, acabam por compensar, em termos de receitas, por terem, ou deverem vir a ter, empreendimentos mais qualificados.

Dados recentes da oferta turística portuguesa (2004-2008)

Jorge Umbelino

Dados recentes da oferta turística portuguesa
Capacidade (nº de camas)

Tipologia de Estabelecimento	2004	2005	2006	2007	2008
Hotéis	115.750	126.445	127.423	129.552	136.886
Hotel-Apartamentos	34.054	34.614	35.215	35.159	34.650
Pousadas	2.223	2.216	2.273	2.269	2.357
Aldeamentos Turísticos	13.542	13.439	12.347	12.251	14.264
Apartamentos Turísticos	38.661	37.769	36.504	35.041	35.591
Outros (pensões, motéis, estalagens)	49.697	49331	50275	50.475	48.849
TOTAL GERAL	253.927	263.814	264.037	264.747	272.587

Jorge Umbelino

Para melhor nos situarmos face às expectativas de evolução fixadas pelo PENT, cumpre conhecer os dados mais recentes do desempenho da oferta turística portuguesa.

Assim, começando pela capacidade de alojamento, observamos que no último quinquénio (2004-2008) houve uma consistente evolução positiva, a qual, em conjunto com a folga existente ao nível das taxas de ocupação dos empreendimentos existentes, permite acomodar uma importante expectativa de crescimento da procura. Mais ainda, verifica-se que esta evolução positiva se expressa, sobretudo, em estabelecimentos hoteleiros, acrescentando qualificação.

Dados recentes da oferta e procura turística portuguesa
Dormidas, variação percentual 2004-2008

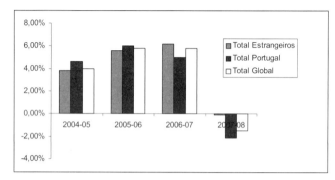

Jorge Umbelino

Passando à análise do número de dormidas, constatamos que, após um período de sucessivos e importantes incrementos – os anos de 2005 a 2007 foram os melhores de sempre da oferta turística portuguesa – o ano de 2008, fortemente afectado pela crise económica internacional, representou um contratempo neste processo. O futuro dirá qual poderá ser o tempo e o ritmo da retoma do crescimento, que certamente chegará.

Dados recentes da oferta e procura turística portuguesa
Taxa de ocupação-cama

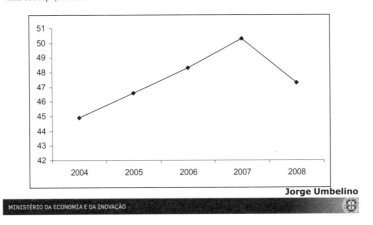

Quanto à taxa de ocupação-cama, dado o ritmo de aumento da capacidade de alojamento a que antes aludimos e a evolução da procura, que também já documentámos, o resultado deste indicador, no período em questão, é fácil de deduzir: um significativo aumento até 2007 e um inevitável recuo em 2008.

Dados recentes da oferta turística portuguesa
Receitas (milhões de euros)

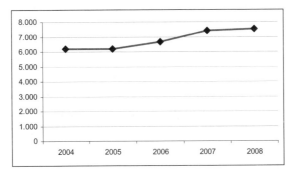

No que respeita à evolução da receita, os dados são bastantes animadores, uma vez que ela tem vindo a crescer a bom ritmo, superior mesmo ao verificado para a evolução do número de turistas e de dormidas, o que significa uma valorização relativa da nossa oferta. E até no ano de 2008, que foi muito afectado por especiais dificuldades económicas, de impacto mundial, com claras repercussões na procura, a evolução da receita turística foi positiva.

Uma oferta competitiva através de:

a) Apelo ao consumo turístico *versus* outras alternativas

b) Capacidade de estabelecer diferença em relação a ofertas concorrentes

c) Competência para fazer melhor do que as ofertas concorrentes

O primeiro passo para a competitividade dos destinos turísticos passa pela sua capacidade de suscitar consumo em concorrência com outros apelos sectoriais. Antes de escolherem produtos e destinos, os consumidores têm de optar entre viajar em turismo ou trocar de automóvel, ou de sofás, ou de televisão, etc. Só depois de haver disponibilidade para o consumo turístico é que se escolhe entre as muitas opções disponíveis nos mercados nacionais e internacionais.

Perante *este* turista disponível, provavelmente o que de mais interessante se pode fazer, em termos de competitividade, é mostrar que se tem algo de novo e diferente para lhe oferecer, algo que seja único e não enfrente concorrência directa.

Se esta solução não for possível, ou para além dela, os destinos turísticos devem apetrechar-se com os meios para se apresentarem como melhores e mais eficazes do que os seus concorrentes. Serem mais atractivos na forma de se apresentarem aos consumidores, serem mais diligentes na forma de receberem os turistas, apresentarem-se com preços compatíveis com o que é oferecido, em suma, superarem as expectativas legitimamente criadas nos clientes.

Pressupostos da busca de competitividade na oferta turística portuguesa

a) Posição geográfica e determinismos da procura

b) Valores culturais, hábitos e determinismos da procura

c) Conjunturas e crises internacionais

Jorge Umbelino

Um outro conhecimento indispensável para definir o modelo de competitividade da oferta turística portuguesa é o da macroestrutura da envolvente internacional. De facto, há características da nossa relação com a procura que muito dificilmente poderemos mudar ou, até, moldar.

A primeira dessas características é a posição geográfica de Portugal, no extremo Ocidental da Europa. Se é verdade que o transporte, nas suas componentes de custo e tempo, é uma variável que tem vindo a tender para a indiferença, ela não é, ainda assim, negligenciável. Por outras palavras, seremos sempre tendencialmente menos competitivos em mercados longínquos, pela simples razão de que, para esses, existirão ofertas alternativas mais próximas; ou, para o sermos, teremos de acrescentar valor significativo noutras componentes da operação.

Em ligação com a problemática da posição, o tipo de recursos e produtos turísticos que Portugal pode oferecer não servem, de igual modo, a todos os mercados, em razão das suas características culturais e hábitos de consumo; por exemplo, o produto "sol e mar", muito importante para a composição da oferta portuguesa, não será das primeiras preferências junto dos mercados orientais, que mostram especial apetência por recursos ligados à cultura, à história e ao *shopping*.

A última nota neste conjunto de matérias que a oferta turística portuguesa dificilmente pode *controlar* é a das conjunturas e crises internacionais, sejam estas de natureza económica, política, religiosa ou higio-sanitária. São, sem dúvida, ocorrências da maior relevância para a actividade turística, mas perante as quais nos apresentamos como dependentes, ou seja, na contingência de apenas poder reagir.

Em síntese, diremos que há aspectos na caracterização dos mercados internacionais que não são moldáveis, pelo que têm de ser aceites na forma como se apresentam. Ao contrário, pode e deve haver a ambição de comunicar de forma eficaz as virtudes da nossa oferta turística, cativando mais e melhores turistas em todos os mercados a que possamos ter acesso.

Oportunidades para a busca de competitividade na oferta turística portuguesa

Densidade e coesão territorial, dispersão da procura no espaço e no tempo

Maior habilitação profissional e societal

Inovar na afirmação do produto

Jorge Umbelino

Continuando um exercício de síntese das principais orientações estratégicas para a nossa oferta turística, cumpre relevar a necessidade de investir no equilíbrio e coesão dos territórios utilizados nesta função. É importante acreditar e fazer valer a ideia de que podemos dispersar no tempo e no espaço o movimento turístico realizado em Portugal, desconcentrando o esforço de algumas regiões e épocas do ano. Esta orientação é importante para diversificar e valorizar a oferta turística portuguesa, com claros benefícios ao nível da sustentabilidade da mesma.

Uma outra linha estratégica de valor inquestionável é a valorização dos profissionais directamente ligados à oferta turística e o envolvimento prático de toda a sociedade. Num tempo em que a concorrência internacional é especialmente agressiva, a qualidade diferenciadora deve sustentar-se, sobretudo, no bom desempenho dos recursos humanos, quer daqueles que constituem a base territorial, quer dos mais proximamente envolvidos nas funções turísticas.

A última nota que queremos deixar, nesta matéria, é um reforço do objectivo de inovação. Fazer diferente é fazer melhor, é ser mais competitivo. Quanto mais difícil se revelar este objectivo, mais precioso e valioso ele se torna.

Algumas acções concretas para a valorização da oferta

1. Inovar e valorizar na exploração de conteúdos tradicionais portugueses, a fim de criar marcos distintivos e diferenciadores

2. Prestar especial atenção à cultura erudita e popular, melhorando o *marketing* a ela associado

3. Conhecer e valorizar a gastronomia portuguesa, na sua diversidade regional, interpretando as melhores formas de a produzir e comunicar

4. Criar mecanismos para a certificação de qualidade na prestação de serviços turísticos, em todos os *momentos de verdade* da oferta

Jorge Umbelino

Numa tentativa de refinar a orientação estratégica antes esboçada, salientamos quatro acções concretas que é importante desenvolver:

- uma especial valorização dos conteúdos tradicionais portugueses, materiais e imateriais, por serem estes os de maior genuinidade e, por isso, capazes de serem mais distintivos; sem complexos, mas tendo a racionalidade de apresentar a tradição de uma forma moderna e compreensível pelos consumidores actuais;
- na mesma linha de pensamento, dedicar grande empenhamento à afirmação da cultura erudita e popular, melhorando o *marketing* a ela associado, para permitir a sua posição útil na composição do produto turístico;
- de uma forma ainda mais precisa, apostar na gastronomia e nos vinhos como elemento simbólico especialmente relevante neste processo de afirmação cultural;
- criar mecanismos para a certificação de qualidade na prestação de serviços turísticos, como forma de valorizar, de modo simbólico, mas também eficazmente, a comunicação promocional e de contribuir para a elevação das referências de desempenho.

A matriz de produtos estratégicos do PENT e a sua aplicação regional

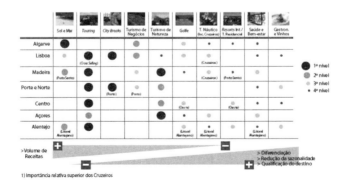

Jorge Umbelino

A última nota que pretendemos deixar, neste percurso de reflexão, é a verificação da matriz de produtos turísticos/regiões, que nos traz um elenco de 10 produtos de aposta, distribuídos pelas sete regiões NUT II com uma hierarquia de quatro níveis de afirmação. Verifica--se, assim, que há produtos mais e menos dispersos pelo País, como há regiões com mais ou menos produtos de aposta. Fica, deste modo, clarificado o caminho preferencial a seguir, sem prejuízo das livres iniciativas dos promotores, desde que seja cumprida a legalidade, nomeadamente em matéria de instrumentos de gestão territorial.

UTILIDADE TURÍSTICA E INTERESSE PARA O TURISMO
– DOS RESPECTIVOS REGIMES JURÍDICOS –

SARA BLANCO DE MORAIS
Advogada

1. Da Declaração de Utilidade Turística

i.) *Enquadramento*

O instituto em epígrafe surgiu em Portugal na década de 50, numa fase de arranque da actividade turística e com o intuito de promover/potenciar o desenvolvimento do sector (em particular no que respeita ao equipamento hoteleiro e similar, a que foi inicialmente dirigido).

Compreensivelmente, trinta anos volvidos, o respectivo quadro regulador já não se encontrava apto a responder às necessidades inerentes à realidade turística entretanto surgida: o seu âmbito de aplicação revelava-se demasiado restrito (não abarcava determinados empreendimentos considerados de interesse prioritário, tais como conjuntos turísticos, equipamentos de animação, instalações termais e casas afectas ao turismo de habitação).

Foi neste contexto que surgiu o Decreto-Lei n.º 423/83, de 05 de Dezembro, o qual, apesar de já alterado, contém ainda a matriz reguladora do instituto jurídico em referência.

Todavia, decorridos dez anos, também aquele diploma foi objecto de significativas alterações, decorrentes das profundas mu-danças verificadas na política do sector, as quais resultaram da apro-vação do Decreto-Lei n.º 38/94, de 08 de Fevereiro.

Com efeito, por um lado, verificava-se desnecessário proceder a uma averiguação administrativa dos pressupostos da atribuição da utilidade turística a empreendimentos de categoria superior, na medida em que o simples facto de se tratar de empreendimentos de tal categoria constituía presunção suficiente da verificação dos referidos pressupostos; por outro lado, tornava-se necessário restringir o leque de empreendimentos a que pudesse ser atribuída a utilidade turística, de forma a que desta só pudessem beneficiar os empreendimentos turísticos cuja promoção e incentivo se justificasse do ponto de vista do interesse público.

Adivinha-se, contudo que, com a aprovação e publicação do Decreto-Lei n.º 39/2008, de 07 de Março (o qual, já rectificado e parcialmente regulamentado, contém o actual *Regime Jurídico da Instalação, Exploração e Funcionamento dos Empreendimentos Turísticos*) surja uma nova revisão do regime jurídico que pauta a atribuição da utilidade turística.

A importância dessa iniciativa legislativa inere ao facto de que, mais do que um mero *nomen iuris*, a qualificação *de utilidade turística* consubstancia um verdadeiro passe de acesso ao universo dos benefícios fiscais, sendo certo que, no preâmbulo dos diplomas citados, o legislador não se coibiu de enfatizar o facto de *a existência de regimes fiscais privilegiados dever obedecer a um princípio fundamental, que seja o de que tais regimes apenas devem admitir-se na medida em que contribuam efectiva e plenamente para a tutela de interesses públicos extra-fiscais cuja relevância supere os da própria tributação que impedem.*

ii.) *Do âmbito de aplicação e dos pressupostos de atribuição*

De acordo com uma definição actualista, tal como sucede com a adoptada pelo Turismo de Portugal, I.P., a utilidade turística reconduz-se à *qualificação atribuída aos empreendimentos de carácter turístico que satisfaçam um conjunto de requisitos de localização, construção, equipamentos e serviços e que se adeqúem aos objectivos e linhas do Plano Estratégico Nacional de Turismo.*

A atribuição da utilidade turística depende de declaração para o efeito, a emitir mediante despacho do membro do Governo com a tutela do sector do Turismo, devendo o respectivo pedido ser apresentado junto do Turismo de Portugal, I.P., pela entidade proprietária ou concessionária da exploração dos empreendimentos em causa.

Sublinhe-se, antes de mais, que a declaração de utilidade turística pode ter por objecto não apenas os empreendimentos turísticos, mas, igualmente, outros empreendimentos de carácter turístico. Como tal, podem candidatar-se à atribuição de utilidade turística não só os hotéis, aldeamentos turísticos, apartamentos turísticos, conjuntos turísticos, empreendimentos de turismo de habitação, empreendimentos de turismo no espaço rural, parques de campismo e de caravanismo e empreendimentos de turismo da natureza, mas também estabelecimentos de restauração, equipamentos de animação, culturais e desportivo, entres outros.

De resto, os empreendimentos passíveis de declaração de interesse para o turismo não têm de ser empreendimentos novos, podendo igualmente candidatar-se à atribuição de utilidade turística os empreendimentos já existentes que sejam objecto de remodelação, beneficiação ou reequipamento total ou parcial, ou de aumento em, pelo menos, 50% da sua capacidade originária.

É ainda possível a declaração de utilidade turística da constituição de servidões sobre prédios vizinhos daqueles onde está ou será implantado o empreendimento, desde que tais servidões se mostrem estritamente indispensáveis à adequada exploração de empreendimentos a que tenha sido atribuída aquela qualificação.

A declaração de utilidade turística pode ter lugar a *título prévio* (logo após a aprovação do projecto), ou a *título definitivo* (até seis meses após a abertura ao público do empreendimento). Ora, como a designação indica, a declaração de utilidade turística a título prévio tem, necessariamente, um carácter precário, não podendo subsistir para além do prazo máximo de três anos e ficando os seus efeitos subordinados a uma condição resolutiva, a saber: a respectiva confirmação.

A confirmação da declaração prévia deve ser requerida no prazo de seis meses a contar de uma das seguintes datas, consoante o caso: *da abertura ao público dos empreendimentos; da reabertura ao público dos empreendimentos, quando tenham sido encerrados por motivo de obras ou de melhoramentos realizados; do termo das obras, nos restantes casos.*

Uma questão que não resulta clara da lei consiste em saber qual a consequência para o proprietário do empreendimento objecto de uma declaração de utilidade turística prévia, que não requeira a respectiva confirmação dentro do referido prazo legal de seis meses, quando este termine antes do prazo máximo de duração daquela declaração (três anos).

Com efeito, a entender-se que tal consequência seria a da caducidade automática da declaração prévia, tal poderia gerar situações contrárias ao interesse público inerente à própria fixação de um prazo de caducidade.

Configure-se a hipótese de um dado proprietário que beneficiasse dos efeitos da declaração de utilidade turística prévia, pelo período de três anos sem nunca executar as obras de construção do empreendimento projectado, e a de um segundo proprietário que concluísse as obras do respectivo empreendimento, em conformidade com o projecto aprovado, e abrisse o empreendimento ao público no decurso do primeiro ano de vigência da declaração prévia, mas não requeresse a confirmação da declaração obtida nos seis meses subsequentes. A admitir-se a caducidade automática de tal declaração, este segundo proprietário seria mais duramente penalizado pelo ordenamento jurídico do que o proprietário referido no primeiro exemplo, pois deixaria de beneficiar dos efeitos da declaração prévia em momento anterior ao do termo do prazo de três anos – não obstante ter dotado uma dada região de um novo empreendimento turístico qualificado, dentro desse prazo...

A necessidade de confirmação de declaração de utilidade pública prévia aparenta, pois, ser algo despicienda, uma vez que nem sequer poderá ser entendida como um pertinente mecanismo de controlo dos empreendimentos novos ou remodelados, na medida em que esse controlo já subjaz à existência do próprio procedimento de licenciamento da operação urbanística inerente, ou da actividade neles desenvolvida.

Diferentemente da declaração prévia, a declaração de utilidade turística emitida a título definitivo vale pelo prazo expresso no respectivo despacho de atribuição.

Um eventual pedido de declaração de utilidade turística deverá, pois, ser apreciado tendo em conta os seguintes pressupostos: *a localização e tipo de empreendimento; o tipo e o nível, verificado ou presumido, das instalações e serviços do empreendimento; o interesse do empreendimento no âmbito das infra-estruturas turísticas da região; a sua contribuição para o desenvolvimento regional; a capacidade financeira do promotor; a adequação do empreendimento à política de turismo definida pelos órgãos estaduais competentes.*

Com o claro intuito de manutenção de um certo grau de discricionariedade na restrição das situações de declaração de utilidade turística, a exercer, designadamente, consoante a maior ou menor intensidade do desenvolvimento do sector num lapso temporal representativo, o elenco legal dos pressuposto de atribuição da qualificação em apreço pode ser aditado mediante portaria do membro do Governo com a tutela do Turismo.

Conforme antecipado *supra*, repare-se que a atribuição da utilidade turística apresenta carácter automático, se requerida no que concerne a empreendimentos de categoria superior, como o são, designadamente, os hotéis e os aldeamentos turísticos de luxo.

No que concerne aos seus efeitos, a declaração de utilidade turística de um dado empreendimento pode, pois, facultar incentivos fiscais relativos à propriedade e exploração do mesmo, como sejam a isenção do imposto municipal sobre imóveis (IMI) e a isenção do imposto municipal sobre as transacções onerosas de imóveis (IMT); e, ainda, o acesso à expropriação de direitos sobre imóveis destinados aos empreendimentos de carácter turístico objecto de declaração de utilidade turística.

2. Da Declaração de Interesse Para o Turismo

i.) *Enquadramento*

A criação do instituto do interesse para o turismo surgiu tardiamente, em comparação com a consagração da possibilidade de atribuição do estatuto de utilidade turística, tendo a respectiva regulamentação vindo desenvolver a previsão constante do artigo 57.º do anterior *Regime Jurídico da Instalação, Exploração e Funcionamento dos Empreendimentos Turísticos*, tal como então constante do Decreto-Lei n.º 167/97, de 04 de Julho.

A matriz do respectivo regime jurídico consta do Decreto Regulamentar n.º 22/98, de 21 de Setembro, alterado pelo Decreto-Lei n.º 1/2002, de 03 de Janeiro (rectificado)

A declaração de interesse para o turismo, cuja atribuição compete, actualmente, ao Turismo de Portugal, I.P., é necessária, fundamentalmente, para a instrução de processos administrativos com vista à obtenção de apoios financeiros no sector do turismo.

A sua obtenção pode, também, ser necessária no âmbito de outros procedimentos administrativos, como sejam o da atribuição da qualificação como conjunto turístico e, no caso dos campos de golfe, o da obtenção de parecer favorável das comissões regionais competentes para a utilização não agrícola de solo integrado na Reserva Agrícola Nacional.

ii.) *Do âmbito de aplicação e dos pressupostos de atribuição*

A criação do instituto ora em análise visou o reconhecimento da importância de certas iniciativas de carácter turístico que, servindo para a valorização do património histórico, ambiental, gastronómico e cultural e para o desenvolvimento das regiões onde se inserem, contribuíam, simultaneamente, para a diversificação e melhoria da oferta turística a nível nacional. Apresenta, pois, um âmbito mais vasto do que o instituto da utilidade turística.

Nos termos do já citado Decreto-Lei n.º 39/2008, de 07 de Março, a declaração de interesse para o turismo pode ser requerida quer pelo particular interessado, quer pelo Município (através da câmara municipal) da área de situação da iniciativa em causa, sendo que o presidente do Turismo de Portugal, I.P. dispõe do prazo de 45 dias úteis a contar da data da recepção do requerimento devidamente instruído (ou da recepção dos documentos adicionais eventualmente solicitados) para se pronunciar sobre o pedido.

A possibilidade de atribuição da qualificação de interesse para o turismo depende, logicamente, da verificação de um cúmulo de requisitos.

Utilidade Turística e Interesse para o Turismo

Assim sendo, a iniciativa candidata deve: contribuir para a atracção de turistas, ou constituir um meio para a ocupação dos seus tempos livres ou satisfação das suas necessidades e expectativas, decorrentes da sua permanência na região visitada; destinar-se à utilização por turistas, não se restringindo ao uso por parte dos residentes na região ou associados; complementar outras actividades, projectos ou empreendimentos, turísticos ou não, da região, de molde a aí constituir um apoio relevante ao turismo ou um motivo especial de atracção turística; possuir projecto aprovado, ou apresentado para aprovação, quando exigível; não estar próxima de estruturas urbanas ou ambientais degradadas, com excepção dos estabelecimentos já existentes, quando se enquadrem num processo de requalificação urbana ou ambiental.

Para além destes requisitos de carácter genérico, transversalmente aplicáveis, existem requisitos específicos do reconhecimento do interesse para o turismo aplicáveis a cada iniciativa passível de qualificação.

Será, nomeadamente, o caso das marinas, portos de recreio e docas de recreio; dos autódromos e kartódromos; dos parques temáticos; dos campos de golfe; dos balneários termais; dos balneários terapêuticos; das instalações e equipamentos para salas de congressos, seminários, colóquios, reuniões e conferências; dos estabelecimentos de restauração; dos estabelecimentos de bebidas; dos hipódromos e centros equestres; das instalações e equipamentos integrados nas rotas de vinho; das embarcações.

No que concerne às entidades exploradoras de empreendimentos que exerçam actividades declaradas de interesse para o turismo, estas têm de se licenciar como empresas de animação turística e cumprir os requisitos previstos para o exercício dessa actividade.

Sempre que a declaração de interesse para o turismo for aprovada antes da aprovação do projecto de arquitectura do empreendimento (nos casos em que tal seja necessário) a mesma caduca se o mesmo não vier a ser aprovado no prazo de dois anos a contar da data da respectiva emissão.

De resto, a declaração de interesse para o turismo pode ser revogada, a todo o tempo, quando deixarem de se verificar os pressupostos que determinaram a sua atribuição.

3. Apreciação crítica

De uma análise, ainda que perfunctória, dos regimes jurídicos descritos *supra*, resulta premente a necessidade de o legislador proceder à sua adequação/actualização, quer em função das recentes alterações ao Regime Jurídico da Instalação, Exploração e Funcionamento dos Empreendimentos Turísticos, quer em função dos objectivos do Plano Estratégico Nacional Para o Turismo.

Com efeito, não só a tipologia dos empreendimentos turísticos passíveis de declaração de utilidade para o turismo e/ou de interesse para o turismo sofreu alteração significativas em 2008, não correspondendo já à terminologia utilizada em sede dos diplomas analisados, como, a tendência a que se assiste no sector é a do incentivo a uma melhoria quase extrema da qualidade da oferta.

A actual tendência de promoção do desenvolvimento de uma oferta turística altamente qualificada (dir-se-ia, mesmo, de luxo) imbui o conteúdo do Plano Estratégico Nacional Para o Turismo, o que se compreende, quer em função da escassez de terrenos privilegiados para a construção (designadamente, dada a elevada taxa de ocupação e relativa erosão da faixa costeira), como da necessidade de se garantir que os promotores que obtenham o licenciamento das suas pretensões detenham, simultaneamente, a capacidade financeira de assegurar a salvaguarda dos valores ambientais, de importância fulcral na sociedade presente.

Assim sendo, e sobretudo no que concerne ao regime jurídico da declaração de utilidade turística (em face do seu carácter parafiscal e, como tal, necessariamente mais rigoroso), urge adequá-lo àqueles objectivos, redefinindo o elenco de empreendimentos elegíveis, de forma restritiva e concisa, de molde a obter-se o efeito desejado de, efectivamente, desagravar os que merecem ser incentivados numa lógica de conciliação dos interesses económico-sociais, ambientais, urbanísticos e de (re)ordenamento do território por que se pauta a actividade turística.

Simultaneamente, a condensação num único diploma de cada um dos referidos regimes, respectivamente, muito facilitaria a tarefa aplicativa, quer do requerente, quer do operador administrativo, contribuindo para o tão almejado equilíbrio de interesses público e privados, sob o corolário do princípio da legalidade.

EMPREENDIMENTOS TURÍSTICOS E PLANEAMENTO URBANÍSTICO: A "TURISFICAÇÃO DO TERRITÓRIO" OU A "TERRITORIALIZAÇÃO TURÍSTICA"?[1]

FERNANDA PAULA OLIVEIRA
Assistente da Faculdade de Direito de Coimbra

1. A necessidade de integração da política do turismo na política de ordenamento do território

O turismo assume-se, cada vez mais, como uma relevante política sectorial com importância estratégica para o desenvolvimento económico-social do país. Exemplo disso é o facto de grande parte dos projectos entre nós declarados como de *potencial interesse nacional* (PIN) e de *potencial interesse nacional com importância estratégia* (PIN +), terem sido projectos de cariz turístico, não obstante estas figuras cubram tendencialmente todo o tecido empresarial português.[2]

Em face deste relevo bem se poderia defender uma utilização intensiva do território nacional para fins turísticos, tanto mais que, dadas as particulares características de Portugal, existe uma espécie

---

[1] O presente texto limita-se a reproduzir a intervenção oral por nós proferida no Curso Temático de pós-graduação sobre Empreendimentos Turísticos, organizado pelo CEDOUA e que teve lugar em Maio de 2009. Por esse motivo, o mesmo encontra-se desprovido de maiores referências doutrinais para além das estritamente indispensáveis à cabal compreensão das matérias expostas.

[2] Cfr. o Decreto Regulamentar n.º 8/2005 de 17 de Agosto e o Decreto-Lei n.º 285/ 2007, de 17 de Agosto. A classificação de um projecto como PIN ou como PIN+ não é constitutiva de direitos (do direito à aprovação do projecto), determinando esta classificação apenas uma maior celeridade procedimental consubstanciada na sua apreciação prioritária junto de quaisquer entidades, órgãos ou serviços da Administração.

"*vinculação situacional*" da quase totalidade do nosso território ao turismo. O território passaria, assim, a ser visto da perspectiva do turismo, enquanto actividade potenciadora do desenvolvimento económico e social do país, o que corresponderia a uma "turisficação" do território.

Esta perspectiva deve, no entanto, no nosso ponto de vista, ser recusada uma vez que promove uma visão sectorializada do território, com todas as desvantagens daí decorrentes em termos de racionalidade na ocupação territorial. Deve, assim, pelo contrário, promover-se uma *visão global* do território que promova uma convivência dos vários usos e das várias políticas e que determine uma *afectação selectiva do território* a este uso específico que é o turismo.

Deste modo, em vez de uma *turisficação do território* (uma visão deste a partir daquela política sectorial), deve promover-se, antes, uma implantação sustentável do turismo, isto é, uma sua implantação que, respondendo às necessidades do mercado, respeite de igual forma as imposições decorrentes de um aproveitamento sustentável dos recursos naturais, económicos e sociais (sustentabilidade ambiental, territorial e económica). Uma territorialização sustentável do turismo, portanto.

Esta perspectivação da actividade turística a partir de uma visão global e integrada do país, é potenciada pelo ordenamento do território, o qual se apresenta, precisamente, como uma disciplina que fornece uma *visão global* dos problemas que as implantações territoriais e actividades humanas têm no território, visando conjugar as várias políticas sectoriais que sobre ele incidem de forma a articula-las e coordena-las. Isto porque o ordenamento do território é, em sentido lato, a *aplicação ao solo de todas as políticas públicas*, designadamente económico-sociais, urbanísticas e ambientais, visando a *localização*, *organização* e *gestão* correcta das actividades humanas, de forma a alcançar um desenvolvimento regional harmonioso e equilibrado.[3]

O ordenamento do território corresponde, assim, a uma abordagem de carácter *geral* e *integral* de *todos os factores que incidem sobre o*

---

[3] Nesta perspectiva, todos os poderes públicos sectoriais estão incumbidos, em maior ou menor medida, de ordenar o território. Mais, a tendência actual é a da preterição de uma planificação sectorial do território – que o olha apenas da perspectiva do interesse que a justifica – em favor de um planeamento que permita uma visão integrada e global daquele.

solo ou que *implicam a sua utilização*, visando resolver não apenas as questões atinentes à localização física das actividades, mas contendo também considerações de ordem social, económica, política e ambiental.

São estas funções *"espacializadora"* – já que o ordenamento do território corresponde à expressão territorial das várias políticas públicas sectoriais (sociais, económicas, culturais, etc.) e se preocupa com a localização física das várias actividades (aeroportos, infra-estruturas, etc.), – e *coordenadora* das várias intervenções – com preocupações que vão muito além da sua localização, atendendo também a questões de desenvolvimento *económico, social, político* e *ambiental* –, que torna o ordenamento do território uma disciplina apta a servir de base às considerações das restantes politicas, designadamente a turística.

Consideramos, por isso, indispensável integrar a política do turismo nas políticas de ordenamento do território – que perspectivam este na sua globalidade, coordenando as várias actividades – e não à luz de cada um dos interesses sectoriais, separadamente dos restantes.[4]

2. Os instrumentos de planeamento como instrumentos da política de ordenamento do território

A política de ordenamento do território utiliza, com vista a alcançar os seus objectivos precípuos[5], um conjunto de instrumentos. Grande parte deles são de carácter económico, outros de natureza

---

[4] A importância do ordenamento do território no âmbito de uma correcta decisão sobre as afectações turísticas dos solos decorre, entre outros factores, do relevo que a este propósito assumem alguns dos princípios e regras que o conformam, como o da separação de usos incompatíveis e mistura de usos compatíveis; o da ponderação de interesses, públicos e privados, convergentes e divergentes, que encontram refracção espacial; o da participação; o da igualdade ou equidade e o da contratualização. Este último justifica-se essencialmente neste domínio já que os impactes e exigências financeiros acentuados que em regra se encontram aliados à construção de empreendimentos turísticos, torna, em regra, necessário indagar com particular acuidade os interesses dos investidores privados no tipo de afectação urbanística que se pretende promover.

[5] A distribuição racional, em termos geográficos, das actividades económicas; o desenvolvimento sócio-económico e restabelecimento de equilíbrios entre partes e regiões do país; a melhoria da qualidade de vida e a gestão responsável dos recursos naturais e da protecção do ambiente, bem como da utilização racional do território.

física (espacial ou territorial), outros, ainda, combinam, em doses variadas, as duas abordagens anteriores.

Como exemplos típicos dos primeiros, apontam-se os instrumentos planeamento e desenvolvimento (planos de fomento, planos de desenvolvimento regional, fundos estruturais, quadros comunitários de apoio), as ajudas a empresas e os incentivos à localização de actividades e população (subvenções, bonificações fiscais ou da segurança social).

Nos instrumentos do segundo tipo – instrumentos de planeamento físico ou espacial – uns têm carácter *supra-nacional* (de que é exemplo o Esquema de Desenvolvimento do Espaço Comunitário que reforça a necessidade de uma política de coesão económica e social, de incorporação da componente territorial nas políticas sectoriais da União Europeia e de reforço da componente ordenamento nas políticas de cada país)[6] outros cariz interno. Nestes últimos integram-se os *instrumentos de gestão territorial* que formam um sistema próprio regulado na Lei de Bases da Política de Ordenamento do Território e de Urbanismo (LBPOTU)[7] e no Regime Jurídico dos Instrumentos de Gestão Territorial (RJIGT)[8].

Trata-se de um sistema organizado em três níveis, reflexo dos tipos de interesses envolvidos e prosseguidos em cada um deles: nacional, regional e municipal.

---

[6] O ordenamento do território sempre foi considerado, tradicionalmente, uma matéria de competência interna dos vários Estados membros, mas também ele acabou por sofrer influências do direito comunitário europeu. A *"europeização do território"* teve já repercussões no âmbito da cooperação transfronteiriça na elaboração de documentos sobre o ordenamento do território (como o EDEC, o documento Europa 2000 e Europa 2000+, Cooperação para o desenvolvimento espacial do território europeu, que embora desprovidos de eficácia vinculativa têm tido grande repercussão nos Estados membros) e na influência das políticas europeias sectoriais no ordenamento do território dos Estados membros (em matéria das redes transeuropeias ou do ambiente, por exemplo). Tudo a ponto de se questionar se não será de reconhecer o ordenamento do território como uma possível competência da União Europeia. Sobre estas questões *vide* Santiago Gonzáles-Varas Ibañez, *Tratado de Derecho Administrativo*, Tomo V, Vol. I, p. 133 e ss.

[7] Lei n.º 48/98, de 8 de Agosto, alterada pela Lei n.º 54/2007, de 31 de Agosto

[8] Aprovado pelo Decreto-Lei n.º 380/99, de 22 de Setembro e alterado sucessivamente pelo Decreto-Lei n.º 53/2000, de 7 de Abril, pelo Decreto-Lei n.º 310/2003, de 10 de Dezembro, pela Lei n.º 58/2005, de 29 de Dezembro, pela Lei n.º 56/2007, de 31 de Agosto, pelo Decreto-Lei n.º 316/2007, de 19 de Setembro, pelo Decreto-Lei n.º 46/2009, de 20 de Fevereiro e pelo Decreto-Lei n.º 181/2009, de 7 de Agosto.

O *âmbito nacional* é aquele onde se define o *quadro estratégico* para o ordenamento do espaço nacional, estabelecendo as *directrizes* a considerar no ordenamento regional e municipal e a compatibilização entre os diversos instrumentos de política sectorial com incidência territorial, instituindo, quando necessário, os instrumentos de natureza especial. Nele se integram o Programa Nacional da Política de Ordenamento do Território, os planos sectoriais e os planos especiais de ordenamento do território.

No *âmbito regional* define-se o quadro estratégico para o ordenamento do espaço regional em estreita articulação com as políticas nacionais de desenvolvimento económico e social, estabelecendo-se as directrizes orientadoras do ordenamento municipal, integrando os planos regionais de ordenamento do território.

Por fim, é no *nível municipal* que se define, de acordo com as directrizes de âmbito nacional e regional e com as opções próprias de desenvolvimento estratégico, o regime de uso do solo e a sua programação. Neste âmbito integram-se os planos intermunicipais e os planos municipais de ordenamento do território.[9]

Uma das classificações dos instrumentos de gestão territorial que maior relevo assume é a que os distingue entre *planos sectoriais* e *planos globais*. Os primeiros perspectivam o território à luz de um específico interesse público, como o turismo; os segundos conferem-lhe um tratamento tendencialmente *global* e *integrado,* tomando em consideração todos os interesses que confluem na respectiva área de

---

[9] Com a referência, pela Lei de Bases, aos instrumentos de gestão territorial que a Administração pode elaborar no ordenamento jurídico português, o legislador acabou por "fechar" o *princípio da tipicidade dos planos* ao determinar, no artigo 34.º daquela lei que todos os instrumentos de natureza legal ou regulamentar com incidência territorial actualmente existentes deverão ser reconduzidos no âmbito do sistema de planeamento, ao tipo de instrumento de gestão territorial que se revele adequado à sua vocação. Para efeitos de aplicação deste normativo o artigo 154.º do RJIGT atribuiu às comissões de coordenação e desenvolvimento regional a competência para, no prazo de um ano a contar da sua entrada em vigor, identificar quais são as normas que se pretendiam directamente vinculativas dos particulares e que, por isso, teriam de se integrar quer nos planos municipais quer nos planos especiais de ordenamento do território, após o que, no prazo de 180 dias, as entidades responsáveis por estes (câmaras municipais e Governo) os deveriam alterar por forma a absorverem aquelas normas. Isto significa que a vinculação dos particulares apenas é possível através a conversão de normas então existentes em planos municipais e planos especiais de ordenamento do território, cumpridas as regras relativas à respectiva elaboração.

intervenção, de forma a estabelecer métodos de harmonização entre os referidos interesses quando em relação de conflito real ou potencial.

Por sua vez, alguns destes instrumentos (quer de cariz sectorial quer global) assumem um carácter mais *estratégico* e *orientador* (o caso, entre nós, dos instrumentos de desenvolvimento territorial), outros contêm normas mais precisas, ora definindo o uso do solo, ora assumindo uma visão mais operativa e de transformação concreta do território.

Visando o presente texto expor o modo como o turismo é considerado nos vários instrumentos de planeamento, a referência será aqui feita em primeiro lugar, aos instrumentos de planeamento de *cariz estratégico*, quer de ordem sectorial (o caso do Plano Estratégico Nacional de Turismo), quer de ordem global (o PNPOT; os planos regionais e os planos intermunicipais de ordenamento do território), em segundo lugar, aos instrumentos de planeamento de uso do solo (plano director municipal e planos de urbanização) e, por fim, aos instrumentos de nível mais operativo (onde integraremos os planos de pormenor). Fora deste esquema, mas com igual relevo, encontram-se os planos sectoriais de carácter não estratégico e os planos especiais de ordenamento do território, aos quais será feita igualmente uma menção, ainda que sumária.

3. A integração do turismo nos instrumentos de planeamento

Precisamente por o turismo se apresentar como uma actividade com impactes significativos no território que, para além do mais, mobiliza interesses públicos e privados de diferente natureza e dimensão, é natural que o seu tratamento seja feito no âmbito de instrumentos de planeamento de natureza diferenciada. Assim, para além daqueles instrumentos que o visam directamente regular, também os restantes instrumentos de planeamento do território integram preocupações e regulamentação que lhe dizem directamente respeito.

Vejamos em que termos e de que forma é feita esta integração do turismo no planeamento.

Empreendimentos Turísticos e Planeamento Urbanístico 43

3.1. *Os instrumentos de planeamento estratégicos*

3.1.1. **Instrumentos de cariz sectorial**

O turismo tem sido recorrentemente caracterizado como um interesse sectorial acolhido em vários programas de carácter estratégico.

No domínio ambiental, a Resolução de Conselho de Ministros n.º 109/2007, de 20 de Agosto, que aprovou a *Estratégia Nacional de Desenvolvimento Sustentável* (ENDS), integrou a promoção do turismo para o desenvolvimento rural no seu terceiro objectivo, com a epígrafe *"melhor ambiente e valorização do património natural"*, com o objectivo de articular a conservação da natureza e da biodiversidade com as políticas sectoriais e de combate à desertificação. No respectivo Programa de Implementação prevê-se, a este propósito, o apoio à dinamização de actividades turísticas compatíveis com a conservação do património natural e paisagístico, particularmente em regiões de baixa densidade.

Especial relevo, de entre os planos estratégicos sectoriais, assume o *Plano Estratégico Nacional do Turismo* (PENT), cujos *"objectivos e principais linhas de desenvolvimento"* foram aprovados pela Resolução do Conselho de Ministros n.º 53/2007 de 4 de Abril. De entre estes constam o desenvolvimento de novos pólos de atracção turística (pela dinamização de "clusters" regionais) e a promoção e divulgação de dez produtos estratégicos para os quais o nosso país apresenta particular vocação, sejam eles produtos tradicionais (como o sol e praia), ou inovadores (como o turismo residencial e o turismo da natureza, por exemplo), mas que podem revelar-se complementares numa lógica de sustentabilidade da oferta turística.

3.1.2. **Instrumentos de carácter global: o PNPOT os planos regionais e os planos intermunicipais de ordenamento do território**

a) A LBPOTU e o RJIGT identificam um conjunto de instrumentos de gestão territorial cuja função precípua não é a de determinar as regras de ocupação, uso e transformação do território, mas antes o *quadro estratégico* de intervenção territorial (seja para o território nacional, regional ou local), as *directrizes orientadoras* ou de *carácter genérico* sobre o modo de uso dos solos, as *grandes opções* com relevância para a organização territorial que sirvam de quadro de referência aos instrumentos que contêm normas determinadoras do regime dos solos e *as formas de coordenação* das várias actuações sectoriais.

Os instrumentos com estas características são designados pela LBPOTU como *instrumentos de desenvolvimento territorial*, que se traduzem em instrumentos *estratégicos* e de definição das *grandes opções* com relevância para a organização do território, estabelecendo as *directrizes de carácter genérico* sobre o modo de uso do mesmo e consubstanciando o *quadro de referência* a ter em consideração na elaboração dos instrumentos de planeamento territorial [artigo 8.º, alínea a), da LBPOTU].

De acordo com este diploma legal são instrumentos de desenvolvimento territorial o Programa Nacional da Política de Ordenamento do Território (PNPOT), os planos regionais de ordenamento do território e os planos intermunicipais de ordenamento do território (PIMOT).

Com efeito, o PNPOT é um instrumento que fornece o *quadro estratégico* para o ordenamento do território *nacional*, estabelece as *directrizes* a considerar no ordenamento regional e municipal, e a compatibilização entre os diversos instrumentos de política sectorial, traduzindo as suas *directrizes* e *orientações* o modelo de organização espacial [artigos 7.º, n.º 2, alínea a) e 9.º, n.º 1, alínea a)].

Por sua vez, os planos regionais de ordenamento do território definem o *quadro estratégico para o ordenamento do espaço regional* em estreita articulação com as políticas nacionais de desenvolvimento económico e social, estabelecendo as *directrizes orientadoras* do ordenamento municipal [artigo 7.º, n.º 2, alínea b)]. O artigo 9.º, n.º 1, alínea b) define os planos regionais como aqueles que, de acordo com as directrizes definidas a nível nacional e tendo em conta a evolução demográfica e as perspectivas de desenvolvimento económico, social e cultural, estabelecem as *orientações* para o ordenamento do território regional e definem as redes de infra-estruturas e transportes constituindo o *quadro de referência* para a elaboração dos planos municipais de ordenamento do território.

Por fim, os planos intermunicipais, da responsabilidade dos municípios ou das associações de municípios, estabelecem *opções próprias de desenvolvimento estratégico* e visam a *articulação estratégica* entre áreas territoriais (de âmbito municipal) que, pela sua interdependência necessitam de coordenação integrada [artigo 9.°, n.° 1, alínea c) da LBPOTU].

Efectuada esta breve referência aos instrumentos de gestão territorial de cariz mais estratégico, vejamos agora de que forma o turismo é considerado em cada um deles.

b) O PNPOT[10] corresponde a um instrumento de gestão territorial que imprime uma direcção e um *quadro de referência* definidor dos objectivos e princípios que servirão de referências às *várias políticas sectoriais*, que *articula e coordena*, podendo ainda estabelecer *directrizes aplicáveis a determinado tipo de áreas ou temáticas com incidência territorial*. Por este motivo se compreende que o turismo tenha merecido da sua parte um tratamento mais concreto, ainda que o PNPOT não se possa substituir à respectiva tutela na definição da política nacional de turismo. Em causa não está, pois, a definição da *política nacional do turismo*, mas uma perspectivação deste enquanto actividade relevante do ponto de vista do ordenamento do território nacional.

O Programa de Acção anexo à Lei que aprovou o PNPOT, em concretização do artigo 5.° do próprio instrumento de desenvolvimento territorial, determina, no âmbito do objectivo estratégico 2 (objectivo específico 2.6), a necessidade de concretização de uma estratégia que promova o *aproveitamento sustentável do potencial turístico de Portugal* às escalas nacional, regional e local, como uma via para o necessário ordenamento e reabilitação dos territórios.

Do referido objectivo estratégico decorre, com relevo na questão que aqui estamos a tratar:

(i). *"a necessidade de concretização de uma estratégia que promova o aproveitamento sustentável do potencial turístico de Portugal às escalas nacional, regional e local, como uma via para o necessário ordenamento e reabilitação dos territórios";*

---

[10] Aprovado pela Lei n.° 58/2007, de 4 de Setembro e rectificado pelas Declarações de Rectificação n.° 80-A72007, de 7 de Setembro e 103-A/2007, de 2 de Novembro.

(ii). A necessidade de serem *"...elaborados instrumentos de gestão territorial, ou alterados os existentes, de forma a estimular uma oferta estruturada de produtos de turismo rural, cultural e de natureza, num contexto de desenvolvimento sustentável";*

(iii). A importância de serem *"...desenvolvidos modelos de turismo nas Áreas Protegidas, compatíveis com o seu estatuto especial de conservação";*

(iv). A imprescindibilidade de avaliação do *"... potencial da costa portuguesa e da ZEE de forma a aferir a viabilidade e as condições de desenvolvimento dos produtos de turismo oceânico";*

(v). A necessidade de se proceder à avaliação das *"... necessidades de requalificação dos destinos de sol e praia já consolidados e ainda analisadas as melhores formas de aproveitamento sustentável das áreas costeiras";*

(vi). A indispensabilidade de se promoverem *"... modelos de desenvolvimento de turismo para cada um dos destinos turísticos"* e de se definir *"...mecanismos de articulação entre o desenvolvimento das regiões com elevado potencial turístico e as políticas do ambiente e do ordenamento do território";*

(vii). A importância de se concretizar *"... em parceria com as autarquias locais, regiões e organizações locais de turismo e empresários do sector, acções de qualificação ambiental dos diversos destinos turísticos".*

Para o cumprimento destes objectivos, são estabelecidas como medidas prioritárias:

(i). a implementação de um *Plano Estratégico Nacional de Turismo* tendo em vista, nomeadamente, a definição e delimitação das regiões do País com actual especialização turística ou com significativo potencial de desenvolvimento turístico nas suas múltiplas componentes (2007-2013);

(ii). a elaboração, implementação ou concretização das estratégias definidas nos *Planos Sectoriais e de Ordenamento Turístico no território continental e nas Regiões Autónomas* que definam as linhas orientadoras dos modelos de desenvolvimento pretendidos para as áreas com maiores potencialidades de desenvolvimento turístico (2007-2009),

(iii). a diversificação da oferta estruturada de produtos turísticos numa perspectiva territorial, em particular nos domínios do Turismo no Espaço Rural (TER), cultural e de natureza, potenciando o desenvolvimento de complementaridades sub-regionais e locais, nomeadamente nas Regiões Autónomas (2007-2013).

c) No que concerne aos *planos regionais de ordenamento do território*, os mesmos apresentam-se como instrumentos de gestão territorial que definem a *estratégia regional de desenvolvimento territorial*, integrando as opções estabelecidas a nível nacional e considerando as estratégias municipais de desenvolvimento local, constituindo, ainda, o quadro de referência para a elaboração dos planos municipais de ordenamento do território.

Tendo, estes planos, deixado, ao abrigo da legislação actualmente em vigor, de vincular directa e imediatamente os particulares – uma vez que a sua função é essencialmente a de traduzir, em termos espaciais, os grandes objectivos de desenvolvimento económico e social sustentável formulados no plano de desenvolvimento regional e as medidas tendentes à atenuação das assimetrias de desenvolvimento intra-regionais –, não deixam, contudo, os mesmos de desempenhar um importante papel na definição das grandes estratégias para as áreas turísticas neles integradas ou que se pretendem promover, bem como na localização das actividades e na articulação a nível regional das políticas sectoriais, designadamente s turísticas.

Particular relevo assumem, nos vários planos regionais de ordenamento do território que têm vindo a ser aprovados, os *sistemas regionais de turismo* (que integram estes planos a par de outros sistemas como o urbano, o do litoral, o ambiental e o de acessibilidade e mobilidade).

d) Por fim, os *planos intermunicipais de ordenamento do território* apresentam-se como instrumentos relevantes na coordenação das intervenções de municípios vizinhos necessitados ou que aconselham uma actuação conjunta, podendo, a este propósito definir, designadamente, a distribuição, pelos vários municípios abrangidos, das actividades económicas, como a turística.

3.2. Os instrumentos de uso do solo

a) De todos os instrumentos de gestão territorial aqueles que assumem maior relevância são os planos municipais de ordenamento do território, por corresponderem a instrumentos de tratamento tendencialmente *global* e *integrado* da respectiva área de intervenção e de *regulação normal* da ocupação, uso e transformação do espaço. Efectivamente, as previsões dos planos municipais de ordenamento do território têm carácter global uma vez que tomam em consideração todos os interesses que confluem na sua área de intervenção e estabelecem métodos de harmonização entre os referidos interesses quando em relação de conflito real ou potencial.

É por isso que lhes cabe a tarefa essencial de *classificação* e de *qualificação* dos solos[11] e, portanto, de identificação dos perímetros urbanos e de delimitação das várias categorias de solos em função do seu uso dominante.

Na categoria genérica dos planos municipais integram-se os planos directores municipais, os planos de urbanização e os planos de pormenor.

O primeiro tem por função o estabelecimento da *estratégia de desenvolvimento territorial*, da política municipal de ordenamento do território e de urbanismo e das *demais políticas urbanas*, integrando e articulando as orientações estabelecidas pelos instrumentos de gestão territorial de âmbito nacional e regional e estabelecendo o modelo de organização espacial do território municipal. A sua finalidade é essencialmente estratégica e de enquadramento dos demais planos de âmbito municipal que a devem concretizar.

Os *planos de urbanização,* por sua vez, deixaram de ser caracterizados pela respectiva área territorial de incidência (o perímetro urbano), para terem passando caracterizar-se pelas finalidades que regulamentam: finalidades urbanas. Por este motivo, para além da situação anteriormente já admitida – de os planos de urbanização abrangerem solo rural complementar que se apresentasse como

---

[11] Os solos são *classificados,* tendo em conta o seu destino básico, em *solos urbanos* e *solos rurais*. A *qualificação*, por sua vez, regula o aproveitamento do solo em função da utilização dominante que nele pode ser instalada e desenvolvida, fixando os respectivos usos e, quando possível, edificabilidade: artigos. 71.º a 73.º, do RJIGT.

Empreendimentos Turísticos e Planeamento Urbanístico 49

necessário para estabelecer uma intervenção integrada de planeamento às áreas inseridas no perímetro urbano a que se aplicam –, os mesmos abrangem agora também outras áreas do território municipal (solo rural) que, de acordo com os objectivos e prioridades do plano director municipal, possam ser destinadas a usos e funções urbanas, como sucede com áreas destinadas a parques industriais, logísticos ou de serviços e ainda a *empreendimentos turísticos* e equipamentos e infra-estruturas associadas (artigo 87.° do RJIGT).[12]

b) Tendo em consideração o referido anteriormente, o uso turístico tem de se apresentar como um uso admitido pelos instrumentos de gestão territorial, se não como o uso dominante para uma determinada categoria de espaço, pelo menos como um uso compatível com os usos dominantes admitidos.[13]

---

[12] Os planos de urbanização passaram, assim, a assumir uma função de estruturação de uma determinada área do território municipal, independentemente de se tratar de solo urbano ou rural, destinando-se a articular funções e redes sobre a sua área de intervenção, estruturando o espaço, definindo regimes de uso do solo e critérios para a respectiva transformação e estabelecendo, ainda, uma programação para a sua ocupação.

[13] A referenciação espacial dos usos pode ser feita mediante a identificação do *uso dominante*, de utilizações ou *usos complementares ou acessórios daquele* e de *utilizações ou usos compatíveis*, tudo a apontar para a *admissibilidade de usos mistos* dentro de uma mesma categoria de usos espaço, desde que fique perfeitamente identificado e garantido um *uso dominante*.

Assumindo esta categorização dos usos possíveis que pode ocorrer em cada categoria de uso do solo, *vide* o artigo 9.° do Plano Director Municipal de Vila Nova de Gaia [publicado no Diário da República, 2.ª Série, N.° 155, de 12 de Agosto de 2009 (Aviso n.° 14327/2009)] com a epígrafe "tipologia dos usos do solo":

"1. A cada categoria, subcategoria ou sub-subcategoria de espaços corresponde, nos termos definidos no presente Plano, um uso ou conjunto de <u>usos dominantes</u>, a que podem ser associados usos complementares destes e ainda, eventualmente, outros usos que sejam compatíveis com os primeiros.

2. Usos dominantes são os usos que constituem a vocação preferencial de utilização do solo em cada categoria ou subcategoria de espaços considerada.

3. Usos complementares são usos não integrados no dominante, mas cuja presença concorre para a valorização ou reforço deste.

4. Usos compatíveis são usos que, não se articulando necessariamente com o dominante, podem conviver com este mediante o cumprimento dos requisitos previstos neste regulamento que garantam essa compatibilização

5. Os usos referidos nos números anteriores constituem no seu conjunto os usos correntes do solo em cada categoria ou subcategoria de espaços.

(...)."

A admissibilidade de usos turísticos pelo plano director municipal, não obstante a sua natureza essencialmente estratégica, decorre do facto de lhe caber proceder à *referenciação espacial dos vários usos e actividades* [alínea e) do n.º 1 do artigo 85.º], à *identificação das áreas e de estratégias de localização, distribuição e desenvolvimento de várias actividades*, incluindo a turística [alínea f) do n.º 1 do artigo 85.º] e, bem assim, à *definição de estratégias para o espaço rural*, identificando aptidões, potencialidades e referências aos usos múltiplos possíveis designadamente o turístico [alínea g) do n.º 1 do artigo 85.º].

A este propósito merece referência o disposto no Decreto Regulamentar n.º 11/2009, de 29 de Maio, o qual estabelece no seu artigo 10,º um conjunto de relevantes princípios (critérios) a que o município se deve ater na definição dos usos dominantes a prever em solos urbanos ou rurais, critérios esses aplicáveis, por isso, quando tenha de definir a localização das áreas com vocação turística. São eles:

(i) O *princípio da compatibilidade de usos*, garantindo a separação de usos incompatíveis e favorecendo a mistura de usos complementares ou compatíveis, a multifuncionalidade do solo rural e a integração de funções no solo urbano, contribuindo para uma maior diversidade e sustentabilidade territoriais;

(ii) O *princípio da graduação*, garantindo que nas áreas onde convirjam interesses públicos entre si incompatíveis sejam privilegiados aqueles cuja prossecução determine o mais adequado uso do solo, de acordo com critérios ambientais, económicos, sociais, culturais e paisagísticos;

(iii) O *princípio da estabilidade*, consagrando critérios de qualificação do solo que representem um referencial estável no período de vigência do plano municipal de ordenamento do território;

(iv) O *princípio da preferência de usos*, acautelando a preferência de usos que, pela sua natureza, não possam ter localização distinta.

Não obstante a concretização do uso turístico implique, em regra, a realização de importantes operações de urbanização e edificação dos solos, as mesmas são admitidas em solo rural (neste sentido

Empreendimentos Turísticos e Planeamento Urbanístico 51

apontava já o n.º 2 do artigo 38.º do RJUE). O Decreto Regulamentar n.º 11/2009 refere-se, inclusive, a uma categoria de solo rural especificamente destinada a usos turísticos, ao prever no artigo 13.º, a par dos solos destinados à produção agrícola, pecuária e florestal; à exploração de recursos geológicos; à produção de energias renováveis; e à conservação de recursos e valores naturais, ambientais, florestais, culturais e paisagísticos, a existência de *solos rurais destinados a outras funções compatíveis com o estatuto de solo rural* [alínea e) do n.º 1 do artigo 13.º], determinando a alínea d) do n.º 2 do artigo 19.º, como categoria de solo rural, os *espaços de ocupação turística*, precisamente, *"áreas cuja utilização dominante é a actividade turística nas formas e tipologias admitidas em solo rural de acordo com as opções dos planos regionais de ordenamento do território"*. Em causa já não está apenas a admissibilidade, excepcional, de usos turísticos em áreas destinadas predominantemente a outras finalidades – cfr. o n.º 5 do artigo 15.º deste Decreto Regulamentar que prevê que em espaços agrícolas e florestais *"(p)odem desenvolver-se (...) outras actividades ou usos compatíveis com a utilização dominante, designadamente de aproveitamento de recursos geológicos e energéticos e actividades agro-industriais, <u>turísticas</u>, de lazer e culturais, conforme regulamentação a estabelecer nos planos municipais de ordenamento do território"* (sublinhado nosso)[14] – mas a admissibilidade de existência de categorias de solo rural onde o uso turístico é o uso normal (ou seja, o *uso dominante*).

No que concerne ao solo urbano, o Decreto Regulamentar prevê, como categoria funcional, os *espaços de uso especial*, que correspondem a *"áreas destinadas a equipamentos ou infra-estruturas estruturantes ou a outros usos específicos, nomeadamente de recreio, lazer e <u>turismo</u>, devendo as suas funções ser mencionadas na designação das correspondentes categorias ou subcategorias"*.

---

[14] Em causa está o cumprimento do princípio do aproveitamento multifuncional dos espaços rurais, com acolhimento de actividades que contribuam para a sua diversificação e dinamização económica e social, salvaguardando a sustentabilidade ambiental e paisagística desses espaços [cfr. alínea d) do n.º 2 do artigo 13.º].

c) No que diz respeito aos planos de urbanização, apenas duas referências. Em primeiro lugar cabe-lhe, nos termos do artigo 88.º, alínea c), a *"definição do zonamento para a localização das diversas funções urbanas, designadamente (...) turísticas"*.

Em segundo lugar, atenta a nova caracterização dos planos de urbanização, é possível que estes regulem a instalação de empreendimentos turísticos em solo rural sem que tal signifique (ou implique necessariamente) uma reclassificação do solo como urbano. Tal é o que resulta do disposto na alínea b) do n.º 2 do artigo 87.º, de acordo com o qual o plano de urbanização podem integrar *"outras áreas d território municipal* (isto é, não integradas no perímetro urbano) *que, de acordo com os objectiv os e priooridades estabelecidas no plano director municipal possam ser destinadas a usos e funções urbanas, designadamente à localização (...) de empreendimentos turísticos e equipamentos e infra-estruturas associados"*.

3.3. *Os instrumentos operativos*

De todos os planos municipais, é o plano de pormenor que melhor cumpre as funções de conformação do território e do direito de propriedade, pois para além de proceder a uma concreta e quase exaustiva definição da situação fundiária da área de intervenção, intervém sobre ela e procede, quando necessário, à sua transformação, desenvolvendo e concretizando detalhadamente propostas de organização espacial de qualquer área específica do território municipal, mediante a definição do desenho urbano, de parâmetros urbanísticos e indicadores relativos às cores e materiais, e da identificação das operações de demolição, conservação e reabilitação de edificações existentes. De igual modo, é no âmbito deste instrumento de planeamento municipal que se estabelece a estruturação concreta das acções de perequação compensatória que serão levadas a cabo e se identifica qual o sistema de execução que deve ser utilizado na totalidade ou em partes da área global coberta pelo plano (artigo 91.º).[15]

---

[15] Isto sem prejuízo de poderem ser conferidos aos planos de pormenor funções especificas: reabilitação urbana, salvaguarda do património cultural e intervenção nos solos rurais.

Pela caracterização feita, são os planos de pormenor aqueles que maiores consequências têm na *conformação do território* e do *direito de propriedade* sobre os solos dos respectivos proprietários. Esta função de conformação concreta do território e de preocupação com a concretização efectiva das disposições do plano de pormenor é confirmada pelo disposto no RJUE, que, nos termos estabelecidos no seu artigo 4.º, faz corresponder a figura procedimental mais célere e informal da comunicação prévia (com excepção dos loteamentos), às áreas cobertas por plano de pormenor que contenha a maioria das menções previstas no artigo 91.º do RJIGT (e já não à figura da licença, que está sujeita a uma tramitação procedimental mais exigente).

Esta norma pode ainda ser mobilizada para justificar a desnecessidade de um qualquer procedimento de controlo de operações de loteamento sempre que o plano procede, ele próprio, à recomposição fundiária da sua área de intervenção (definida na sua planta de implantação), o que equivale a sustentar a auto-suficiência do plano de pormenor, no que se refere à (re)definição da situação fundiária do terreno e à conformação do direito de propriedade dos solos que por ele é operado.[16]

Esta é, precisamente, uma das novidades introduzidas pelo Decreto-Lei n.º 316/2007: a admissibilidade, em certas circunstâncias, de os planos de pormenor procederem directamente à transformação fundiária da sua área de incidência, dispensando posteriores actos de controlo preventivo das operações urbanísticas que a visam alcançar (artigos 92.º-A e 131.º, n.º 10 do RJIGT). Com efeito, está agora prevista a possibilidade de os planos de pormenor com um conteúdo suficientemente denso (que identifica com precisão as operações a concretizar ou seja, que contém as mesmas prescrições que um

---

[16] Reconhecemos, de facto, que o recurso ao plano de pormenor, de iniciativa e elaboração públicas é, em grande medida, intercambial com a aprovação de operações de loteamento (em especial na sua reconfiguração como loteamentos conjuntos ou como reparcelamentos que ocorrem no âmbito de unidades de execução previamente delimitadas pelas câmaras municipais). Sobre esta intercambialidade cfr. Fernanda Paula Oliveira, "As virtualidades das unidades de execução num novo modelo de ocupação do território: alternativa aos planos de pormenor ou outra via de concertação de interesses no direito do urbanismo?" in *Direito Regional e Local*, n.º 2, Abril/Junho, 2008.

alvará de loteamento) poderem fundar directamente operações de transformação fundiária, relevantes para efeitos de registo predial e inscrição dos novos prédios assim constituídos (cfr. artigos 92.º-A e 92.º-B), dispensando-se, nestes casos, um subsequente procedimento administrativo de controlo prévio em sede de licenciamento ou de aprovação de operação de loteamento ou de reparcelamento, sendo bastante, para proceder à transformação da situação fundiária da área do plano e ao respectivo registo, a certidão deste acompanhada dos correspondentes contratos de urbanização ou de desenvolvimento urbano.

Nas situações em que o plano de pormenor abrange solos pertencentes a vários proprietários, pressupondo a sua execução a concretização de uma operação de reparcelamento, esta possibilidade depende de os vários proprietários terem acertado, entre si, através dos instrumentos contratuais previstos na lei, os termos da respectiva execução. A concertação entre a câmara municipal (que elabora o plano) e os proprietários (que o executarão) será mais cabalmente alcançada se tiver sido celebrado, em momento prévio (isto é, a montante do plano) um contrato para planeamento nos termos do artigo 6.º-A do RJIGT.

Ora tudo quanto vem de se referir tem particular relevo e importância quando o plano de pormenor se referira directamente a um empreendimento turístico, em especial quando se trate de empreendimentos sujeitos a um regime de propriedade plural (como os conjuntos ou os aldeamentos turísticos) já que são eles que definem com rigor os termos da respectiva com concretização ou permitem, mesmo, quando tenham efeitos registais, essa concretização de forma directa.

No entanto, dada a sua escala de intervenção no território, os problemas que eles colocam repercutem-se já no âmbito da gestão urbanística, portanto, fora do âmbito das presentes considerações.

3.4. *Outros planos sectoriais e planos especiais de ordenamento do território*

Particularmente relevantes a propósito do tema a que aqui nos referimos são todos os cenários de desenvolvimento e planos de ordenamento definidos pela Administração central respeitantes ao turismo, os quais são assumidos pelo RJIGT (artigo 35.º, n.º 2) como *planos sectoriais*. É no âmbito destes, sobretudo se aprovados pela respectiva tutela, que se definem os princípios, objectivos, orientações e medidas – mesmo que concretas, ainda que desprovidas de eficácia jurídica imediata em relação aos particulares – de prossecução desta política.

Também outros regimes sectoriais, como a Reserva Ecológica Nacional e a Rede Natura 2000, devem ser integrados com as afectações turísticas que sejam compatíveis com eles, de modo a promover simultaneamente a salvaguarda dos interesses primordialmente de protecção ambiental por estes prosseguidos e a permissão da concretização de empreendimentos turísticos assentes no vector da sustentabilidade ambiental.

No que concerne aos *planos especiais de ordenamento do território* (os planos de ordenamento de áreas protegidas, os planos de ordenamento de albufeiras de águas públicas, os planos de ordenamento da orla costeira e os planos de ordenamento dos estuários), embora não se refiram directamente a questões turísticas, funcionando essencialmente como instrumentos de salvaguarda de recursos e valores naturais (e patrimoniais), podem assumir relevo a este propósito. Com efeito, por abrangerem áreas que são, por regra, objecto de grande procura turística (como a orla costeira ou as albufeiras de águas públicas), estes instrumentos de gestão territorial devem preocupar-se com o regime de gestão compatível com a utilização sustentável do território, disposições estas que, quando suficientemente determinadas, serão imediatamente oponíveis aos particulares por elas visados (cfr. artigo 44.º do RJIGT).

4. O turismo no PROT do Algarve

Depois de um percurso, ainda que muito superficial, pelos vários tipos de instrumentos de planeamento, para aferir o modo como o turismo é neles integrado e tratado, incidamos agora a nossa atenção sobre um caso particular: o do sistema do turismo estabelecido no Plano Regional de Ordenamento do Território do Algarve (PROTAL), aprovado pela Resolução do Conselho de Ministros n.º 102/2007, de 3 de Agosto, alterada pela Resolução do Conselho de Ministros n.º 188/2007, em particular no que concerne aos empreendimentos turísticos a levar a cabo fora dos perímetros urbanos e os espaços de ocupação turística.

Referimo-nos aos *núcleos de desenvolvimento turístico* e aos *núcleos de desenvolvimento económico* que correspondem, nos termos do PROTAL, a *investimentos estruturantes* para a Região relacionados com empreendimentos públicos, privados ou mistos, constituídos, designadamente, por infra-estruturas, equipamentos e outros bens ou serviços adequados ao desenvolvimento de actividades económicas, e que se consideram relevantes para a modernização e o crescimento das actividades económicas em geral, a transformação do tecido económico e social e a estabilidade da estrutura produtiva. Por este motivo, o PROTAL os classifica como dotados de um *elevado grau de interesse público regional.*

Característica específica destes *investimentos* é a ausência da sua prévia localização ("territorialização") em plano director municipal, facto que se compreende por, na maior parte das vezes, ser difícil ou mesmo impossível, identificar, com antecipação, não apenas o tipo de investimento que pode vir a ocorrer, mas também as suas necessidades específicas (designadamente em termos de área territorial e das respectivas componentes), sendo preferível, por isso mesmo, "deixar em aberto" a possibilidade de os mesmos se localizarem nas áreas que lhes forem mais adequadas.

Antes de mais, e no que concerne aos *núcleos de desenvolvimento turístico,* o PROTAL prevê para toda a Região uma dotação máxima de alojamento de 24.000 camas fora dos perímetros urbanos, distribuída por Unidades Territoriais.

Ao contrário do que sucedia na versão anterior do PROTAL, a localização dos *núcleos de desenvolvimento turístico* não é agora identificada previamente em plano municipal, dependendo, antes, da promoção, por parte da câmara municipal, de um concurso para a selecção de propostas em conformidade com um caderno de encargos aprovado pela assembleia municipal. O que significa que todo o território da Região passa a ter a potencialidade para acolher um *núcleo de desenvolvimento turístico*, desde que não inviabilizada por servidões e condicionantes legais e esteja em conformidade com as disposições do PROTAL.[17]

O próprio PROTAL identifica critérios de qualificação a cumprir pelos projectos que venham a ser apresentados a concurso, e critérios de avaliação para a classificação e para a escolha daqueles, uns e outros de ordem urbanística, económica, social e ambiental. Estes critérios poderão, contudo, ser adaptados às especificidades de cada sub-unidade territorial em que o PROTAL divide a Região do Algarve, e densificados de acordo com as estratégias a prosseguir pelos municípios.[18]

---

[17] Esta solução pressupôs a alteração dos planos directores municipais em vigor – alteração esta de carácter simplificado (ou agora, por adaptação) –, de forma a deles retirar a identificação territorial dos núcleos de desenvolvimento turísticos previstos.

[18] Com efeito, uma leitura atenta dos referidos critérios identificados no PROTAL permite concluir, desde logo, que este instrumento de gestão territorial deixa, não obstante a sua prévia identificação genérica, uma grande margem de discricionariedade aos municípios para, na sujeição de cada *núcleo de desenvolvimento turístico* a concurso público, determinar, em concreto, numa perspectiva dos interesses municipais, a sua densificação.

Não vale, por isso, a este propósito, a crítica de que o PROTAL, ao definir, ele mesmo, os critérios de qualificação para efeitos de admissão das propostas e os critérios de avaliação para a classificação e escolha das mesmas, retira grande parte do poder de decisão aos municípios. É que uma leitura atenta de cada um daqueles critérios permite, pelo contrário, concluir que o PROTAL deixa uma ampla margem de discricionariedade ao município na determinação, *in concretu*, de cada um deles e uma sua densificação e adaptação às respectivas estratégias municipais. O que se verifica, a este propósito, é uma clara repartição de atribuições decorrente de um condomínio de interesses co-envolvidos: sendo o ordenamento do território e o turismo interesses públicos com claras repercussões locais e supra-locais (regionais), terá de se admitir que ambas as vertentes destes interesses sejam devidamente salvaguardadas – definindo o PROT os critérios a que devem obedecer os projectos de um ponto de vista do *interesse regional*, mas permitindo que os municípios os densifiquem em função das suas próprias estratégias de modo a, por esta via, salvaguardar os *interesses eminentemente locais* envolvidos.

Durante a discussão pública do PROTAL foram suscitadas várias dúvidas quanto à constitucionalidade e legalidade do sistema de turismo instituído. Em causa estava, essencialmente, a determinação, pelo PROTAL (na prática por uma Resolução de Conselho de Ministros, que é o acto jurídico que o aprova) da abertura, por parte dos municípios, de concursos públicos para a instalação de *núcleos de desenvolvimento turísticos* – áreas onde se poderão instalar empreendimentos turísticos fora dos perímetros urbanos.[19]

É que, com o PROTAL, de uma decisão dos *núcleos de desenvolvimento turístico* pelo município no âmbito do *plano director municipal*, passou-se para uma sua decisão no âmbito de um *concurso público* onde todo o território está aberto à possibilidade da localização dos mesmos.

Ora, em nossa opinião, e como tivemos oportunidade de o afirmar em Parecer especificamente elaborado para o efeito[20], esta nova opção nada tem de inconstitucional ou de ilegal.

Por um lado, em nada viola, com foi defendido, o princípio da reserva de lei em matéria de bases do ordenamento do território e do urbanismo, por não retirar aos planos municipais de ordenamento do território tarefas que lhe são especificamente conferidas por aquela lei de bases: as tarefas de classificação e qualificação dos solos. De facto, a concretização de um *núcleo de desenvolvimento turístico* dependerá sempre, nos termos do PROTAL, da prévia elaboração e entrada em vigor de um *plano de urbanização* ou de um *plano de pormenor* para a área respectiva, pelo que se pode afirmar serem estes instrumentos, dos quais constarão, com maior relevo, os termos da execução daqueles núcleos, que conferirão força jurídica vinculativa àquela decisão de localização. Efectivamente, não sendo aprovado qualquer deste tipo de planos, a proposta que tenha ganho o concurso público não poderá vir a ser efectivada, o que demonstra que a decisão de localização do *núcleo de desenvolvimento turístico*

---

[19] Esta questão já não se coloca hoje, na medida em que o artigo 6.º-B do RJIGT funciona como a base legal necessária para a institucionalização deste tipo de solução.

[20] Cfr. Parecer jurídico elaborado em parceria com a Mestre Fernanda Maçãs e que consta em anexo aos *Quadros Síntese de Ponderação* integrados no *Relatório do apuramento dos resultados da discussão Pública ao Plano Regional de Ordenamento do Território do Algarve.*

na sequência do concurso (aquela que identifica qual a proposta ganhadora) não é a decisão fundamental quanto à localização do mesmo, mas o plano de urbanização ou de pormenor que venha a ser elaborado na sua sequência e que absorve aquela decisão[21], sendo esta desprovida de eficácia jurídica sem o referido plano.

Cumpre-se, assim, a exigência legal de que a qualificação dos solos – isto é, a determinação, em concreto, do uso dominante (o turístico) – deve ser feita por intermédio de plano municipal de ordenamento do território.[22]

Onde efectivamente o novo PROTAL inova é quanto à formação da decisão de planeamento da Administração, que passa a ser procedimentalizada e contratualizada[23], já que, quanto ao restante, a Administração não está dispensada de ter de observar os procedimentos legalmente estabelecidos para a elaboração dos planos territoriais.

Finalmente, impõe-se realçar que a inovação introduzida no PROTAL, além de não violar nenhuma norma da Constituição nem da LBOTU, também não contraria qualquer princípio fundamental subjacente ao procedimento de planeamento urbanístico. Pelo contrário, verifica-se que a obrigatoriedade de desencadeamento de um procedimento contratual até permite cumprir, em maior medida, princípios fundamentais subjacentes ao procedimento de planeamento urbanístico.

Assim, desde logo, cumpre-se o *princípio da igualdade*, já que, ao abranger a totalidade do território, não se promove, como em

---

[21] Trata-se de uma *pré-decisão* ou *decisão preliminar* consubstanciada num acordo base, celebrado entre o promotor e o município, cujo conteúdo o município se auto-vincula a assumir na futura elaboração do plano de urbanização ou de pormenor.

[22] Também esta solução não coloca em causa a tarefa fundamental de classificação dos solos conferida aos planos directores municipais, porque o que o PROTAL regula é a localização de núcleos de desenvolvimento turísticos *fora dos perímetros* e, portanto, no *solo rural*, o que ele pressupõe, claramente, já cumprida esta tarefa no âmbito dos planos municipais.

[23] O novo modelo acentua a *via participativa*, quer através do concurso para a selecção da melhor proposta, quer quanto à contratualização da decisão de planeamento: em suma, o que se pode dizer é que, dentro dos limites do poder discricionário de planeamento da Administração, o conteúdo dos planos territoriais de implantação de um *núcleo de desenvolvimento turístico* é afinal o resultado de uma *proposta contratualizada* entre a câmara municipal e o promotor.

regra sucede com o actual sistema, uma sobrevalorização fundiária das áreas que o plano municipal afecta a estes fins.

Por seu lado, não se encontrando territorializados os *núcleos de desenvolvimento turístico* no âmbito do plano director municipal, o procedimento de escolha das áreas vocacionadas para o efeito (e, indirectamente, dos privados que terão a oportunidade de concretizar empreendimentos turísticos) deverá ser, preferencialmente, o procedimento concursal, que é a forma normal da Administração associar os particulares ao exercício de funções tipicamente públicas – como são as da prossecução dos interesses públicos, do correcto ordenamento do território e do desenvolvimento turístico –, garantindo a *transparência* nas relações dos promotores, designadamente turísticos, com a Administração pública, princípio que igualmente se pretende alcançar no âmbito do procedimento de elaboração de planos municipais, mas cujo controlo é mais difícil de alcançar.

Acresce que o procedimento concursal, identificando, no caderno de encargos, os aspectos fundamentais a que terá de se dar cumprimento do ponto de vista do interesse público, e permitindo a apreciação simultânea de várias propostas privadas, acolhe o cumprimento do *princípio da ponderação de interesses* co-envolvidos na ocupação do território, princípio este que corresponde à própria essência e natureza da tarefa planificatória.

Para além de tudo, prevendo o PROTAL a sujeição a consulta pública dos projectos apresentados na fase da sua selecção, garante ainda o princípio fundamental de planeamento urbanístico da *participação pública*.

Tendo em consideração os vários tópicos acabados de referir, terá de se concluir que o procedimento concursal estipulado garante o cumprimento dos mesmos princípios fundamentais que devem ser cumpridos no âmbito das decisões planificadoras referentes à ocupação do território, a que acresce, como vimos, a necessidade (e não a dispensa) de instrumentos de planeamento municipal que integrem estas opções.

É por este motivo, aliás, que se deve aceitar neste caso como legítima a imposição pelo PROTAL de elaboração de planos de urbanização e de pormenor. Com efeito, esta imposição por parte de instrumentos de planeamento da responsabilidade da administração estadual nem sempre é legítima se atentarmos no facto de os planos de urbanização e os planos de pormenor (ao contrário dos planos directores municipais) serem instrumentos de iniciativa municipal de existência facultativa, com a consequência de a decisão da sua elaboração dever ser reservada ao âmbito da autonomia decisória que nesta matéria é reconhecida aos municípios[24].

Assim, de um ponto de vista acentuadamente jurídico-político, esta imposição por parte da Administração estadual poderia causar perplexidades, tendo em consideração os princípios de ordem constitucional do respeito pela autonomia das autarquias locais e da subsidiariedade, princípios que impelem para que a "intromissão" governamental nos "assuntos do município" se limite ao mínimo possível.

No caso, a definição, num instrumento de planeamento de imputação estadual, do tipo de actuação planificadora que o município deve encetar justifica-se precisamente pela necessidade de cumprimento da exigência legal de a qualificação dos solos ser efectivada/ /plasmada num instrumento de planeamento municipal.[25]

---

[24] Especificamente quanto aos planos de ordenamento da orla costeira, também Isabel Abalada Matos, "POOC e PMOT: Notas sobre a relação entre os seus conteúdos materiais", *Revista Jurídica do Urbanismo e do Ambiente*, n.os 18/19, 2002/2003, pp. 41 a 57, considera que a linha divisória dos conteúdos materiais entre os dois planos nem sempre foi respeitada, normalmente pela "invasão" pelos planos especiais de matérias incluídas em reserva municipal de planeamento.

[25] Note-se que um dos aspectos que maior relevo assumirá no âmbito de funcionamento do sistema de turismo previsto no PROTAL, é, no que à delimitação de *núcleo de desenvolvimento turístico* diz respeito, a distribuição, por concelho, do contingente de camas turísticas dentro do limite máximo de 24 000 para o conjunto da Região definidas no PROT. Não tendo sido alcançado, aquando da elaboração do PROTAL, acordo entre os vários municípios quanto à distribuição deste número de camas, entendeu-se que o controlo de uma adequada e equitativa distribuição apenas poderia ser alcançada através do estabelecimento de um conjunto de princípios gerais e da necessidade de se ter em devida consideração o parecer do Observatório do PROTAL no que a este propósito diz respeito. A capacidade reguladora deste organismo estará, em grande parte, dependente da capacidade de autocontenção e de coordenação entre os vários municípios de uma mesma unidade territorial. Não nos choca, porém a solução alcançada. É que a mesma salvaguarda o interesse regional (distribuição de camas pelas várias unidades territoriais para efeitos regionais) não lhe competindo a salvaguarda dos interesses municipais. Ou seja, fundamental, da perspectiva do PROTAL é a distribuição de camas pelas unidades territoriais que definiu. Se o número de camas, dentro de cada uma daquelas unidades, vai ser absorvida por um só ou distribuída por vários municípios, é já indiferente da perspectiva regional, estando em causa apenas e exclusivamente interesses de ordem local que não cabe ao PROT salvaguardar.

Com idêntico relevo, por apontar igualmente, como referimos, para uma opção "desterritorializada" no âmbito do PROTAL, são os *núcleos de desenvolvimento económico* que se distingue dos *núcleos de desenvolvimento turísticos* designadamente por a respectiva localização não estar dependente da prévia abertura de um concurso público, mas de um procedimento específico, desencadeado mediante solicitação do promotor interessado à câmara municipal. Tal aprovação subentende a avaliação prévia do interesse regional do empreendimento por parte da autarquia local, da CCDR Algarve e da entidade da administração central competente em razão da matéria, ouvido o Observatório do PROTAL, e pressupondo a aprovação de plano de pormenor ou de plano de urbanização que deverá ser objecto de contratatualização entre o promotor a autarquia local e, quando for o caso, a administração central. A sua realização dependerá ainda de Reconhecimento de Interesse Público (RIP) por despacho conjunto dos membros do Governo com a tutela do ordenamento do território, bem como de outras tutelas em razão da matéria e de um procedimento de Avaliação de Impacte Ambiental.

O PROTAL identifica os tipos de investimentos que, de uma forma mais imediata, podem ser reconduzidos aos *núcleos de desenvolvimento económico*: pólos de competitividade regional para a promoção do desenvolvimento ligado à inovação empresarial e social, parques temáticos ou complexos desportivos e actividades que, pela sua natureza, aconselham uma localização exclusiva, em contextos bem integrados no território, adequados às características climáticas, paisagísticas e ambientais da Região e do sítio em causa, e compatíveis com o Modelo Territorial do PROTAL. Não afasta, porém, este instrumento de gestão territorial, a possibilidade de naqueles poderem ser integrados *empreendimentos turísticos*. Com efeito, embora os *núcleos de desenvolvimento económico*, por corresponderem, em regra, a infra-estruturas e actividades económicas preferencialmente relacionadas com novas formas de economia, em especial as vocacionadas para as áreas do conhecimento, não integrem, por princípio, componentes de alojamento, podem, em situações específicas (no caso dos *núcleos de desenvolvimento económico* de tipo II[26]),

---

[26] O PROTAL identifica três tipos de *núcleos de desenvolvimento económico* consoante a dimensão da sua área de intervenção.

incluir *alojamento associado*, admitindo-se, ainda, excepcionalmente, a aplicação desta figura a *empreendimentos turísticos*.

A distinção, dentro dos *núcleos de desenvolvimento económico* de tipo III, entre dois subtipos distintos – os que admitem alojamento associado e aqueles que integram empreendimentos turísticos – é feita com base em diferentes critérios. Embora ambos dependam de um reconhecimento de interesse público (RIP), a integração, nesta figura, de empreendimentos turísticos pressupõe que este interesse público assuma *relevo nacional para a actividade turística*, determinada em sintonia com o Plano Nacional Estratégico do Turismo (PENT) para o período 2006-2015.

5. Outras soluções de desterritorialização em instrumentos de planeamento

O Plano Director Municipal de Vila Nova de Gaia consagra toda uma secção relativa aos usos especiais: usos que, pela sua própria natureza, não se coadunam com a técnica do zonamento dos usos do solo ou para os quais se revela inconveniente, ou mesmo impossível proceder a uma definição apriorística da sua localização.[27]

Neste tipo de usos integra o plano um conjunto de situações especiais que englobam: (a) usos cuja localização depende, essencialmente, das características naturais do território e não de uma escolha voluntarista – casos das explorações de recursos geológicos e do aproveitamento de recursos energéticos renováveis; (b) intervenções de carácter localizado ou individualizado exigidas, em maior ou menor grau, por praticamente todos os usos que se distribuem pelo

---

[27] Nos termos do n.º 6 do artigo 9.º do Regulamento do Plano Director Municipal *"Para além dos usos correntes do solo tipificados nos números anteriores, podem ser viabilizados como usos especiais do solo, dentro dos limites e condições estabelecidas no Capítulo VI do presente título, actividades ou instalações cuja lógica de localização não se subordina necessariamente à classificação e qualificação do uso do solo traduzida em categorias e subcategorias de espaços.* No mesmo sentido determina o artigo 103.º *"Consideram-se usos especiais do solo para efeitos do presente Capítulo, os actos ou actividades que, pela sua própria natureza, obedeçam a uma lógica de localização não reconduzível à classificação e qualificação do solo em termos de usos dominantes, exigindo o estabelecimento de condições de compatibilização específicas para cada situação"*.

território – casos das dotações infra-estruturais e dos postos de abastecimento de combustíveis; (c) usos que, pelos inconvenientes que podem acarretar, exigem especiais cuidados na escolha das respectivas localizações, que só se pode efectivar através de uma avaliação casuística individualizada – casos do armazenamento de combustíveis e de materiais explosivos ou perigosos e dos depósitos em geral.

Para além destas situações, a versão do Plano Director Municipal sujeita a discussão pública[28] integrava ainda nos usos especiais os designados *empreendimentos estratégicos*, que correspondiam a iniciativas, em geral de origem privada, com impacte territorial (mas também económico e social) relevante e que, pela sua natureza e características, se revelassem de flagrante interesse público ou estratégico para o concelho, mas para as quais se desconheciam, no momento da formalização do Plano, os elementos fundamentais que possibilitassem a sua previsão concreta nas respectivas disposições: as suas características (em termos de natureza, intensidades de ocupação, conformação física); a respectiva localização; o momento em que supostamente iriam surgir; a identidade dos respectivos promotores, etc.

Os *"empreendimentos de carácter estratégico"* correspondiam, nos termos do artigo 111.º, a

> *"todos aqueles a que, por deliberação da Assembleia Municipal sob proposta devidamente fundamentada da Câmara Municipal em conformidade com o disposto no artigo seguinte, seja reconhecido interesse público estratégico pelo seu especial impacto na ocupação do território, pela sua importância para o desenvolvimento económico e social do concelho, ou pela sua especial funcionalidade ou expressão plástica ou monumental"*,

deles sendo dada uma identificação meramente exemplificativa a qual abrangia parques empresariais; parques tecnológicos; empreendimentos de habitação social; polarizações urbanas, como centros direccionais, equipamentos e serviços administrativos de nível superior, bem como complexos de lazer e de recreio. A eles podiam também ser reconduzidos *empreendimentos turísticos* e *campos de golfe*.[29]

---

[28] A qual não veio a integrar a versão final aprovada pela Assembleia Municipal por a CCDRN ter suscitado dúvidas quanto à respectiva ilegalidade.

[29] Com vista a fomentar a reconversão de áreas urbanas cujas ocupações actuais se tornaram obsoletas ou desajustadas, gerando cargas urbanísticas penalizadoras, estendeu-se

Ou seja, em causa estava um conjunto de usos relevantes e estratégicos para o município, mas cuja incerteza da respectiva ocorrência não justificava que se reservassem áreas do território municipal para a respectiva instalação, já que esta podia nunca vir a ocorrer. Não pretendendo, no entanto, o município, bem pelo contrário, impedir que os mesmos ocorressem, caso surgissem intenções de investimento, remetia-se essa decisão de localização para uma avaliação casuística, em que fossem conjuntamente ponderados o interesse estratégico das iniciativas e os seus impactes territoriais (tanto funcionais como formais/visuais/paisagísticos), os quais conduziram a uma decisão fundamentada da sua aceitabilidade ou recusa.

A disciplina que então se propunha ia, assim, no sentido de a aceitabilidade de cada iniciativa se centrar no resultado da referida ponderação, sem prejuízo, obviamente, do estrito respeito por todos as condicionamentos de ordem legal aplicáveis (desde logo, as servidões administrativas e as restrições de utilidade pública), e de uma avaliação positiva da sua compatibilidade com os usos dominantes do solo com que pudesse interferir.[30] Abria-se, porém, a possibilidade

---

a estas áreas o âmbito da aplicabilidade da disciplina acima explanada. Por isso determinava o artigo 114.º que: "*o disposto na presente secção pode aplicar-se ao solo urbano que se encontre ocupado por actividades, explorações, instalações, edificações ou equipamentos em condições que se tornaram desajustadas ou obsoletas, nomeadamente do ponto de vista social, de tráfego, de segurança ou de salubridade, com vista a fomentar a deslocalização daqueles usos, admitindo-se a reabilitação da área a eles afecta, com manutenção dos usos correspondentes à qualificação do solo estabelecida no presente plano para o local, ou com a adopção dos usos correspondentes à categoria de espaço com que confronte em maior extensão*".

[30] A qualificação de um determinado empreendimento como de carácter estratégico pressupunha o desencadeamento de um procedimento específico com vista à obtenção de uma declaração de interesse público estratégico do projecto por parte da assembleia municipal, tomada sob proposta da câmara municipal. Esta proposta, por sua vez, para além de explicitar as razões que a fundamentavam, deveria ainda conter a avaliação das incidências territoriais do empreendimento em termos funcionais, ambientais, físico-formais e paisagísticos; a verificação e fundamentação da compatibilidade dos usos propostos com os usos dominantes previstos no plano para as categorias de uso onde o empreendimento se pretendia localizar e a deliberação da câmara municipal determinando a qualificação da iniciativa para efeito de avaliação ambiental estratégica.

Quanto a este último aspecto, caso se concluísse que a concretização do empreendimento estratégico seria susceptível de ter efeitos significativos no ambiente, a viabilização da iniciativa só poderia ocorrer ao abrigo de um procedimento de planeamento formal (ou de

de dispensar o acatamento dos parâmetros "urbanísticos" estabelecidos para o local (índices máximos de edificabilidade ou implantação,
cérceas ou número de pisos máximos, etc.)[31], com um limite absoluto,
no que respeita à edificabilidade, de 50% à majoração da área bruta
de construção máxima que se obteria pela aplicação dos parâmetros
"normais" estabelecidos para o local.[32]

A solução planificadora aqui referida apresentava-se como uma
solução flexível e adaptável à evolução das circunstâncias concretas,
prevendo um regime normal – correspondente aos usos correntes
previstos para a respectiva área –, e um *regime especial*, que seria
aplicado quando tivessem ocorrido determinadas circunstâncias
(a intenção de realização de um empreendimento que viesse a ser
declarado estratégico por ter ultrapassado o juízo formulado para o
efeito).

Tratava-se de uma norma que pretendia evitar que se reservassem
solos para empreendimentos que, dado o seu carácter excepcional
podiam nunca vir a ocorrer no território, mas que, assim fosse pre-
tendido, tornava o plano apto a integra-las. Esta norma correspondia,

---

alteração do Plano Director Municipal de forma a prever expressamente o referido projecto
na localização pretendida, ou de elaboração de um plano de urbanização ou de um plano de
pormenor que o enquadrasse), no âmbito do qual fosse levado a cabo o subprocedimento de
avaliação ambiental estratégico.

Pelo contrário, caso se concluísse pela desnecessidade do desencadeamento de avaliação ambiental estratégica, o projecto poderia, cumpridas todas as restantes exigências, vir a
ser aprovado, não sem que antes a proposta da câmara a ser submetida à assembleia
municipal para a declaração do interesse estratégico do empreendimento fosse submetida a
um procedimento de discussão pública em moldes idênticos aos estabelecidos legalmente
para os planos de pormenor, devendo, após a sua conclusão, a câmara municipal ponderar e
divulgar os respectivos resultados e, se fosse caso disso, alterar o sentido da sua decisão e/
ou reconfigurar o teor da proposta a apresentar à assembleia municipal.

[31] Estes estavam fixados tendo como referência os usos correntes do solo (usos
dominante, complementar e compatível de cada categoria de uso do solo) e não estes usos
especiais, de ocorrência incerta.

[32] Com efeito, o artigo 113.º permitia que fosse autorizada uma majoração até 50% da
área bruta de construção admitida para a área e que fosse dispensado o cumprimento de
outros parâmetros estabelecidos para as categorias de uso afectadas desde que não fossem
áreas naturais nem áreas verdes de enquadramento *"caso a Câmara Municipal reconheça
que as configurações funcionais e físicas que daí resultem não são susceptíveis de provocar cargas funcionais incomportáveis para as infra-estruturas públicas, ou de pôr em
causa a imagem do território, em termos de integração urbanística e paisagística"*.

ao fim e ao cabo, a uma solução desterritorializada muito próxima dos *núcleos de desenvolvimento económico* previstos no PROT do Algarve: a sua localização no território não fica pré-determinada, uma vez que aqueles correspondem a investimentos estratégicos cuja localização deverá ocorrer nos locais mais adequados para o efeito. Nestes casos, porém, é necessário que o plano tenha a flexibilidade suficiente para os admitir, já que os parâmetros previstos para as situações normais não lhes são em regra adequados.[33]

Consideramos, por isso, ao contrário daquele que foi então o entendimento da CCDR-N, que nada havia de ilegal na solução preconizada no Plano Director Municipal de Vila Nova de Gaia quanto aos empreendimentos estratégicos.

Conclusão

Estando o território nacional especialmente vocacionado para usos turísticos, fundamental se torna que as opções a eles referentes sejam devidamente integradas em procedimentos de decisão que perspectivam o território na sua globalidade e se perspectivem como procedimentos de ponderação dos restantes interesses com repercussão na respectiva área territorial.

Apresentando-se o planeamento do território, em especial o de carácter global, como um típico procedimento de ponderação, os respectivos instrumentos surgem, assim, particularmente vocacionados para o tratar e regulamentar.

Devem pois os usos turísticos, enquanto usos referentes a uma política pública relevante e estratégica para Portugal, ser devidamente assimilados e enquadrados por instrumentos de planeamento, os quais, integrando distintos níveis, comprovam a sua diferenciada dimensão: nacional, regional e local.

---

[33] Servia ainda, esta norma, como uma medida de incentivo de deslocalização de actividades desajustadas ao espaço onde se integravam, como um bairro social degradado ou actividades poluentes. A concessão de uma majoração até ao índice máximo que o Plano Director Municipal balizava devidamente e com cumprimento das restantes exigências aí previstas, era uma relevante forma de incentivo a essa deslocalização.

A SUSTENTABILIDADE AMBIENTAL DO TURISMO

ALEXANDRA ARAGÃO
Professora Auxiliar da FDUC/CEDOUA

1. Introdução

O turismo[1] é um sector com importância crescente na economia, constituindo-se como um dos motores do desenvolvimento social, económico e ambiental. Apesar da crise económica, das pandemias e da ameaça terrorista, o turismo continua em crescimento em todo o mundo. De acordo com dados da Organização Mundial do Turismo a previsão do crescimento do turismo mundial até 2020 é de 4,1%. O crescimento deste sector nas últimas décadas tem sido muito significativo, como pode ver-se no gráfico seguinte que mostra as chegadas de turistas, em milhões, entre 1950 e 2005 e onde é patente que as chegadas de turistas internacionais, especialmente à Europa, cresceram até quase 400 milhões por ano em 50 anos. Já o afluxo de turistas às Américas e à Ásia e ao Pacífico também cresceu, mas não de forma tão espectacular. Muito inferior é o número de turistas na África e Médio Oriente.

---

[1] De acordo com a definição legal, *turismo* é o "movimento temporário de pessoas para destinos distintos da sua residência habitual, por motivos de lazer, negócios ou outros, bem como as actividades económicas geradas e as facilidades criadas para satisfazer as suas necessidades" (Decreto-Lei n.º 191/2009, de 17 de Agosto de 2009).

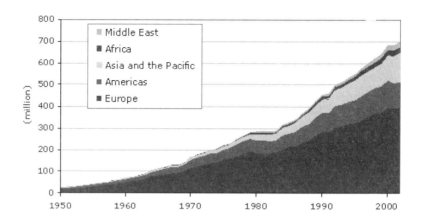

Mas os efeitos económicos do turismo não resultam apenas de actividades turísticas directas, como serviços de transporte, alojamento, restauração, animação turística, etc.[2]. Há também um conjunto de outras actividades que beneficiam indirectamente do turismo (actividades comerciais, industriais, bancárias, de seguros, de prestação de serviços de comunicações, etc.) a ponto de se poder afirmar que em Portugal o turismo ocupa, directa ou indirectamente, 10% da população activa[3].

Porém, não podemos esquecer que as actividades turísticas têm igualmente impactes significativos a nível ambiental, que devemos ter em consideração primeiro, em virtude do dever constitucional e legal de proteger o ambiente e depois, por razões económicas: uma actividade turística num local ambientalmente degradado está condenada ao insucesso.

Sem dúvida, as actividades turísticas são susceptíveis de produzir efeitos potencialmente nocivos sobre a fauna, a flora, os *habitats*, as águas, o ar, o solo, o subsolo, o património natural ou cultural, a paisagem ou o ecossistema, sem esquecer os impactes ambientais do

---

[2] Para mais desenvolvimentos ver Allan M. Williams, Gareth Shaw (eds.), *Tourism and economic development: Western European experiences*, London, Belhaven Press, 1991 e ainda Alessandro Lanza, Anil Markandya, Francesco Pigliaru (eds.), *The economics of tourism and sustainable development*, Cheltenham : Edward Elgar, 2005.

[3] Segundo dados oficiais, as receitas ilíquidas do turismo ascendem a 6,7 milhões de euros e representam 11% do PIB, cobrindo 27,9% do saldo negativo da balança comercial.

próprio transporte[4]. Todos estes impactes são uma realidade da qual devemos estar conscientes, e que se impõe controlar e gerir, se quisermos assegurar a sustentabilidade do próprio sector.

De facto, em maior ou menor medida, a grande parte das actividades turísticas pressupõe um contacto próximo com a natureza, e pressupõe sobretudo uma utilização intensiva de recursos naturais (como água e energia), que, à medida que o turismo cresce e se diversifica, se pode tornar insustentável. Com efeito, nas últimas décadas o turismo tem crescido exponencialmente (tanto em número absoluto de turistas que se deslocam por ano, como em despesa turística *per* capita) e tem-se diversificado na oferta de actividades a realizar e, sobretudo, nas áreas geográficas abrangidas como destinos turísticos, na medida em que os operadores se esforçam por ampliar a oferta de actividades diferenciadoras[5], que sejam atractivas para quem aspira, cada vez mais, encontrar novos destinos *virgens* e *inexplorados*.

Olhando para as estatísticas oficiais na Europa, de acordo com dados do Eurobarómetro[6], 31% dos Europeus têm em consideração questões ambientais, quando tomam decisões sobre férias[7].

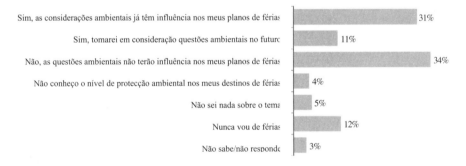

[4] Este aspecto foi realçado na Declaração de Djerba (Tunísia) da Organização Mundial do Turismo, em 2003. Para mais desenvolvimentos ver Gustavo Romanelli, Michele Comenale Pinto, "Trasporto turismo e sostenibilità ambientale", in: *Diritto dei Trasporti*, ano 13, n.º 3 (2000), p. 659-690.

[5] A prática de *paintball* em zonas florestais é um exemplo recente.

[6] Eurobarómeto: *Europeans and Tourism, Analytical Report*, Outubro de 2009.

[7] Os inquéritos abrangeram mais de 26 000 inquiridos nos 27 Estados Membros da União Europeia e a questão colocada era: "toma em consideração questões ambientais quando decide sobre as férias (ex. alojamento com rótulo ecológico, sistemas de transporte responsável, minimização de impactes nas populações locais, etc.)?"

O aspecto mais interessante deste relatório estatístico é o facto de, entre os cidadãos dos 27 Estados Membros, os portugueses serem os que mais tomam em consideração o ambiente, com 63% dos portugueses a afirmar que tomam ou tomarão em consideração as questões ambientais na escolha do destino de férias, o que demonstra uma sensibilização ambiental muito acima da média europeia, com apenas 47%[8].

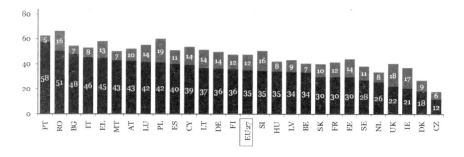

1.1. Desenvolvimento turístico ambientalmente sustentável

Se o desenvolvimento sustentável é "o desenvolvimento que satisfaz as necessidades das gerações presentes, sem pôr em causa a possibilidade de as gerações futuras satisfazerem as suas próprias necessidades"[9], então o desenvolvimento turístico sustentável, segundo a Organização Mundial do Turismo é "aquele que satisfaz as necessidades dos turistas presentes e das regiões de acolhimento, protegendo e fomentando as oportunidades futuras". O turismo sustentável implica a gestão de todos os recursos naturais e humanos envolvidos, de forma a que as necessidades económicas, sociais, culturais, ou estéticas possam ser preenchidas[10], ao mesmo tempo

---

[8] Na análise das respostas verificamos que quem revela maior sensibilidade ambiental são as senhoras, na faixa etária dos 40 aos 54 anos, residentes em zonas urbanas, com níveis elevados de educação e trabalhadoras por conta própria.

[9] Relatório da Comissão das Nações Unidas sobre o Ambiente e o Desenvolvimento, "O Nosso Futuro Comum", 1987.

[10] Fernanda Delgado Cravidão, "Turismo sustentabilidade e cultura", in: *Estudos Autárquicos*, Ano 6, N. 10/11 (1998), p. 59-72.

A Carta Europeia de Turismo Sustentável[12] baseia-se em princípios como os da prevenção, da participação, da planificação ou da informação e visa a constituição de parcerias entre as Áreas Protegidas e os actores-chave no desenvolvimento turístico da região, *maxime*, empresas e operadores turísticos. Destas parcerias resultam benefícios para as áreas protegidas (conservação e valorização dos recursos naturais), para os operadores (reforço da variedade e qualidade da oferta), para as populações locais (desenvolvimento sócio-económico com respeito pelo ambiente) e para os próprios visitantes (benefício de uma experiência turística gratificante e de qualidade). Em Portugal estão acreditados, em conformidade com a Carta Europeia de Turismo Sustentável, o Parque Nacional da Peneda-Gerês e o Parque Natural da Serra de São Mamede.

A Lei que, em 2009, estabeleceu no nosso país, as bases das políticas públicas de turismo[13] reafirma o princípio da sustentabilidade como um dos três princípios fundamentais[14] aplicáveis às políticas públicas de turismo. Neste sentido, uma política pública de turismo sustentável deve fomentar "a fruição e a utilização dos recursos ambientais com respeito pelos processos ecológicos, contribuindo para a conservação da natureza e da biodiversidade" (dimensão *ambiental* do desenvolvimento turístico sustentável), "o respeito pela autenticidade sociocultural das comunidades locais, visando a conservação e a promoção das suas tradições e valores" (dimensão *social* do desenvolvimento turístico sustentável) e a "viabilidade económica das empresas como base da criação de emprego, de melhores equipamentos e de oportunidades de empreendedorismo para as comunidades locais" (dimensão *económica* do desenvolvimento turístico sustentável).

---

[11] María Teresa Carballeira Rivera, "Turismo y medio ambiente. Propuestas para el próximo milénio", *in: Revista Vasca de Administración Pública*, N. 55 (1999), p. 71-102.

[12] A Carta Europeia de Turismo Sustentável resultou dos trabalhos da Federação Europarc, uma federação internacional que integra representantes de parques nacionais e áreas protegidas, operadores turísticos e organizações não governamentais.

[13] Decreto-Lei n.º 191/2009 de 17 de Agosto de 2009.

[14] Os outros são a transversalidade e a competitividade.

Mas não se pense que o turismo em zonas naturais ou em contacto com a natureza tem apenas desvantagens. Pelo contrário, a difusão do turismo em espaços de conservação da natureza proporciona uma democratização do acesso à natureza e aos recursos naturais e estéticos que deve ser reconhecida e promovida.

Por isso, uma das principais áreas de actuação na política pública de turismo é, segundo a mesma Lei, "a qualificação da oferta de produtos e destinos turísticos nacionais" com o objectivo de "aumentar a competitividade e a visibilidade da oferta turística nacional relativamente a mercados concorrentes", e de "garantir um elevado nível de satisfação dos turistas e utilizadores de bens e serviços turísticos"[15]. E um dos parâmetros de qualificação da oferta turística passa pela promoção e incentivo à valorização das envolventes turísticas, nomeadamente do património cultural e natural. Com este propósito (entre outros) foi criado o Fundo para a Conservação da Natureza e da Biodiversidade, no âmbito do Instituto da Conservação da Natureza e da Biodiversidade, I. P. (ICNB, I. P.)[16], que tem como objectivo[17] promover iniciativas de comunicação, divulgação e visitação nas áreas protegidas.

Por outro lado, respeitando o princípio do poluidor pagador, os fundos gerados pela actividade turística podem e devem ser afectados (se não totalmente, pelo menos em parte), à preservação ou recuperação ambiental das zonas utilizadas para efeitos turísticos ou à requalificação e recuperação ambiental de outras zonas naturais degradadas.

O turismo ambientalmente responsável tem potencialidades para ser uma das mais sustentáveis fontes de financiamento das medidas de preservação ambiental activa das zonas de conservação da natureza.

Em Portugal, os Critérios de Boas Práticas Ambientais[18], o standard de gestão ambiental do sistema português de qualidade (ISO

---

[15] Artigo 10.º, n.º 1.

[16] Pelo Decreto-Lei n.º 171/2009 de 3 de Agosto.

[17] Além dos objectivos prioritários estabelecidos no artigo 2.º, como o apoio a projectos de conservação da natureza e da biodiversidade, o incentivo a projectos de conservação de espécies ameaçadas, a promoção de acções de educação e sensibilização para a conservação da natureza e da biodiversidade, etc..

[18] Anexo I da Portaria 261/2009, de 12 de Março.

A Sustentabilidade Ambiental do Turismo 75

14001)[19], o sistema de eco-gestão e auditoria ambiental (EMAS)[20] e o rótulo ecológico europeu para serviços de alojamento turístico[21], são algumas das formas de garantir efectivamente essa sustentabilidade.

1.2. *Os impactes ambientais do turismo*

Na análise dos impactes ambientais do turismo, também relevam as finalidades das deslocações turísticas e os tipos de turismo. Não estamos sequer a pensar em fins turísticos ilícitos[22] mas apenas em diferentes tipos de turismo *legal*, embora susceptível de gerar incidências negativas sobre as condições ambientais dos locais turísticos. Tais actividades podem ser desportivas (competitivas ou não competitivas), científicas ou simplesmente recreativas, podem ser actividades terrestres, aquáticas ou aéreas, podem ser actividades motorizadas ou não motorizadas e podem ser actividades desenvolvidas espontaneamente, a título individual, ou actividades organizadas (como excursões). Estes são alguns dos aspectos a ter em consideração na análise prévia das incidências ambientais.

Deste modo, quanto aos fins das actividades turísticas, verificamos que há actividades "neutras" relativamente a impactes ambientais, na medida em que, em média, não são susceptíveis de gerar impactes especialmente elevados mas, pelo contrário, apresentam impactes idênticos a outras actividades similares sem carácter turístico. É o caso do turismo cultural, de compras, de eventos, de lazer, de negócios, gastronómico, histórico, religioso, rural ou social. Pelo contrário, outros tipos de turismo com um carácter mais marcada-

---

[19] NP EN ISO 14001:2004 – Sistemas de Gestão Ambiental.

[20] Regulamento n.º 761/2001 do Parlamento Europeu e do Conselho de 19 de Março de 2001 que permite a participação voluntária de organizações num sistema comunitário de ecogestão e auditoria (EMAS)

[21] Regulamento n.º 1980/2000, de 17 de Julho de 2000 e Decisão da Comissão n.º 2009/578, de 9 de Julho de 2009.

[22] Como o turismo sexual, o turismo para terrorismo, o turismo para contrabando, criminalidade, *hooliganismo*, emigração ilegal, tráfico de estupefacientes, e, sobretudo, na perspectiva que agora nos interessa, o turismo para tráfico ilegal de espécies protegidas, para bio-prospecção não autorizada de variedades animais e vegetais para a indústria farmacêutica, em suma, para actividades de bio-pirataria.

mente ambiental, na medida em que exigem maior proximidade com a natureza, exigem também maior atenção aos efeitos ambientais *laterais* em relação à actividade turística. É o caso do **turismo de aventura, de juventude, de saúde, de 3.ª idade, desportivo e científico.**

Todavia, para efeito de prevenção de impactes ambientais, mais importante do que os fins turísticos é a necessidade ou utilidade de construir infra-estruturas de apoio ao turismo. Por isso, podemos analisar os impactes ambientais das actividades turísticas, consoante elas envolvam a realização de construções ou obras (chamemos-lhe actividades turísticas *edificatórias*) ou não (chamemos-lhe actividades turísticas *não edificatórias*). Começaremos a nossa análise por estas últimas.

1.2.1. Os impactes ambientais das actividades turísticas *não edificatórias*

As actividades turísticas *não edificatórias* são aquelas que não implicam qualquer infra-estrutura construída pelo Homem, e consistem apenas no desenvolvimento de iniciativas turísticas em espaços naturais ou na exploração de espaços naturais com potencial para o turismo[23].

Existem diversas actividades turísticas ou actividades de lazer associadas ao turismo, que praticamente não exigem infra-estruturas, mas que, na medida em que se realizam em contacto directo com a natureza, não deixam de causar perturbações, degradação e até danos ambientais relevantes. Os impactes ambientais manifestam-se, nestes

---

[23] Eis alguns exemplos de actividades em que os impactes decorrem sobretudo da própria actividade e não de quaisquer construções que lhe possam estar associadas: actividades pedestres (caminhadas, passeios interpretativos, orientação nocturna ou diurna ...), arborismo, asa delta (com e sem motor), balonismo, *bodybord*, caça desportiva, campismo, *canyoning*, cicloturismo, corrida (footing, velocidade, endurance), desportos náuticos motorizados (jetski, mota de água e outros), desportos de todo-o-terreno, equitação, escalada, fotografia, jogos de exterior (*paintball, snowpaint...*), *kayakismo*, mergulho, montanhismo, natação, naturismo, observação de pássaros, observação de cetáceos, parapente (com e sem motor), pára-quedismo, passeios de avião ou helicóptero, pesca desportiva, *rafting, rappel, ski* (na neve e aquático), *slide, snorkeling, surf* e *windsurf,* tiro (com arma de fogo, com arco ou com besta), etc..

A Sustentabilidade Ambiental do Turismo

casos, sob a forma de poluição (como emissões de gases poluentes e gases com efeito de estufa, partículas, cheiros, radioactividade, luz, ruído, trepidação, líquidos residuais e resíduos sólidos), criação ou intensificação de riscos (de incêndio, explosão, derrame, desabamento, infiltração, desmoronamento), degradação de elementos naturais (captura, abate ou perturbação de espécies da fauna; colheita, corte ou desenraizamento de espécies da flora, recolha indevida de elementos abióticos pertencentes a biótopos naturais) ou sobre-exploração de recursos (água, energia, e outros recursos naturais escassos)[24].

Estamos ainda a pensar no caso do alpinismo, da espeleologia, do mergulho ou dos safaris que, apesar de serem actividades desenvolvidas praticamente sem apoio de infra-estruturas construídas, apresentam um elevado potencial de degradação ambiental resultante da mera presença humana, simplesmente por serem realizadas em zonas naturais sensíveis.

Muitos destes impactes podem ser controlados ou minimizados se se conseguir promover, junto dos turistas[25], praticantes, e operadores turísticos, uma *cultura de respeito*[26] e um comportamento cívico correcto.

A vandalização dos locais, fruto de uma atitude "predatória" do turista, que danifica intencionalmente os locais que visita (por exemplo fazendo inscrições em troncos de árvore ou em monumentos, furtando objectos móveis ou capturando espécies da fauna ou da

---

[24] Além dos impactes ambientais do turismo, as Linhas Orientadoras sobre Biodiversidade e Desenvolvimento Turístico da Convenção sobre Diversidade Biológica das Nações Unidas, contêm referências a alguns dos impactes socio-económicos e culturais do turismo: degradação social (prostituição, toxicodependência), riscos para a saúde pública (disseminação de doenças), conflitos intergeracionais e alteração das relações de género; erosão dos estilos de vida e práticas tradicionais; perda de acesso pelas comunidades indígenas às suas terras e locais sagrados, etc..

[25] De acordo com a declaração de Haia, em 1989, da Organização Mundial do Turismo, o turista é a pessoa que se desloca do seu local habitual de residência para outro local por um período relativamente curto (em regra inferior a três meses) não para exercer uma actividade remunerada mas por motivos de lazer, negócios ou outros fins, e que após esse período retorna ao local de origem ou se dirige para outro (definição adaptada com base no princípio IV).

[26] Com este mesmo propósito é usual encontrar, em zonas naturais classificadas e abertas ao turismo, a seguinte inscrição: "**tire** apenas fotografias, **deixe** apenas leves pegadas, **leve para casa** apenas boas recordações".

flora como *souvenir*) deve ser prevenida, através da educação ambiental, mas também deve ser punida, se for necessário.

Porém, na maior parte dos casos, a perturbação é provocada de forma negligente, em virtude de uma atitude pouco cuidadosa ou mesmo "desleixada", (por exemplo, abandonando resíduos ou fazendo ruído). Esta atitude é tão mais grave quanto a *capacidade de carga* dos locais turísticos ou dos ecossistemas nesses locais for ultrapassada. Na realidade, a simples presença de seres humanos em *habitats* sensíveis dá sempre uma perturbação inevitável que é bem visível no caso de grutas. Com efeito, o equilíbrio dos frágeis ecossistemas cavernícolas depende da manutenção de uma temperatura e uma humidade constantes, as quais são gravemente prejudicadas pelos turistas: em grutas abertas ao público, visitadas por milhares de turistas por dia, a respiração dos visitantes e a iluminação artificial provocam oscilações significativas na composição química do ar, na humidade e na temperatura, que se podem revelar gravemente prejudiciais para as espécies subterrâneas.

A lei que define os instrumentos de execução da política de turismo[27], consagra **deveres** fundamentais do turista e do utilizador de produtos e serviços turísticos: o dever de cumprir a lei e os regulamentos vigentes, de respeitar o património natural, cultural e costumes das comunidades, de utilizar e fruir dos serviços, produtos e recursos turísticos com respeito pelo ambiente e pelas tradições nacionais e o dever de adoptar hábitos de consumo ético e sustentável dos recursos turísticos[28]. Trata-se aqui de uma inflexão significativa da abordagem tradicional, que vê o turista apenas enquanto *consumidor de serviços turísticos* e, portanto, apenas como titular de direitos. O turista, na realidade, é um consumidor de recursos turísticos (bens que, pelas suas características naturais, culturais ou recreativas tenham capacidade de motivar visita e fruição turísticas[29]) que, como quaisquer outros recursos, são escassos e devem ser consumidos com parcimónia e responsabilidade cultural, ambiental e intergeracional.

---

[27] Decreto-Lei n.º 191/2009 de 17 de Agosto de 2009.

[28] Artigo 23.º.

[29] Artigo 2.º b) do Decreto-Lei n.º 191/2009 de 17 de Agosto de 2009.

A Sustentabilidade Ambiental do Turismo   79

Quanto aos operadores turísticos, a lei consagra actualmente um Código de Conduta[30] aplicável às empresas de animação turística e aos operadores marítimo-turísticos que exerçam actividades de turismo de natureza. Estas empresas são directamente responsáveis pela salvaguarda e protecção dos recursos naturais, que possam ser afectados pela sua actividade e pelo comportamento dos seus clientes, no decurso das actividades turísticas.

Quanto aos empreendimentos de turismo de natureza, os Critérios de Boas Práticas em vigor[31] dizem essencialmente respeito ao funcionamento do empreendimento: redução dos consumos de água e energia e prevenção da produção de resíduos são os vectores fundamentais do catálogo de boas práticas ambientais.

1.2.2. Os impactes ambientais das actividades turísticas edificatórias

Pensamos, porém, que os mais sérios impactes ambientais do turismo não resultam tanto da actuação dos operadores turísticos ou dos turistas, como da existência dos empreendimentos. De facto, frequentemente as actividades turísticas (sobretudo tratando-se de turismo de massas), exigem grandes infra-estruturas e edificações ligadas, por exemplo, ao transporte ou ao alojamento, cujos efeitos de transformação do território e de perturbação do ambiente são bem evidentes: os grandes empreendimentos hoteleiros, os portos ou os aeroportos, são alguns dos exemplos.

Nestes casos, o momento crítico em que se verificam os maiores impactes ambientais é precisamente o momento da construção. Por isso, esta é também a altura mais adequada para prever a adopção de medidas de redução de impactes. Mas também o momento da cessação da actividade se reveste de grande importância, impondo a desactivação da própria instalação, a requalificação de toda a zona anteriormente afectada ao turismo e, na medida do possível, a sua reintegração na

---

[30] Anexo I da Portaria 651/2009 de 12 de Junho. Incluímo-lo no final deste texto, como anexo I.

[31] Aprovados pela Portaria n.º 261/2009, de 12 de Março. Incluímo-los também no final deste texto, no anexo II.

natureza. Infelizmente, os exemplos de zonas turísticas degradadas e abandonadas após uma utilização turística muito intensiva, não são raros, sendo que a *deriva turística* tanto pode depender de tendências colectivas (os destinos turísticos "da moda") como da própria degradação resultante da sobre-exploração de um turismo massificado e da busca de novos destinos mais *naturais* e menos *humanizados*[32].

Por outras palavras: se não quisermos que os locais turísticos sejam vítimas do seu próprio sucesso, se não quisermos transformar uma galinha de ovos de ouro numa galinha de ovos de cimento[33], devemos garantir que as condições ambientais, que justificaram a escolha de um determinado local para realizar um investimento turístico, se mantenham ao longo do tempo. Se se permitir a construção de uma unidade de alojamento turístico numa zona natural classificada, confiando nas condições naturais excepcionais do local como factor de atracção turística, deve-se assegurar que a subsequente exploração do estabelecimento é feita em condições compatíveis com a preservação do equilíbrio ecológico, *maxime* garantindo que a exploração turística se mantém numa escala aceitável e não massificada, de forma a evitar o declínio que se segue a períodos de exploração intensiva.

Num turismo duradouro e sustentável, a rentabilização dos investimentos turísticos deve focar-se mais no médio e longo prazo do que no curto prazo. A exploração intensiva de uma zona turística, que tem como efeito a decadência acelerada, deve dar lugar a uma exploração controlada, que concilie, de forma equilibrada, as expectativas de retorno económico com uma gestão territorial e ambiental duradoura, ideia que pode ser sintetizada no adágio: *enquanto o turismo for amigo do ambiente, o ambiente será amigo do turismo.* Este propósito pode passar por uma interdição total do turismo em certas zonas, pela restrição de certos tipos de actividades turísticas em certas épocas, por uma regulamentação das actividades turísticas, ou pela informação e educação para um turismo ambientalmente responsável.

---

[32] É o caso da *migração turística* no México, da costa ocidental (Acapulco) para a costa oriental (Cancun).

[33] A ideia é avançada e explorada por Ramon Martin Mateo na obra "La gallina de los huevos de cemento" (Civitas, Madrid, 2007).

2. O turismo ambientalmente sustentável nos instrumentos estratégicos nacionais

São vários os instrumentos estratégicos de âmbito nacional, onde o turismo, na sua relação com as condições naturais, é reconhecido como um vector fundamental para o desenvolvimento e afirmação do país no espaço europeu e mundial. Procederemos em seguida à análise de algumas consagrações estratégicas da ideia de turismo sustentável, nos seguintes instrumentos: o Plano Estratégico Nacional do Turismo, o Programa Nacional da Política de Ordenamento do Território, a Estratégia Nacional de Desenvolvimento Sustentável e a Estratégia Nacional para a Gestão Integrada da Zona Costeira.

2.1. *Plano Estratégico Nacional do Turismo*

A Resolução do Conselho de Ministros n.º 53/2007 de 4 de Abril, aprovou os objectivos e linhas do Plano Estratégico Nacional de Turismo (PENT)[34] para o período até 2015, definindo uma "Estratégia de produtos", destinada a consolidar e desenvolver dez produtos turísticos estratégicos, para os quais Portugal dispõe de "matérias-primas" (condições climáticas, recursos naturais e culturais):

– turismo de sol e mar,
– circuitos turísticos culturais e paisagísticos (*touring*),
– estadias de curta duração em cidade (*city break*),
– turismo de negócios,
– turismo de natureza,
– turismo náutico,
– turismo de saúde e bem-estar,
– conjuntos turísticos integrados (*resorts*) e turismo residencial,
– turismo de golfe,
– turismo gastronómico e enológico.

---

[34] Desde Junho de 2007, os planos e programas para os sectores do turismo devem avaliar os seus eventuais efeitos significativos no ambiente através da elaboração de um relatório ambiental, da realização de consultas e da ponderação dos resultados obtidos na decisão final sobre o plano ou programa. Trata-se da chamada avaliação ambiental estratégica, introduzida pelo Decreto-Lei n.º 232/2007, de 15 de Junho, relativo à avaliação dos efeitos de determinados planos e programas no ambiente.

Quanto ao turismo de natureza, ele é aqui considerado como um conceito abrangente que engloba todas as actividades, modalidades de alojamento e experiências que pressupõem uma interacção com a natureza, independentemente de se localizarem ou não nas áreas protegidas. No entanto, o desenvolvimento da oferta e o aumento da atractividade turística em Portugal devem sempre assegurar a preservação das áreas protegidas.

Já segundo o próprio PENT, a qualificação e valorização do turismo nacional passam pelo aprofundamento da qualidade urbana, ambiental e paisagística, como componentes fundamentais do destino turístico *Portugal*. Esta intervenção requer a constituição de Zonas Turísticas de Interesse (ZTIs) como, por exemplo, núcleos históricos e fronteiriços e pólos de desenvolvimento turístico.

A visão do PENT para o turismo nacional, num horizonte temporal de 2015, passa pela identificação de Portugal como um dos destinos de maior crescimento na Europa, alavancado numa proposta de valor suportada em características distintivas e inovadoras do país e pelo desenvolvimento do turismo baseado na qualificação e competividade da oferta, e na excelência ambiental e urbanística, na formação dos recursos humanos e na dinâmica empresarial e das entidades públicas.

De acordo com o Plano Estratégico Nacional do Turismo, o desafio para Portugal consiste em desenvolver a oferta, respeitando o ambiente. O objectivo é tornar o produto vendável turisticamente, mas sempre preservando as áreas protegidas. Pretende-se tornar a qualidade urbana, ambiental e paisagística numa componente fundamental do produto turístico para valorizar e qualificar o destino *Portugal*. No que diz respeito ao ambiente, deve ser promovida a valorização do património paisagístico e natural, bem como a biodiversidade, intervindo nomeadamente nas áreas classificadas, integrando políticas de conservação da natureza e princípios de utilização sustentável dos recursos. Destaca-se a necessidade de assegurar a limpeza e despoluição ao nível do solo, sub-solo, água e ar, o controle dos níveis de ruído, de assegurar boas condições de saneamento, e também a eliminação de depósitos de entulho nas margens dos rios em áreas turísticas.

A Sustentabilidade Ambiental do Turismo

Concretamente quanto ao turismo de Natureza, as metas para um período de dez anos são criar mais de dez parques naturais com uma oferta diversificada de actividades e mais de 50 000 visitantes internacionais por ano, um crescimento acima dos 7% ao ano e a duplicação do nível de fidelização. Tais metas implicam, entre outros, o desenvolvimento de condições de acesso dos turistas à reservas naturais sem prejudicar o ambiente, a criação de rotas específicas e o desenvolvimento de pontos de acolhimento, interpretação e observação, a "marketização" das zonas de interesse natural com criação de sinalética, divulgação e observação, etc.. Especificamente a nível ambiental deverão ser feitos investimentos destinados a assegurar a limpeza e despoluição do solo, sub-solo, água e ar; a redução dos níveis de poluição (sonora, hídrica, atmosférica, etc.); a correcta gestão de resíduos evitando o abandono de resíduos e a criação de zonas de deposição ilegal. A nível da paisagem, o objectivo é reduzir os impactes paisagísticos e promover a arborização dos espaços.

Por fim, uma das prioridades identificadas pelo PENT é a revisão do processo de licenciamento turístico, no sentido de o tornar mais transparente e ágil, em particular para aqueles projectos com maior potencial e nomeadamente através da simplificação da legislação reguladora sobre o exercício da actividade turística, da revisão de prazos processuais e mecanismos de decisão e da criação de "via-rápida" para projectos de alto valor acrescentado, sem prejuízo do cumprimento da legislação em vigor e da sua adequada inserção ambiental e territorial[35].

---

[35] Para este fim estava criada desde 2003, uma estrutura de missão designada por Centro de Apoio ao Licenciamento de Projectos Turísticos Estruturantes (Resolução do Conselho de Ministros 98/2003 de 1 de Agosto). Em 2005 este sistema foi substituído pelo Sistema de Reconhecimento e Acompanhamento de Projectos de Potencial Interesse Nacional (PIN) (Resolução do Conselho de Ministros n.º 95/2005). Em 2007 foi criado um novo regime jurídico aplicável agora aos projectos de potencial interesse nacional classificados como de importância estratégica e designados como PIN+ (Decreto-Lei n.º 285/2007 de 17 de Agosto de 2007).

2.2. *Estratégia Nacional de Desenvolvimento Sustentável*

Segundo a Estratégia Nacional de Desenvolvimento Sustentável (ENDS)[36], o turismo será, no período de 2015-2020, uma das actividades motoras em Portugal.

No panorama da economia nacional, onde temos serviços baseados em tecnologia, em conhecimento, serviços criativos, etc., o turismo figura precisamente como um serviço baseado nos recursos naturais. Com efeito, o turismo é um dos sectores com maior relevância para a gestão hídrica em Portugal, representando 0,5% dos consumos de água. Outro grave problema associado ao turismo é a erosão costeira que, segundo a ENDS, em grande parte é resultante da "pressão dos sectores do turismo e da construção".

Deste modo, no *"cluster* Acolhimento e Turismo" as apostas deverão ser num forte crescimento do turismo residencial dirigido às classes médias da Europa do Norte[37] e ainda novos tipos de turismo, diferentes do de sol e praia. No entanto, sempre que este tipo de turismo se deva manter, pode ser combinado com desportos[38], jogos[39], cultura, património e eventos.

Relativamente à distribuição espacial das actividades turísticas, a ENDS apresenta um curioso *mapa* do país, onde assinala os pólos turísticos principais, diferenciando entre turismo residencial, turismo e lazer e turismo diversificado.

---

[36] A Estratégia Nacional de Desenvolvimento Sustentável (ENDS 2015) e o respectivo Plano de Implementação (PIENDS) foram aprovados pela Resolução de Conselho de Ministros n.º 109/2007, de 20 de Agosto.

[37] Turismo exigente em qualidade ambiental, em qualidade dos sistemas de saúde, dos transportes aéreos e da animação.

[38] Golfe, desportos radicais.

[39] Casinos e corridas de cavalos.

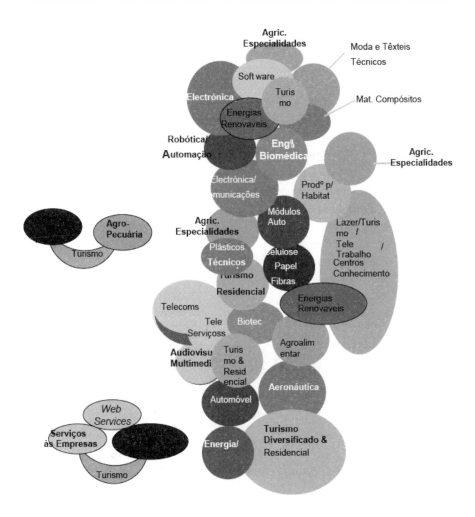

Mais interessante ainda é a análise SWOT (*strong points, weak points, opportunities and threats*) que refere o turismo de "sol e praia" como um dos *pontos mais fracos*[40] das nossas actividades

---

[40] Outros pontos fracos são o predomínio das indústrias baseadas na intensidade do trabalho e nas baixas qualificações (vestuário, calçado, cablagens etc.); na combinação de recursos naturais com reservas de expansão limitadas e baixas qualificações do trabalho (madeira, cortiça, papel, cerâmicas).

voltadas para o estrangeiro (ou "internacionalizadas"[41]) por se tratar de serviços baseados em recursos naturais e baixas qualificações.

Por isso, uma *ameaça* é precisamente a aposta num crescimento intenso do sector de turismo que acabe por destruir os recursos naturais, nos quais ainda se baseia hoje a competitividade turística.

Desta forma, uma *oportunidade* a agarrar é a intensificação dos fluxos de turismo, resultantes da procura de espaços residenciais em localizações com clima ameno, qualidade ambiental e paisagística, condições de segurança e bons serviços de saúde, por parte de sectores afluentes da população europeia. O turismo é, portanto, considerado como uma actividade de futuro, e o desafio é transformar Portugal num destino turístico de grande qualidade, com uma oferta diversificada de produtos, tirando partido da qualidade e variedade das paisagens e do património cultural.

---

[41] Eis a carteira de actividades internacionalizadas, segundo a ENDS:

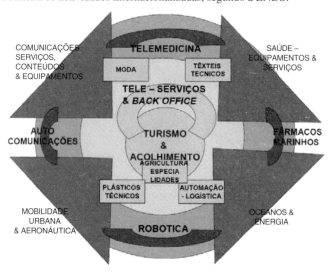

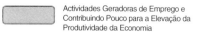

A *Sustentabilidade Ambiental do Turismo* 87

Por fim, com vista à melhoria da qualidade da oferta turística e à prossecução de um desenvolvimento turístico sustentável, estabeleceu-se como meta, a atingir até 2015, uma quota de 65% dos estabelecimentos de quatro e cinco estrelas no total da capacidade; desconcentrar geograficamente a procura através de um aumento para 35% do peso das dormidas nas regiões de menor procura; e assegurar um crescimento de receitas do turismo superior ao crescimento do número de turistas.

2.3. *Programa Nacional da Política de Ordenamento do Território*

Considerando que a distribuição espacial do turismo não é homogénea e que as condições ambientais são um importante factor de atractividade turística, compreende-se a importância que o turismo assume no Programa Nacional da Política de Ordenamento do Território (PNPOT)[42].

No período de 20 anos, que é o horizonte temporal do PNPOT, o objectivo primário do ordenamento territorial do turismo deve ser a protecção das zonas do país sob maior pressão turística, sobretudo se forem zonas sensíveis. As zonas que mais sofrem sob a pressão cíclica do turismo são as zonas classificadas para conservação da natureza (como os sítios da Rede Natura 2000), as paisagens classificadas (como o Alto Douro Vinhateiro, a Floresta Laurissilva da Madeira, etc.) e sobretudo as zonas de turismo sazonal (zonas de praia e de montanha).

Por outro lado, atendendo ao alargado âmbito territorial dos regimes de protecção da natureza constituídos e em vigor entre nós[43] torna-se bem visível a dificuldade de desenvolver qualquer projecto economicamente interessante sem *tocar* nas zonas protegidas e classificadas.

---

[42] Aprovado pela Lei n.º 58/2007, de 4 de Setembro.

[43] Em Portugal vigoram diferentes regimes de conservação da natureza que se sobrepõem parcialmente. Alguns têm origem nacional, como a Rede Nacional de Áreas Protegidas; outros, internacional, como as zonas húmidas de importância internacional protegidas pela Convenção Ramsar e os espaços naturais Europeus protegidos pela UNESCO; outros têm origem europeia, como a Rede Natura 2000.

O território de Portugal compreende três regiões biogeográficas: a atlântica[44], a mediterrânica[45] e a macaronésica[46] como pode ver-se no mapa seguinte, que apresenta as diversas regiões biogeográficas Europeias:

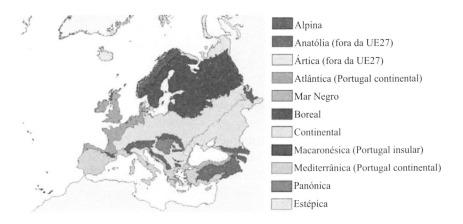

A percentagem das áreas protegidas em relação ao território de Portugal continental evidencia bem a importância territorial destes regimes de protecção. Assim, a rede nacional de áreas protegidas (RNAP)[47] cobre 7,5% do território, as zonas de protecção especial das aves[48] abrangem 8,25%, os sítios da Rede Natura 2000 e Sítios de Importância Comunitária[49] ascendem a 17,4%. Considerando que alguns regimes de classificação se sobrepõem, havendo sítios classificados que beneficiam simultaneamente de protecção nacional e

---

[44] Os sítios Rede Natura 2000 da Região Atlântica foram aprovados pela Decisão n.º 2008/23 da Comissão, de 12 de Novembro de 2007.

[45] Os sítios Rede Natura 2000 da Região Mediterrânica foram aprovados pela Decisão n.º 2006/613 da Comissão, de 19 de Julho de 2006.

[46] Os sítios Rede Natura 2000 da Região Macaronésica foram aprovados pela Decisão n.º 2008/95 da Comissão, de 25 de Janeiro de 2008.

[47] Artigo 10.º e ss. do Decreto-Lei n.º 142/2008, de 24 de Julho, que estabelece o regime jurídico da conservação da natureza e da biodiversidade.

[48] Artigo 6.º do Decreto-Lei n.º 140/99, de 24 de Abril, na redacção do Decreto-Lei n.º 49/2005, de 24 de Fevereiro.

[49] Artigo 4.º e ss. do Decreto-Lei n.º 140/99, de 24 de Abril, na redacção do Decreto-Lei n.º 49/2005, de 24 de Fevereiro.

europeia, a superfície total de Portugal continental formalmente afectada à conservação da natureza é, segundo dados do Instituto de Conservação da Natureza e da Biodiversidade, de 21,32%, um valor relativamente elevado no panorama europeu.

Alguns mapas incluídos no PNPOT dão-nos uma ideia ainda mais clara da extensão dos valores naturais e do peso da conservação da natureza em Portugal[50].

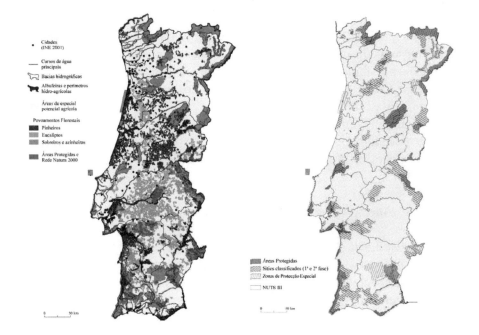

A leitura do PNPOT, relativamente ao sector do turismo, realça a relevância do sector para o desenvolvimento sócio-económico das regiões, mas também como via para o necessário ordenamento e reabilitação dos territórios, pela implementação de estratégias de desenvolvimento turístico numa óptica de sustentabilidade.

O aproveitamento sustentável do potencial turístico do país, promovendo modelos de desenvolvimento turístico para cada destino

---

[50] Por outro lado, se olharmos para o país dentro do contexto Ibérico, é notória a natureza transnacional de muitas zonas classificadas.

90 Empreendimentos Turísticos

turístico, é prioritário. Particularmente nas regiões com elevado potencial turístico, deverão ser definidos mecanismos de articulação com as políticas de ambiente e ordenamento do território[51].

Os instrumentos de gestão territorial devem ter capacidade para estimular uma oferta estruturada de produtos de turismo rural, cultural e de natureza, num contexto de desenvolvimento sustentável.

No caso particular do turismo de natureza, o PNPOT incita ao desenvolvimento de modelos de turismo nas áreas protegidas compatíveis com o seu estatuto especial de conservação. Os destinos de "sol e praia" já consolidados deverão ser requalificados de forma a garantir um aproveitamento turístico sustentável das zonas costeiras, além da possibilidade de explorar o potencial de desenvolvimento de novos *produtos* de turismo oceânico na costa portuguesa e na zona económica exclusiva.

Como medidas prioritárias, o PNPOT aponta a elaboração do Plano Estratégico Nacional de Turismo e de Planos Sectoriais de Turismo para as áreas com maiores potencialidades turísticas.

2.4. *Estratégia Nacional para a Gestão Integrada da Zona Costeira*

A Estratégia Nacional para a Gestão Integrada da Zona Costeira (ENGIZC)[52], vem reforçar novamente a ideia de turismo sustentável. Geograficamente Portugal tem uma linha de costa longa (uma extensão de cerca de 1.200 quilómetros) e geomorfologicamente muito variada, com costas baixas (arenosas ou rochosas), e costas altas (de arriba).

A elevada diversidade paisagística, cénica e biogeográfica da zona costeira, aliada às boas condições climáticas e à oferta de alojamento, proporcionam excelentes condições para as actividades de turismo e lazer, particularmente o balnear.

O turismo e o recreio são, contudo, actividades passíveis de gerar impactes negativos e de natureza cumulativa nos ambientes

---

[51] O que envolve, segundo o PNPOT, parcerias com autarquias locais, regiões e organizações locais de turismo e os empresários do sector, com vista à realização de acções de qualificação ambiental dos diversos destinos turísticos.

[52] Aprovada pela Resolução do Conselho de Ministros n.º 82/2009, de 8 de Setembro.

costeiros, nomeadamente em zonas de turismo intensivo. Entre os principais impactes causados pela urbanização, ocupação e outras pressões originadas pela fruição da zona costeira, especialmente em ambientes naturais e áreas sensíveis e de risco contam-se: a perda de biodiversidade, a destruição do efeito-tampão resultante da erosão das dunas e de outros ecossistemas costeiros; a descaracterização da zona costeira e a perda do seu valor cénico.

A ENGIZC alerta para que a degradação dos ambientes costeiros, para além das consequências ambientais, tem também implicações sociais e económicas negativas. Com efeito, os concelhos do litoral (continental e insular), concentram cerca de 75 % da população portuguesa, sendo responsáveis pela produção de 85 % do produto interno bruto. Neles se localizam as principais áreas urbanas e industriais, bem como as áreas de turismo intensivo, que alternam com áreas naturais, rurais e de pesca. A diminuição da atractividade das zonas costeiras para as actividades turísticas e de lazer, impedindo ou dificultando a emergência de um turismo de qualidade, terá certamente consequências sociais e económicas muito graves.

Por isso, a evolução do sector turístico, num quadro de desenvolvimento sustentável, depende da garantia de integridade da zona costeira e da procura de modelos sustentáveis de turismo que assegurem os equilíbrios morfodinâmicos e a defesa e conservação dos ecossistemas litorais.

Por outro lado, a este turismo costeiro sustentável devem ser associadas formas turísticas específicas e complementares, incluindo o turismo em espaço rural, cultural e eco-turismo, respeitando os ecossistemas, as paisagens costeiras e também as tradições das comunidades locais.

Algumas prioridades são a valorização e qualificação das praias, dunas e falésias consideradas estratégicas por motivos ambientais e turísticos, o desenvolvimento da náutica de recreio como produto complementar do turismo de "sol e praia", a promoção da actividade portuária e o reforço da atractividade das marinas, através da criação de um certificado de "marina sustentável".

3. O turismo sustentável na legislação

Procurando a ideia de turismo sustentável na legislação[53] verificamos que, no nosso ordenamento jurídico, existem diversos instrumentos jurídicos de prevenção ou redução de impactes ambientais que se aplicam também a iniciativas do sector do turismo. É o caso da avaliação de impacte ambiental[54], das análises de incidências ambientais[55] e da avaliação ambiental estratégica[56].

Mas encontramos também instrumentos jurídicos especificamente destinados à compatibilização entre promoção turística e protecção ambiental. É o caso dos projectos de potencial interesse nacional (PIN), do turismo de natureza e do rótulo ecológico europeu, sobre os quais nos debruçaremos seguidamente.

3.1. *Os projectos de potencial interesse nacional*

Os Projectos de Potencial Interesse Nacional (PIN) são um exemplo da dificuldade de conciliar com sucesso a sustentabilidade ambiental, social e económica do turismo.

Na sequência do desafio lançado pelos diferentes instrumentos estratégicos, no sentido de assegurar um licenciamento transparente e ágil para projectos turísticos com maior potencial de criação de valor, criou-se, inicialmente, a Estrutura de Missão designada por Centro de Apoio ao Licenciamento de Projectos Turísticos Estruturantes, (Resolução do Conselho de Ministros 98/2003 de 1 de Agosto). Em 2005 este sistema foi substituído pelo Sistema de Reconhecimento e Acompanhamento de Projectos de Potencial Interesse Nacional (PIN) (Resolução do Conselho de Ministros n.º 95/2005). A finalidade do

---

[53] Em geral, sobre Direito do Turismo, ver: Paula Quintas, *Direito do turismo*, Coimbra, Almedina, 2003 e Carmen Fernández Rodríguez, *Derecho administrativo del turismo*, Madrid, Marcial Pons, 2003.

[54] Decreto-lei n.º 69/2000, de 3 de Maio, alterado e republicado pelo Decreto-Lei n.º 197/2005, de 8 de Novembro.

[55] Decreto-Lei n.º 140/99, de 24 de Abril, alterado e republicado pelo Decreto-Lei n.º 49/2005, de 24 de Fevereiro.

[56] Decreto-Lei n.º 232/2007, de 15 de Junho, relativo à avaliação dos efeitos de determinados planos e programas no ambiente.

A Sustentabilidade Ambiental do Turismo

regime é favorecer a concretização de diversos tipos de projectos de investimento, promovendo a superação dos bloqueios administrativos e garantindo uma resposta célere, sem prejuízo dos dispositivos legais necessários à salvaguarda do interesse público, nomeadamente ao nível da segurança e do ambiente. Os projectos PIN são projectos de investimento que revelem uma especial valia nos planos económico, social, tecnológico, energético e de sustentabilidade ambiental. Dois anos mais tarde, um novo regime legal vem agraciar os projectos de potencial interesse nacional (PIN) classificados como de importância estratégica (Decreto-Lei n.º 285/2007 de 17 de Agosto de 2007). Estes projectos, designados por PIN+, devem envolver um grande investimento (superior a € 200 000 000).

Excepcionalmente, este regime é aplicável a investimentos inferiores, desde que ascendam a € 60 000 000 e sejam detentores de um indiscutível carácter de excelência, pelo seu conteúdo inovador e singularidade tecnológica. No caso de projectos turísticos, exige-se que promovam "a diferenciação de Portugal" e contribuam "decisivamente para a requalificação, para o aumento da competitividade e para a diversificação da oferta na região". Deverá ainda tratar-se, em regra, de estabelecimentos hoteleiros com um mínimo de 5 estrelas, que criem mais de 100 postos de trabalho directos e que pelo menos 70% das unidades de alojamento de cada empreendimento turístico sejam afectas à exploração turística (artigo 2.º, n.º 4).

Ainda quanto a aspectos ambientais dos projectos, eles deverão utilizar tecnologias e práticas eco-eficientes que permitam atingir elevados níveis de desempenho ambiental, nomeadamente nos domínios da água, dos solos, dos resíduos e do ar, e promover a eficiência e racionalização energéticas, maximizando a utilização de recursos energéticos renováveis (artigo 2.º, n.º 3).

Um dos pontos mais sensíveis deste regime prende-se, no entanto, com a difícil conciliação entre a celeridade resultante um procedimento de licenciamento ágil (tipo "via-rápida", nas palavras do Plano Estratégico Nacional do Turismo) e a morosidade dos procedimentos ambientais aplicáveis a estes mesmos projectos, quando eles sejam susceptíveis de afectar os componentes ambientais, como o ar, a água, o solo, a biodiversidade, etc.. As exigências postas pela legislação ambiental aplicável – e nomeadamente a lei de avaliação de impacte ambiental e as leis de conservação da natureza – são entraves

94   *Empreendimentos Turísticos*

sérios à agilidade e até ao sucesso do procedimento de licenciamento, entraves esses cuja ultrapassagem se torna perigosamente tentadora.

Começaremos a nossa análise pela lei de avaliação de impacte ambiental.

3.1.1. A avaliação de impacte ambiental de projectos turísticos PIN

A avaliação de impacte ambiental (AIA) é um instrumento jurídico vocacionado para a prevenção ou redução de impactes ambientais, que se aplica a um conjunto de projectos turísticos[57], cujos impactes a lei presume:

– Todas as **pistas de esqui**, elevadores de esqui e teleféricos e infra-estruturas de apoio localizadas em zonas classificadas; No resto do país, apenas as pistas de esqui, elevadores de esqui, teleféricos e infra-estruturas de apoio com 500 m ou mais de comprimento ou capacidade igual ou superior a1800 passageiros/hora.

– Todas as **marinas, portos e docas** localizadas em zonas classificadas; no resto do país, apenas as marinas, portos e docas com 100 postos de amarração para embarcações com comprimento *fora a fora* até 12 m (7% dos postos para embarcações com comprimento superior), se se situarem em rios; as marinas, portos e docas com 50 ou mais postos de amarração para embarcações com comprimento *fora a fora* até 6 m (7% dos postos para embarcações com comprimento superior) se se situarem em lagos ou albufeiras; as marinas, portos e docas com 300 ou mais postos de amarração para embarcações com comprimento *fora a fora* até 12 m (7% dos postos para embarcações com comprimento superior), se se situarem na costa marítima.

– **Estabelecimentos hoteleiros** e meios complementares de alojamento turístico, quando localizados fora de zonas urbanas e

---

[57] Listados na categoria 12 do anexo II do Decreto-lei n.º 69/2000, de 3 de Maio, alterado pelo Decreto-Lei n.º197/2005, de 8 de Novembro.

urbanizáveis delimitadas em plano municipal de ordenamento do território ou plano especial de ordenamento do território.

– Todos os **aldeamentos turísticos e hotéis, hotéis-apartamentos e apartamentos turísticos** com 20 ou mais camas localizados em zonas classificadas; no resto do país apenas aldeamentos turísticos com área igual ou superior a 5 hectares ou igual ou superior a 50 habitantes por hectare; hotéis, hotéis-apartamentos e apartamentos turísticos com 200 ou mais camas.

– **Parques de campismo** com 200 ou mais utentes ou pelo menos 0,60 hectares, localizados em zonas classificadas; no resto do país com 1000 ou mais utentes ou pelo menos 3 hectares.

– **Parques temáticos** localizados em zonas classificadas e com 2 ou mais hectares; no resto do país, a partir de 10 hectares.

– Todos os **campos de golfe** em zonas sensíveis; no resto do país, campos com 18 ou mais buracos ou 45 hectares ou mais.

Para além destes projectos turísticos tipificados na lei, o procedimento de avaliação de impacte ambiental aplica-se ainda a outros "projectos que, em função da sua localização, dimensão ou natureza, sejam considerados, por decisão conjunta do membro do Governo competente na área do projecto, em razão da matéria e do membro do Governo responsável pela área do ambiente, como susceptíveis de provocar um impacte significativo no ambiente"[58]. Para auxiliar na determinação desta susceptibilidade quanto a *outros* projectos, o anexo V da lei da AIA avança um conjunto de critérios a ter em consideração pelas autoridades administrativas competentes: as características dos projectos (quando à dimensão, aos efeitos cumulativos, à utilização dos recursos naturais, à produção de resíduos, à poluição; ao risco de acidentes), as características do impacte potencial (extensão do impacte quanto à área geográfica e dimensão da população afectada, a natureza transfronteiriça do impacte, a magnitude e complexidade do impacte, probabilidade do impacte, a duração, frequência e reversibilidade do impacte), e a localização dos projectos (zonas geográficas ambientalmente sensíveis quanto ao solo, aos recursos naturais e à capacidade de absorção do ambiente

---

[58] Artigo 1.º, n.º 5.

96   *Empreendimentos Turísticos*

natural). Exemplos de zonas sensíveis são zonas húmidas, zonas costeiras, zonas montanhosas e florestais, reservas e parques naturais, zonas classificadas ou protegidas e paisagens importantes do ponto de vista histórico, cultural ou arqueológico[59].

Incompreensivelmente, o Decreto-lei que estabelece os PIN+, que admite a possibilidade de *outros* projectos serem sujeitos a AIA, nas condições já referidas, não admite que projectos das categorias tipificadas, mas com limiares de sujeição inferiores aos previstos[60] possam ser submetidos a AIA mediante decisão da entidade licenciadora. Esta hipótese está prevista na lei da AIA[61] mas é deliberadamente afastada pela Lei dos PIN[62].

Voltando novamente às zonas sensíveis, exemplificativamente listadas no anexo V, todas estas são zonas interessantes para o desenvolvimento de projectos inovadores na área do turismo, na acepção do regime legal dos projectos PIN. Quando um projecto PIN ou PIN+ caia no âmbito da AIA (seja como projecto tipificado ou como *outro* projecto) a possibilidade mais apetecível – e talvez por isso prevista no próprio regime PIN + – é a dispensa de AIA: "Nos casos em que o interessado pretenda obter a dispensa total ou parcial do procedimento de AIA, o respectivo requerimento é apresentado, em conjunto com o requerimento previsto no artigo 3.º, junto da CAA-PIN[63], que o remete, no mesmo dia, à entidade competente"[64]

---

[59] As zonas fortemente poluídas ou degradadas e as zonas de forte densidade demográfica são também consideradas como zonas sensíveis, para efeito de submissão a AIA.

[60] Por exemplo, pistas de ski com 490 metros de comprimento, marinas com 90 postos de amarração, aldeamentos turísticos com 19 camas, parques de campismo para 190 utentes com 0,59 hectares, etc..

[61] É o artigo 1.º, n.º 4: "são sujeitos a AIA os projectos elencados no anexo II, ainda que não abrangidos pelos limiares nele fixados, que sejam considerados, por decisão da entidade licenciadora ou competente para a autorização do projecto, susceptíveis de provocar impacte significativo no ambiente em função da sua localização, dimensão ou natureza, de acordo com os critérios estabelecidos no anexo V".

[62] Artigo 6.º, n.º 5 sobre o conteúdo do despacho conjunto de classificação de um projecto como PIN+: "a eventual sujeição do projecto a AIA, quando tal não resulte já da tipificação e limiares legalmente estabelecidos, não sendo aplicável o disposto no n.º 4 do artigo 1.º do Decreto-Lei n.º 69/2000, de 3 de Maio".

[63] Comissão de Avaliação e Acompanhamento dos Projectos PIN.

[64] Artigo 18º do Decreto-Lei n.º 285/2007, de 17 de Agosto de 2007.

A Sustentabilidade Ambiental do Turismo 97

Os requisitos e o procedimento de dispensa estão agora expressamente previstos na lei: só "em circunstâncias excepcionais e devidamente fundamentadas" poderá o licenciamento ou a autorização de um projecto específico ser efectuado com dispensa, total ou parcial, do procedimento de AIA, estabelece o artigo 3.º da lei da AIA.

Porém, dentro do espírito "via-rápida" do regime PIN, os prazos de apreciação do pedido de dispensa são reduzidos para metade.

Ora, sabendo que um dos efeitos do reconhecimento de um projecto como PIN+ é o "reconhecimento do projecto como sendo de relevante interesse geral"[65], perguntamo-nos se não estará aqui aberta uma possibilidade de, com grande facilidade, subtrair, ao principal procedimento de controlo ambiental prévio, mega-projectos susceptíveis também de gerar mega-impactes...

3.1.2. Projectos turísticos PIN localizados em zonas naturais classificadas

Como já vimos, a excelência ambiental da localização é um factor importante de diferenciação dos projectos turísticos de elevada qualidade. É por isso compreensível que, na óptica dos promotores de projectos turísticos, exista a intenção de instalar os empreendimentos em zonas naturais classificadas ou, pelo menos, junto a estas zonas.

Esta situação, que está prevista na própria lei, que estabelece o Sistema de Reconhecimento e Acompanhamento de Projectos PIN, é mais um momento sensível deste regime legal, na medida em que "a localização dos projectos PIN+ é apreciada no âmbito da respectiva classificação como PIN+, ficando estes projectos dispensados de qualquer acto posterior de aprovação de localização previsto em legislação específica (artigo 15.º)".

Naturalmente, a composição da Comissão de Avaliação e Acompanhamento dos Projectos PIN (CAA-PIN) assegura a participação dos principais serviços e organismos da administração central,

---

[65] Artigo 7.º, n.º 1 a) do Decreto-Lei n.º 285/2007, de 17 de Agosto de 2007.

interessados no licenciamento ou autorização do projecto[66]. De fora ficam, no entanto, os representantes de interesses regionais ou locais que, apesar do âmbito tendencialmente geral ou até nacional dos projectos em causa, deveriam também ser institucionalmente ouvidos no procedimento.

Ora, a Lei dos PIN+ prevê concretamente a localização de projectos PIN+ em sítios da Rede Natura 2000[67]. Também aqui, mais uma vez dentro do espírito de aceleração procedimental dos PIN, a decisão é centralizada: "nos casos em que o projecto seja susceptível de afectar sítios da Rede Natura 2000 de forma significativa, individualmente ou em conjugação com outras acções ou projectos, e não se encontre sujeito a AIA, a decisão sobre a análise de incidências ambientais é tomada pela entidade competente no prazo fixado para a decisão da CAA-PIN"[68]

No entanto, o que mais impressiona é a relativa facilidade com que se cria um quadro legal favorável ao reconhecimento de um regime excepcional, que é a autorização da realização de projectos susceptíveis de afectar significativamente os Sítios da Rede Natura 2000.

Nos termos da lei que regula esta rede ecológica de âmbito europeu, "A realização de acção, plano ou projecto objecto de conclusões negativas na avaliação de impacte ambiental ou na análise das suas incidências ambientais depende do reconhecimento, por despacho conjunto do Ministro do Ambiente e do Ordenamento do Território e do ministro competente em razão da matéria, da ausência de soluções alternativas e da sua necessidade por razões imperativas de reconhecido interesse público, incluindo de natureza social ou económica"[69].

---

[66] São eles: a Agência Portuguesa para o Investimento e Comércio Externo de Portugal, E.P.E., (coordenadora), o Instituto de Apoio às Pequenas e Médias Empresas e à Inovação, IP; o Turismo de Portugal, I.P.; a Direcção-Geral do Ordenamento do Território e Desenvolvimento Urbano; a Agência Portuguesa do Ambiente e o Instituto da Conservação da Natureza e da Biodiversidade.

[67] Dos vários regimes jurídicos de conservação da natureza – Rede Nacional de Áreas Protegidas, Sítios Ramsar e Rede Natura 2000 –, a localização de projectos PIN em Rede Natura 2000 é a situação mais grave, por se tratar de um estatuto de protecção internacional (Europeu), em território nacional.

[68] Artigo 19.º, n.º 1.

[69] Artigo 10.º, n.º 10 do Decreto-Lei n.º 140/99, de 24 de Abril, (alterado e republicado pelo Decreto-Lei n.º 49/2005, de 24 de Fevereiro).

A Sustentabilidade Ambiental do Turismo

São portanto três as condições necessárias à aprovação de um projecto, cuja realização é prejudicial a um Sítio da Rede Natura 2000:

1. a existência de razões imperativas de interesse público (condição material positiva);
2. a ausência de soluções alternativas (condição material negativa);
3. O reconhecimento por despacho ministerial conjunto (condição formal).

Ora, já vimos que um dos efeitos da classificação de um projecto como PIN (além da apreciação prioritária junto de quaisquer entidades, órgãos ou serviços da Administração) é o "reconhecimento do projecto como sendo de relevante interesse geral", pelo que fica quase automaticamente preenchida a primeira condição.

Por outro lado, o próprio despacho conjunto que classifica um projecto como PIN+[70], (e que em regra é emitido no prazo de 15 dias após a recepção da proposta da CAA PIN, a qual, por sua vez, é emitida no prazo de 30 dias[71]) é que reconhece imediatamente o "interesse público do projecto, bem como a inexistência de soluções alternativas, para os efeitos do artigo 10.º do Decreto-Lei n.º 140/99, de 24 de Abril, na redacção do Decreto-Lei n.º 49/2005, de 24 de Fevereiro". Ficam, deste modo, preenchidas as duas restantes condições.

Tudo isto, antes da avaliação de impacte ambiental ou mesmo sem ela. Na realidade, simultaneamente com a decisão de classificação do projecto como PIN+ (e, consequentemente, também a decisão sobre o interesse público do projecto e sobre a inexistência de soluções alternativas) é sempre proferida mais uma de duas decisões: ou de dispensa de AIA ou de submissão a AIA. Neste caso, as decisões sobre o interesse público e as alternativas são tomadas com base numa Proposta de Definição de Âmbito[72], que mais não é do que um

---

[70] Despacho conjunto dos Ministros responsáveis pelas áreas do Ambiente, do Ordenamento do Território e Desenvolvimento Regional e da Economia, bem como dos demais ministros competentes em razão da matéria (artigo 6.º, n.º 1).

[71] Só em "situações excepcionais, quando os elementos instrutórios disponíveis nesta fase do procedimento não sejam suficientes para habilitar à prática dos actos referidos no número anterior, podem estes (...) ser praticados em fase ulterior do procedimento, devendo, nesse caso, ser comunicados ao interlocutor único" (artigo 6.º, n.º 6).

[72] A Portaria n.º 330/2001, de 2 de Abril, que estabelece normas técnicas sobre a estrutura do estudo de impacte ambiental, do relatório de conformidade ambiental do projecto

documento elaborado pelo proponente do projecto, contendo uma "descrição sumária do tipo, características e localização do projecto", "acompanhada de uma declaração de intenção de o realizar"[73].

Mesmo o caso mais excepcional, em que o projecto afecta um tipo de *habitat* natural prioritário ou uma espécie prioritária (*maxime*, ameaçados de extinção), está previsto: nesse caso, diz-se, com naturalidade, que o despacho será proferido no prazo de 10 dias após o parecer da Comissão Europeia[74]. Parece-nos, todavia, que o parecer da Comissão Europeia não poderá dispensar uma avaliação de impacte ambiental ou, pelo menos, uma análise de incidências ambientais prévias, que dêem solidez aos fundamentos, tanto da ausência de alternativas, como da importância primordial do projecto. Com efeito, os interesses públicos sociais ou económicos apenas são incluídos, como fundamento excepcional para a autorização de projectos que sejam susceptíveis de afectar Sítios da Rede Natura 2000, no caso de espécies ou *habitats* **não prioritários**. Não nos parece, por isso, evidente que um projecto turístico, ainda que de dimensão significativa e com importância estratégica nacional, possa justificar a afectação, mais gravosa, de espécies ou *habitats* **prioritários**. Pensamos que num caso destes, o projecto, sendo turístico, deveria realizar simultaneamente outras funções sociais ou ambientais relevantes[75] que permitissem à Comissão Europeia a sua aceitação em sede de ponderação concreta dos valores protegidos e afectados.

---

de execução, do relatório de monitorização, e critérios para a elaboração do resumo não técnico, estabelece também as normas técnicas aplicáveis à proposta de definição do âmbito.

[73] Lei da AIA, artigo 11.º, n.º 2.

[74] Este parecer é necessário, nos termos do artigo 10.º, n.º 11, c), do Decreto-lei n.º 140/99, quando sejam invocadas outras razões imperativas de reconhecido interesse público (para além da saúde ou a segurança públicas ou de consequências benéficas primordiais para o ambiente).

[75] Como por exemplo uma marina para barcos de recreio, que desempenhasse, simultaneamente, funções de protecção contra inundações.

A Sustentabilidade Ambiental do Turismo

3.2. *O turismo de natureza*

A primeira definição do turismo de natureza resultou do Programa Nacional de Turismo de Natureza (PNTN) de 1998[76]. Este programa acentuava as dimensões ecológica e intergeracional da sustentabilidade, pugnando pela conciliação entre a utilização turística actual e a manutenção dos processos ecológicos essenciais à biodiversidade e à protecção dos interesses das gerações futuras.

As ideias-chave eram sensibilidade ecológica, responsabilidade ambiental, educação ambiental, gerações futuras.

Na articulação entre turismo e ordenamento do território, este Programa defendia a localização das actividades e instalações turísticas obedecendo a critérios de ordenamento, que evitassem a pressão em áreas sensíveis, respeitando a capacidade de carga do meio natural e social.

Uma acepção restrita de turismo de natureza vigorou entre nós até Março de 2009, considerando abrangidos por este tipo de turismo apenas os "estabelecimentos, actividades e serviços de alojamento e animação turística e ambiental realizados e prestados em zonas integradas na rede nacional de áreas protegidas"[77].

Actualmente, prevalece uma noção ampla de *turismo de natureza*, adoptada pelo Plano Estratégico Nacional de Turismo, que engloba todas as actividades, modalidades de alojamento e experiências que pressupõem uma interacção com a natureza, independentemente de se localizarem ou não em áreas protegidas, e pela legislação específica que regula o turismo de natureza.

3.2.1. Empreendimentos de turismo de natureza

Em consonância com esta noção ampla, o Decreto-Lei que actualmente regula o regime jurídico da instalação, exploração e funciona-

---

[76] Resolução do Conselho de Ministros n.º 112/98, de 25 de Agosto.

[77] Decreto-Lei n.º 47/99, de 16 de Fevereiro, com as alterações introduzidas pelo Decreto-Lei n.º 56/2002, de 11 de Março, revogado pelo Decreto-Lei n.º 39/2008 de 7 de Março, após a entrada em vigor da Portaria n.º 261/2009, de 12 de Março.

mento dos empreendimentos turísticos[78], define agora **empreendimentos de turismo de natureza** como "estabelecimentos que se destinem a prestar serviços de alojamento a turistas, em áreas classificadas ou noutras áreas com valores naturais, dispondo para o seu funcionamento de um adequado conjunto de instalações, estruturas, equipamentos e serviços complementares relacionados com a animação ambiental, a visitação de áreas naturais, o desporto de natureza e a interpretação ambiental"[79]. Os empreendimentos de turismo de natureza podem assumir quaisquer das tipologias legais, a saber: hotéis, aldeamentos turísticos, apartamentos turísticos, *resorts*, turismo de habitação, turismo no espaço rural ou parques de campismo e de caravanismo.

Todos eles devem ostentar o logótipo alusivo ao turismo de natureza, representando uma casa, uma árvore e uma montanha[80].

Todavia, o reconhecimento como empreendimento de turismo de natureza depende do preenchimento de seis critérios[81] relativos ao estabelecimento e aos serviços aí prestados: no exterior do empreendimento deverá ser utilizada predominantemente fauna e flora local; deverão ser prestados serviços complementares como animação turística, visitação das áreas naturais, desporto da natureza ou interpretação ambiental; deverá ser dada formação adequada aos colaboradores; deverão ser adoptadas boas práticas ambientais previstas para o turismo de natureza[82]; aos turistas deverá ser disponibilizada informação sobre a fauna, flora e geologia locais e ainda sobre a origem dos produtos alimentares consumidos. Em relação a empreendimentos que assumam a forma de hotéis, aldeamentos turísticos, apartamentos turísticos, *resorts*, ou grandes parques de campismo e de caravanismo é ainda exigida a participação num projecto de turismo de natureza e de biodiversidade aprovado pelo Instituto de Conservação da Natureza e da Biodiversidade.

---

[78] O Decreto-Lei n.º 39/2008, de 7 de Março.
[79] Artigo 20.º, n.º 1.
[80] O logótipo é o mesmo para os operadores marítimo-turísticos.
[81] Estabelecidos pela Portaria n.º 261/2009, de 12 de Março.
[82] Incluímos, em anexo a este texto, os critérios de boas práticas ambientais previstas para o turismo de natureza, constantes do Anexo I da Portaria n.º 261/2009, de 12 de Março.

3.2.2. Actividades de animação turístico-ambiental

Por sua vez, as actividades de animação ambiental, que estão também englobadas no turismo de natureza, começaram a ser reguladas em 1999[83]. Actualmente é o Decreto-lei n.º 108/2009, de 15 de Maio, que estabelece as condições de exercício da actividade das empresas de animação turística[84] e dos operadores marítimo-turísticos[85]. Estas empresas devem estar registadas junto do Turismo de Portugal, I. P. e possuir seguros de responsabilidade civil e acidentes pessoais que cubram os riscos decorrentes de todas as actividades exercidas pela empresa. Concretamente em áreas protegidas só podem ser ofereci-das as seguintes actividades de animação turística:

a) Passeios pedestres, expedições fotográficas, percursos inter-pretativos e actividades de observação de fauna e flora;
b) Actividades de orientação;
c) Actividades de *teambuilding*;
d) Jogos populares;
e) Montanhismo, escalada, actividades de neve, *canyoning*, *coasteering*, e espeleologia;

---

[83] Decreto-Lei n.º 47/99, de 16 de Fevereiro (com as alterações introduzidas pelo Decreto-Lei n.º 56/2002), nos artigos 2.º, n.º 2 e 3; 8.º, 9.º e 12.º.

[84] Em geral, a animação turística consiste na "organização e a venda de actividades recreativas, desportivas ou culturais, em meio natural ou em instalações fixas destinadas ao efeito, de carácter lúdico e com interesse turístico para a região em que se desenvolvam" (artigo 3.º, n.º 1).

[85] Segundo o artigo 4.º, n.º 2, as modalidades de actividades marítimo-turísticas são as seguintes:
a) Passeios marítimo-turísticos;
b) Aluguer de embarcações com tripulação;
c) Aluguer de embarcações sem tripulação;
d) Serviços efectuados por táxi fluvial ou marítimo;
e) Pesca turística;
f) Serviços de natureza marítimo-turística prestados mediante a utilização de embar-cações atracadas ou fundeadas e sem meios de propulsão próprios ou selados;
g) Aluguer ou utilização de motas de água e de pequenas embarcações dispensadas de registo;
h) Outros serviços, designadamente os respeitantes a serviços de reboque de equipa-mentos de carácter recreativo, tais como *bananas*, pára-quedas, esqui aquático.

f) Percursos de obstáculos com recurso a *rapel, slide,* pontes e similares;

g) *Paintball,* tiro com arco, besta, zarabatana, carabina de pressão de ar e similares;

h) Balonismo, asa delta sem motor, parapente e similares;

i) Passeios de bicicleta (cicloturismo ou BTT), passeios de *segway* e em outros veículos não poluentes;

j) Passeios equestres, passeios em atrelagens de tracção animal e similares;

l) Passeios em veículos todo o terreno;

m) Passeios de barco, com ou sem motor;

n) Observação de cetáceos e outros animais marinhos;

o) Vela, remo, canoagem e actividades náuticas similares;

p) Surf, *bodyboard, windsurf, kitesurf* e actividades similares;

q) *Rafting, hidrospeed* e actividades similares;

r) Mergulho.

Além do licenciamento da actividade, está prevista a necessidade de um procedimento de licenciamento específico de quaisquer instalações fixas (armazéns, ancoradouros, etc.) e da utilização de meios de transporte. Sempre que possível, as actividades de animação turística devem contribuir para a conservação do ambiente, maximizando a eficiência na utilização dos recursos e minimizando a produção de resíduos, ruído, emissões para a água e para a atmosfera e impactes no património natural[86].

3.3. *O Rótulo Ecológico Europeu*

O exemplo mais perfeito de conciliação entre desenvolvimento económico e protecção ambiental resulta da aplicação do sistema europeu de certificação ambiental aos serviços de alojamento turístico.

---

[86] Artigo 7.º do Decreto-lei n.º 108/2009, de 15 de Maio, sobre desempenho ambiental.

3.3.1. A certificação ambiental de produtos na Europa

A certificação ambiental de produtos na Europa existe desde 1992. O chamado Rótulo Ecológico Europeu é um sistema voluntário, ao qual os produtores europeus podem aderir, e que lhes confere o direito de utilizar a "flor europeia", o logótipo identificativo do rótulo.

Actualmente é o Regulamento 1980/2000 do Parlamento Europeu e do Conselho que estabelece o sistema comunitário de atribuição de rótulo ecológico[87]. Tal como os rótulos ecológicos nacionais[88] o rótulo ecológico europeu é atribuído a produtos que "apresentem características que lhe permitam contribuir de modo significativo para melhoramentos em relação a aspectos ecológicos essenciais", contribuindo assim para uma "utilização eficiente dos recursos e para um elevado nível de protecção do ambiente". O objectivo imediato do rótulo é promover produtos susceptíveis de contribuir para a redução de impactos ambientais negativos, por comparação com outros produtos do mesmo grupo. Na avaliação das vantagens comparativas, deve ser considerado o balanço ambiental líquido dos benefícios e dos encargos, incluindo os aspectos de saúde e de segurança, associados às adaptações ao longo das várias fases de vida dos produtos em análise. A avaliação deve igualmente ter em conta os possíveis benefícios ambientais relacionados com a utilização dos produtos em questão.

A utilização do rótulo ecológico comunitário depende do preenchimento de um conjunto de requisitos ecológicos, da celebração de um contrato-tipo entre o requerente e o organismo competente a nível nacional (onde se estabelecem as condições de utilização do rótulo) e do pagamento das taxas respectivas.

---

[87] Este regulamento revoga o anterior Regulamento n.º 880/92 do Conselho, de 23 de Março de 1992.

[88] Por exemplo, o *anjo azul*, instituído na Alemanha, em 1977, ou o *cisne branco*, adoptado pelos países nórdicos em 1989.

3.3.2. Os produtos certificados com o rótulo ecológico

Com o tempo, o âmbito de aplicação do regulamento europeu tem evoluído a ponto de agora o termo "produto" poder incluir qualquer tipo de *bens* ou de *serviços*, com excepção de géneros alimentícios, bebidas, produtos farmacêuticos, dispositivos médicos e, naturalmente, substâncias poluentes ou perigosas[89].

No entanto, a atribuição do rótulo depende do preenchimento de requisitos de qualidade e performance ambiental fixados em decisões da Comissão Europeia, relativamente a determinadas categorias de produtos. Até à presente data existem decisões relativas a uma grande variedade de produtos (computadores pessoais, computadores portáteis, televisores, frigoríficos, máquinas de lavar loiça, máquinas de lavar roupa, detergentes para máquinas de lavar loiça, detergentes para roupa, detergentes para lavagem manual de louça, sabonetes, champôs e condicionadores de cabelo, produtos de limpeza «lava-tudo», produtos de limpeza para instalações sanitárias, produtos de papel tissue, papel de cópia e papel para usos gráficos, lubrificantes, correctivos de solos, suportes de cultura, produtos têxteis, tintas e vernizes para interiores, bombas de calor eléctricas, a gás ou de absorção a gás, revestimentos duros para pavimentos, colchões de cama, calçado e lâmpadas eléctricas) e dois serviços no âmbito do turismo: parques de campismo e serviços de alojamento turístico.

3.3.3. A certificação de serviços de alojamento turístico

Os serviços de alojamento turístico foram o primeiro serviço a beneficiar deste tipo de certificação ambiental na Europa, com a aprovação da Decisão 2003/287 da Comissão, de 14 de Abril, recentemente revista e substituída pela Decisão 2009/578 da Comissão, de 9 de Julho de 2009, que estabelece os novos critérios para a atribuição do rótulo ecológico comunitário a serviços de alojamento turístico.

---

[89] Substâncias ou preparações classificadas como muito tóxicas, tóxicas, perigosas para o ambiente, cancerígenas, tóxicas no que respeita à reprodução ou mutagénicas, produtos fabricados por processos susceptíveis de prejudicar de forma significativa o ser humano e/ou o ambiente, ou que na sua aplicação normal possam ser nocivos para o consumidor.

A Sustentabilidade Ambiental do Turismo 107

Estas decisões já permitiram certificar com a "flor europeia" 390 unidades de alojamento turístico (hotéis, *resorts*, residências, albergues, etc.) em toda a Europa, dos quais cerca de 200 em Itália. Em Portugal, apenas 5 unidades se encontram certificadas.

A certificação tem como fim limitar os principais impactes ambientais nas várias fases do ciclo de vida de um serviço de alojamento turístico, nomeadamente limitando o consumo de energia e de água, evitando ou reduzindo a produção de resíduos, favorecendo a utilização de recursos renováveis e de substâncias menos perigosas para o ambiente e promovendo a informação e a educação ambientais.

O processo de atribuição do rótulo é agora mais flexível e mais transparente pois assenta na distinção entre critérios obrigatórios (secção A) e critérios facultativos (secção B), estando a atribuição do rótulo dependente do cumprimento de todos os critérios obrigatórios e da obtenção de um número mínimo de pontos nos critérios facultativos.

Entre os critérios facultativos listados, destacamos alguns por serem tecnicamente muito sofisticados ou cientificamente complexos e outros pela sua simplicidade e eficácia na promoção de comportamentos ambientalmente responsáveis.

Consideram-se, em primeiro lugar, como critérios importantes, todos os modos de funcionamento automático, como sistemas de iluminação com sensores de passagem e temporizadores, sistemas de climatização[90] com desligamento automático em caso de abertura de portas ou janelas e águas sanitárias com sensor de proximidade.

Em segundo lugar, são considerados sistemas que revelam alguma complexidade científica, como a arquitectura bioclimática (relacionada com a orientação e a exposição solar do edifício e com aberturas e revestimentos pensados para potenciar a poupança energética e o conforto térmico natural), a existência de piscinas naturais ou ecológicas (sem recurso a produtos químicos desinfectantes ou floculantes), a existência de telhados ajardinados, e a prática de jardinagem ecológica.

Por fim, os sistemas mais simples mas eficazes para efeito de criação de modelos de desenvolvimento turístico sustentável: utilização de água da chuva ou água reciclada (*maxime*, para rega de jardins ou

---

[90] Também designados por AVAC ou aquecimento, ventilação e ar condicionado.

lavagem de carros), cobertura da piscina (para manutenção da temperatura da água), utilização de espécies vegetais autóctones nas zonas verdes exteriores, a prática de compostagem, a existência de bicicletas à disposição dos hóspedes, a oferta de produtos alimentares locais e biológicos.

4. **Conclusão**

Analisámos brevemente alguns instrumentos jurídicos que, em Portugal, promovem o conceito de desenvolvimento turístico sustentável. As Linhas Orientadoras sobre Biodiversidade e Desenvolvimento Turístico, adoptadas no âmbito da Convenção das Nações Unidas sobre a Diversidade Biológica, são um grande número de exemplos de medidas legislativas que podem ser adoptadas, sempre com informação e participação dos *stakeholders*, com vista à conciliação entre turismo e ambiente. Alguns dos instrumentos propostos já existem entre nós. Outros ainda deveriam ser instituídos.

Apenas a título ilustrativo, eis a lista das Nações Unidas:

- avaliação de impactes ambientais de todos os projectos turísticos, incluindo avaliação dos efeitos cumulativos;
- controlo do planeamento, localização, *design* e construção de empreendimentos e infra-estruturas turísticas;
- procedimentos de aprovação e licenciamento para todas as actividades turísticas;
- estabelecimento de *standards* ou critérios de turismo sustentável, compatíveis com os planos de desenvolvimento sustentável e com a estratégia nacional para a biodiversidade;
- gestão articulada do turismo e de domínios conexos, como agricultura, gestão costeira, gestão da água, etc.;
- critérios de qualidade ambiental e de uso do solo em sítios turísticos e no seu entorno;
- gestão integrada dos solos;
- utilização de instrumentos económicos como taxas, impostos, depósitos, cauções ou outras contribuições, na gestão do turismo e da biodiversidade;

- utilização de mecanismos económicos de incentivo ao desenvolvimento turístico sustentável;
- apoio a iniciativas privadas voluntárias, tal como sistemas de certificação, donativos directos, ou serviços em espécie;
- gestão do turismo em áreas naturais vulneráveis;
- monitorização e controlo das actividades turísticas.

Correctamente planeado e gerido, o turismo é uma das poucas actividades conciliáveis com a conservação da natureza. O potencial do nosso país para o turismo de natureza é enorme, mas os riscos de sobre-exploração turística não são menores. O turismo sustentável é a única via possível para evitar que a história se repita e se confirme a ideia de que *as florestas precedem as civilizações e os desertos sucedem-lhes.*

ANEXO I

Código de conduta das empresas de animação turística e operadores marítimo-turísticos que exerçam actividades de turismo de natureza

(Portaria 651/2009, de 12 de Junho)

I – Responsabilidade empresarial. – As empresas organizadoras de actividades de turismo de natureza:

1) São responsáveis pelo comportamento dos seus clientes no decurso das actividades de turismo de natureza que desenvolvam, cabendo-lhes garantir, através da informação fornecida no início da actividade e do acompanhamento do grupo, que as boas práticas ambientais são cumpridas;
2) Sempre que os seus programas tenham lugar dentro de áreas protegidas, devem cumprir as condicionantes expressas nas respectivas cartas de desporto de natureza, planos de ordenamento e outros regulamentos, nomeadamente no que respeita às actividades permitidas, cargas, locais e épocas do ano aconselhadas para a sua realização;
3) Devem respeitar a propriedade privada, pedindo autorização aos proprietários para o atravessamento e ou utilização das suas propriedades e certificando -se de que todas as suas recomendações são cumpridas, nomeadamente no que respeita à abertura e fecho de cancelas;
4) Na concepção das suas actividades devem certificar-se de que a sua realização no terreno respeita integralmente os habitantes locais, os seus modos de vida, tradições, bens e recursos;
5) Devem assegurar que os técnicos responsáveis pelo acompanhamento de grupos em espaços naturais têm a adequada formação e perfil para o desempenho desta função, quer ao nível da informação sobre os recursos naturais e os princípios da sua conservação, quer ao nível da gestão e animação de grupos;
6) São co-responsáveis pela salvaguarda e protecção dos recursos naturais devendo, quando operam nas áreas protegidas e outros espaços naturais, informar o ICNB, I. P., ou outras autoridades com responsabilidades na protecção do ambiente, sobre todas as situações anómalas detectadas nestes espaços;

7) São agentes directos da sustentabilidade das áreas protegidas e outros espaços com valores naturais devendo, sempre que possível, utilizar e promover os serviços, cultura e produtos locais;

8) Devem actuar com cortesia para com outros visitantes e grupos que se encontrem nos mesmos locais, permitindo que todos possam desfrutar do património natural.

II – Boas práticas ambientais. – Em todas as actividades de turismo de natureza:

1) Devem ser evitados ruídos e perturbação da vida selvagem, especialmente em locais de abrigo e reprodução;

2) A observação da fauna deve fazer -se à distância e, de preferência, com binóculos ou outro equipamento óptico apropriado;

3) Não devem ser deixados alimentos no campo, nem fornecidos alimentos aos animais selvagens;

4) Não devem recolher -se animais, plantas, cogumelos ou amostras geológicas;

5) Quando forem encontrados animais selvagens feridos estes devem, sempre que possível, ser recolhidos e entregues ao ICNB, I. P., ou ao Serviço de Protecção da Natureza e Ambiente da Guarda Nacional Republicana (SEPNA), ou a situação reportada aos referidos organismos, para encaminhamento para centros de recuperação ou outros locais de acolhimento adequados;

6) Os acidentes ou transgressões ambientais detectados devem ser prontamente comunicados ao serviço SOS Ambiente e Território, ao ICNB, I. P., ou ao SEPNA;

7) O lixo e resíduos produzidos devem ser recolhidos e depositados nos locais apropriados;

8) Só deverá fazer -se lume nos locais autorizados para o efeito;

9) Seja qual for a natureza da actividade, todas as deslocações que lhe são inerentes devem utilizar caminhos e veredas existentes;

10) A sinalização deve ser respeitada.

ANEXO II

Critérios de boas práticas ambientais
dos empreendimentos de turismo de natureza

(Portaria n.º 261/2009, de 12 de Março)

1 – Critérios obrigatórios:

Fonte de abastecimento de água. – Quando o empreendimento turístico não estiver ligado à rede de distribuição pública de água, o gestor do empreendimento deve assegurar que a utilização da sua fonte de abastecimento tem um impacto ambiental reduzido, sem prejuízo da exigência de origem devidamente controlada da água destinada ao consumo humano.

Caudal de água das torneiras e chuveiros. – O caudal de água das torneiras e chuveiros não pode exceder 12 litros por minuto.

Utilização das luzes. – Se as luzes do quarto não se desligarem automaticamente, deve existir informação facilmente acessível que peça aos hóspedes para desligarem as luzes antes de saírem do quarto.

Utilização do aquecimento e do ar condicionado. – Se o aquecimento e ou o ar condicionado não se desligarem automaticamente quando as janelas estão abertas, deve existir informação facilmente acessível que chame a atenção dos hóspedes para a necessidade de fecharem as janelas quando o aquecimento ou o ar condicionado estiverem ligados.

Mudança de toalhas e lençóis. – Os hóspedes devem ser informados de que, de acordo com a política ambiental do empreendimento, os lençóis e as toalhas apenas serão mudados a pedido dos hóspedes ou, na ausência deste, de acordo com o mínimo legalmente exigido.

Tratamento das águas residuais. – Todas as águas residuais devem ser tratadas. Se não for possível fazer uma ligação à estação de tratamento local, o alojamento turístico deve dispor do seu próprio sistema de tratamento que satisfaça os requisitos da legislação nacional.

Transporte dos resíduos. – Caso as autoridades locais responsáveis pela gestão dos resíduos não façam a recolha dos resíduos no empreendimento turístico ou na sua proximidade, este deverá garantir o transporte dos seus resíduos para um local adequado, velando para limitar ao mínimo possível este transporte.

2 – Critérios opcionais:

Ar condicionado. – Os sistemas de ar condicionado devem ter uma eficiência energética de, pelo menos, classe B, em conformidade com a Directiva n.º 2002/31/CE, da Comissão, de 22 de Março, relativa à aplicação da Directiva n.º 92/75/CEE, do Conselho, no que respeita à etiquetagem energética dos aparelhos domésticos de ar condicionado (dois), ou uma eficiência energética correspondente.

Isolamento das janelas. – Todas as janelas devem ter um grau adequadamente elevado de isolamento térmico em função do clima local e proporcionar um nível de isolamento acústico apropriado.

Eficiência energética das lâmpadas eléctricas. – Pelo menos 60 % de todas as lâmpadas eléctricas no alojamento devem ter uma eficiência energética de classe A, em conformidade com a Directiva n.º 98/11/CE, da Comissão, de 27 de Janeiro, relativa à aplicação da Directiva n.º 92/75/ CEE, do Conselho, no que respeita à rotulagem energética das lâmpadas eléctricas para uso doméstico. Pelo menos 80 % de todas as lâmpadas eléctricas instaladas em locais em que é provável que devam permanecer ligadas durante mais de cinco horas por dia devem ter uma eficiência energética de classe A, em conformidade com a Directiva n.º 98/11/CE.

Economia de água nas casas de banho. – Deve existir informação adequada nas casas de banho que explique aos hóspedes como é que podem contribuir para a economia de água.

Produtos descartáveis. – Com excepção dos casos em que seja exigido por lei, nenhum dos seguintes produtos descartáveis será utilizado nas unidades de alojamento e restaurantes:

Produtos de *toilette* de utilização única (por exemplo, champô, sabonete, touca de banho, etc.), sem prejuízo da substituição de produtos usados sempre que mude o utente;

Copos, chávenas, pratos e talheres.

Jardinagem. – As áreas verdes devem ser geridas sem a utilização de pesticidas ou em conformidade com os princípios da agricultura biológica. As flores e os jardins devem ser regados, habitualmente, antes do pico do sol ou depois do pôr do Sol, e apenas nas regiões em que as condições regionais e climáticas o justificarem.

Recipientes para o lixo nas casas de banho. – Cada casa de banho deve dispor de um recipiente adequado para o lixo, que os hóspedes devem ser convidados a utilizar, em vez da sanita, para determinados tipos de resíduos.

Perdas de água. – O pessoal do empreendimento deve ser formado para controlar diariamente a existência de perdas de água visíveis e tomar as medidas adequadas conforme necessário. Os hóspedes devem ser convidados a comunicar quaisquer perdas de água ao pessoal.

Utilização de desinfectantes. – Os desinfectantes só devem ser utilizados quando necessário para cumprir requisitos de higiene legais. O pessoal deve receber formação para não exceder as doses recomendadas de detergente ou desinfectante indicadas na embalagem.

Dosagem do desinfectante para piscinas. – As piscinas devem dispor de um sistema que garanta a utilização da quantidade mínima de desinfectante necessária para um resultado adequado em termos higiénicos.

Limpeza mecânica. – O empreendimento deve dispor de procedimentos precisos para operações de limpeza sem produtos químicos, por exemplo, através da utilização de produtos em microfibra ou de outros materiais ou actividades de limpeza sem recurso a produtos químicos e com efeitos semelhantes.

Triagem dos resíduos pelos hóspedes. – Devem existir recipientes adequados por forma a permitir que os hóspedes seleccionem os resíduos de acordo com o sistema de gestão de resíduos local. Deve existir informação clara e acessível nos quartos pedindo aos hóspedes que façam a triagem dos seus resíduos.

Resíduos perigosos. – O pessoal do empreendimento deve recolher e separar os resíduos perigosos e garantir a sua eliminação adequada. Estão abrangidos os *toners,* as tintas de impressão, o equipamento de refrigeração, as pilhas e os produtos farmacêuticos.

Triagem dos resíduos. – O pessoal deve fazer a triagem dos resíduos do empreendimento nas categorias que podem ser tratadas separadamente.

Transporte público. – Deve existir informação facilmente acessível, destinada aos hóspedes e ao pessoal do empreendimento, sobre os transportes públicos que servem o empreendimento e outros destinos locais. Nos casos em que não existem transportes públicos adequados, devem ser fornecidas informações sobre outros meios de transporte preferíveis do ponto de vista ambiental.

Declaração sobre a política ambiental do empreendimento. – O gestor do empreendimento deve redigir uma declaração de política ambiental do empreendimento, que deve identificar objectivos de desempenho ambiental no que se refere à energia, água, produtos químicos e resíduos, e disponibilizá-la aos hóspedes, que devem ser convidados a apresentar as suas observações e queixas.

Formação do pessoal. — O empreendimento turístico deve proporcionar informação e formação ao seu pessoal, incluindo procedimentos escritos ou manuais, para garantir a aplicação das medidas ambientais e reforçar a sua sensibilização em relação a um comportamento respeitador do ambiente.

ANEXO III

Normas técnicas sobre a estrutura da proposta de definição de âmbito (PDA)

(Portaria 330/2001, de 2 de Abril)

A Portaria n.º 330/2001, de 2 de Abril, que estabelece normas técnicas sobre a estrutura do estudo de impacte ambiental, do relatório de conformidade ambiental do projecto de execução, do relatório de monitorização, e critérios para a elaboração do resumo não técnico, estabelece também as normas técnicas aplicáveis à proposta de definição do âmbito. Na PDA devem ser focados os seguintes aspectos:

"1 – Identificação, descrição sumária e localização do projecto:

a) Identificação do proponente;

b) Designação do projecto. Fase do projecto. Eventuais antecedentes;

c) Objectivo(s) do projecto e sua justificação;

d) Projectos associados ou complementares (por exemplo, acessos viários, linhas de energia, condutas de água, colectores de águas residuais e pedreiras para obtenção de materiais);

e) Identificação da entidade licenciadora ou competente para a autorização;

f) Localização do projecto:

i) Concelhos e freguesias. Cartografia a escala adequada, com os limites administrativos.
   Localização às escalas regional e nacional;

ii) Indicação das áreas sensíveis (na definição do artigo 2.o do Decreto-Lei n.o 69/2000, de 3 de Maio) situadas nos concelhos (ou freguesias) de localização do projecto ou das suas alternativas e, se relevante, respectiva cartografia;

iii) Planos de ordenamento do território (regionais, municipais, intermunicipais, sectoriais e especiais) em vigor na área do projecto e, quando se justifique, classes de espaço envolvidas;

iv) Servidões condicionantes e equipamentos/infra-estruturas relevantes potencialmente afectados pelo projecto;

A Sustentabilidade Ambiental do Turismo

g) Descrição sumária da área de implantação do projecto;
h) Descrição sumária das principais características físicas do projecto e, quando aplicável, dos processos tecnológicos envolvidos;
i) Lista das principais acções ou actividades de construção, exploração e desactivação (cessação da actividade, com ou sem eliminação total ou parcial de edifícios, instalações ou infra-estruturas);
j) Lista dos principais tipos de materiais e de energia utilizados ou produzidos;
k) Lista dos principais tipos de efluentes, resíduos e emissões previsíveis;
l) Programação temporal estimada das fases de construção, exploração e desactivação e sua relação, quando aplicável, com o regime de licenciamento ou de concessão

2 – Alternativas do projecto – tipos de alternativas que o proponente pretenda/deva considerar, nomeadamente:

a) De localização;
b) De dimensão;
c) De concepção ou desenho do projecto;
d) De técnicas e processos de construção;
e) De técnicas e procedimentos de operação e manutenção;
f) De procedimentos de desactivação;
g) De calendarização das fases de obra, de operação e manutenção e de desactivação.

3 – Identificação das questões significativas:

a) Identificação preliminar das acções ou actividades nas fases de construção, exploração e desactivação, com potenciais impactes negativos significativos;
b) Hierarquização do significado dos potenciais impactes identificados e consequente selecção dos impactes a estudar e ou da profundidade com que cada impacte será analisado;
c) Identificação dos factores ambientais relevantes, tendo em conta a hierarquização dos potenciais impactes ambientais;
d) Identificação dos aspectos que possam constituir condicionantes ao projecto;
e) Identificação preliminar das populações e de outros grupos sociais potencialmente afectados ou interessados pelo projecto.

4 – Proposta metodológica de caracterização do ambiente afectado e sua previsível evolução sem projecto – Apresentação de um programa de caracterização da situação actual e da sua previsível evolução sem projecto, para cada factor ambiental relevante anteriormente identificado:

a) Objectivos da caracterização (relação com impactes significativos);
b) Tipos de informação a recolher, incluindo limites geográficos e temporais;
c) Fontes de informação;
d) Metodologias de recolha da informação;
e) Metodologias de tratamento da informação;
f) Escalas de cartografia dos resultados obtidos, caso aplicável.

5 – Proposta metodológica para avaliação de impactes:

a) Metodologia que o proponente se propõe adoptar para a identificação e avaliação de impactes, incluindo definição de critérios a utilizar para apreciação da sua significância;
b) Metodologia que o proponente se propõe adoptar para a previsão de impactes cumulativos, nomeadamente fronteiras espaciais e temporais dessa análise.

6 – Proposta metodológica para a elaboração do plano geral de monitorização.

7 – Planeamento do EIA:

a) Proposta de estrutura para o EIA;
b) Indicação das especialidades técnicas envolvidas e dos principais recursos logísticos, quando relevantes (por exemplo, laboratórios);
c) Indicação dos potenciais condicionalismos ao prazo de elaboração do EIA, nomeadamente os motivados pelas actividades de recolha e tratamento da informação".

O PROCEDIMENTO DE INSTALAÇÃO DE EMPREENDIMENTOS TURÍSTICOS

LICÍNIO LOPES MARTINS
Assistente da Faculdade de Direito de Coimbra

O presente artigo reproduz, no essencial, a nossa intervenção no âmbito do Curso sobre o Regime Jurídico dos Empreendimentos Turísticos promovido pelo Centro de Direito do Ordenamento, do Urbanismo e do Ambiente da Faculdade de Direito de Coimbra, no ano lectivo de 2008/2009.

Considerando a natureza iminentemente prática da matéria em causa, vamos, neste texto, conduzir a nossa exposição obedecendo a este critério-base, sem prejuízo, naturalmente, do tratamento dogmático de que o tema é certamente merecedor, não só no plano científico, mas também no plano económico e social.

I. O quadro legal aplicável à instalação de empreendimentos turísticos

1. *O regime geral ou comum da instalação de empreendimentos turísticos*

O Decreto-Lei n.º 39/2008, de 7 de Março, com a redacção que lhe foi dada pelo Decreto-Lei n.º 228/2009, de 14 de Setembro[1], prevê um regime comum para a instalação dos diversos tipos de

---

[1] O Decreto-Lei n.º 39/2008, de 7 de Março, estabelece o regime jurídico da instalação, exploração e funcionamento dos empreendimentos turísticos.

empreendimentos turísticos, definindo-os como estabelecimentos que se destinam a prestar serviços de alojamento, mediante remuneração, dispondo, para o seu funcionamento, de um adequado conjunto de estruturas, equipamentos e serviços complementares (artigo 2.º)[2].

Os empreendimentos turísticos podem ser integrados num dos seguintes tipos (artigo 4.º): *i)* estabelecimentos hoteleiros; *ii)* aldeamentos turísticos; *iii)* apartamentos turísticos; *iv)* conjuntos turísticos (*resorts*); *v)* empreendimentos de turismo de habitação; *vi)* empreendimentos de turismo no espaço rural; *vii) viii)* parques de campismo e de caravanismo; *ix)* empreendimentos de turismo da natureza.

O procedimento de instalação destes empreendimentos encontra-se sujeito a um regime comum ou, dito de outro modo, a um conjunto de requisitos comuns, tal como resulta dos artigos 5.º, n.º 1 e 23.º, n.º 1.

Efectivamente, dispõe o artigo 5.º, n.º 1, que a instalação de empreendimentos turísticos que envolva a realização de operações urbanísticas conforme definidas no Regime Jurídico da Urbanização e Edificação deve cumprir as normas constantes deste regime, adiantando o artigo 23.º, n.º 1, que o procedimento respeitante à instalação dos empreendimentos turísticos segue o regime previsto no presente decreto-lei (o Decreto-Lei n.º 39/2008) e está submetido ao Regime Jurídico da Urbanização e Edificação, sempre que envolva a realização das operações urbanísticas nele previstas.

Embora com redacção diferente, dos artigos anteriormente citados resulta a mesma ideia: o *regime procedimental comum à instalação* de empreendimentos turísticos é o definido no Regime Jurídico da Urbanização e Edificação, com as *particularidades ou especialidades* que resultem do Decreto-Lei n.º 39/2008. Portanto, deste diploma não resulta um regime procedimental especial com a pretensão de regular em pleno a instalação de empreendimentos turísticos, ficando o Regime Jurídico da Urbanização e Edificação relegado para uma aplicação supletiva ou subsidiária. O que dele resulta, outrossim, é que este último regime funciona como "troco-comum" do procedimento de instalação de tais empreendimentos, apenas havendo que complementá-lo ou introduzir-lhe as particularidades ou os ajusta-

---

[2] A referência a artigos sem a menção do diploma legal a que pertencem

O *Procedimento de Instalação de Empreendimentos Turísticos*   121

mentos impostos pelo Decreto-Lei n.º 39/2008 e respectiva regulamentação[3].

A aplicação do Regime Jurídico da Urbanização e Edificação, aprovado pelo Decreto-Lei n.º 555/99, de 16 de Dezembro, com a redacção que lhe foi dada pela Lei n.º 60/2007, de 4 de Setembro, desdobra-se, no caso, em dois níveis (artigos 5.º, n.º 1 e 23.º, n.º 1, do DL n.º 39/2008):

a) Ao nível do *regime substantivo*, na medida em que a instalação de empreendimentos turísticos que envolva a realização de operações urbanísticas conforme definidas no Regime Jurídico da Urbanização e Edificação deve cumprir as normas constantes daquele regime (artigo 5.º, n.º 1, do Decreto-Lei n.º 39/2008), o que também implica a observância do respectivo regime material.

b) E ao nível *especificamente procedimental*, dispondo o artigo 23.º, n.º 1, do Decreto-Lei n.º 39/2008 que o *procedimento* respeitante à instalação dos empreendimentos turísticos está submetido ao Regime Jurídico da Urbanização e Edificação, sempre que envolva a realização das operações urbanísticas ali previstas.

1.1. O regime geral da instrução dos pedidos de informação prévia, de licenciamento e da apresentação da comunicação prévia

Por expressa imposição do artigo 23.º, n.º 2, do Decreto-Lei n.º 39/2008, e do n.º 1.º da Portaria n.º 518/2008, de 25 de Junho, que regulamenta aquele diploma legal, os pedidos de licenciamento e a apresentação da comunicação prévia de operações urbanísticas relativas à instalação dos empreendimentos turísticos devem ser instruídos nos termos do Regime Jurídico da Urbanização e Edificação. Tal significa a integral aplicação da Portaria n.º 232/2008, de 11 de

---

[3] Em sentido convergente com a posição assumida no texto, DULCE LOPES, *Aspectos jurídicos da instalação de empreendimentos turísticos*, in I Jornadas Luso-Espanholas de Urbanismo, sob a Coordenação de FERNANDO ALVES CORREIA, Almedina, 2009, pág. 225.

Março, que estabelece os elementos instrutores dos pedidos de realização de operações urbanísticas.

Também quanto à instrução, a norma geral é, pois, a de que os pedidos de realização de operações urbanísticas relativos a empreendimentos turísticos devem ser instruídos com os elementos previstos na Portaria n.º 232/2008, de 11 de Março, que regulamenta o Regime Jurídico da Urbanização e Edificação.

Vejamos sinteticamente qual o regime de instrução de cada um daqueles procedimentos.

1.1.1. *Instrução do pedido de informação prévia*

Os elementos instrutores do pedido de informação prévia constam dos n.ºˢ 1.º a 6.º da Portaria n.º 232/2008), variando conforme se trate de:

a) Elementos instrutores do pedido de informação prévia referente a operação de loteamento;

b) Elementos instrutores do pedido informação prévia relativa a obras de urbanização;

c) Elementos instrutores do pedido informação prévia sobre obras de edificação;

d) Elementos instrutores do pedido informação prévia sobre de demolição;

e) Elementos instrutores do pedido informação prévia sobre outras operações urbanísticas.

1.1.2. *Instrução do pedido de licenciamento*

O pedido de licenciamento de um empreendimento turístico deve ser instruído do seguinte modo:

a) Elementos instrutores do pedido de licenciamento de operações de loteamento (n.º 7.º da Portaria n.º 232/2008);

b) Elementos instrutores do pedido de licenciamento de obras de urbanização (n.º 9 da Portaria n.º 232/2008);

O *Procedimento de Instalação de Empreendimentos Turísticos*　　123

c) Elementos instrutores do pedido de licenciamento de obras de edificação (n.º 11º da Portaria n.º 232/2008);

d) Elementos instrutores da comunicação prévia de operações de loteamento (n.º 8 da Portaria n.º 232/2008).

1.1.3. *Instrução da comunicação prévia*

A apresentação da comunicação prévia deve fazer-se em conforme o referido nas alíneas seguintes:

a) Elementos instrutores da comunicação prévia de obras de urbanização (n.ºˢ 9.º e 10.º da Portaria n.º 232/2008);

b) Elementos instrutores da comunicação prévia de obras de edificação (n.º 12.º da Portaria n.º 232/2008);

c) Elementos instrutores da comunicação prévia de operações de loteamento (n.º 8.º da Portaria n.º 232/2008);

d) Elementos instrutores da comunicação prévia das operações urbanísticas a que se refere a alínea g) do n.º 2 do artigo 4.º do Regime Jurídico da Urbanização e Edificação (cfr. o n.º 18.º da Portaria n.º 232/2008). Trata-se de um regime residual, abrangendo todas as (outras) operações urbanísticas não expressamente submetidas a um dos tipos de operações urbanísticas antes mencionadas, mas que não se encontram isentas dos mesmos.

1.2. **Requisitos específicos da instalação de empreendimentos turísticos**

Aos requisitos gerais de instrução anteriormente referidos acrescem os requisitos específicos de instalação (e também de classificação e de funcionamento) de cada tipo de empreendimento, tal como resulta do artigo 4.º, n.º 2, alíneas a) e b), e dos artigos 5.º, n.º 1.º e 23.º, n.º 1, todos do Decreto-Lei n.º 39/2008.

Diz expressamente o artigo 5.º, n.º 1, que a aplicação do regime geral da urbanização e da edificação não prejudica o disposto no presente decreto-lei (o Decreto-Lei n.º 39/2008) e respectiva regula-

124 *Empreendimentos Turísticos*

mentação ou que aquele regime geral é aplicável com as especificidades constantes do presente regime e respectiva regulamentação (artigo 23.º, n.º 1).

Ou seja, os pedidos de licenciamento e a apresentação da comunicação prévia de operações urbanísticas relativas à instalação dos empreendimentos turísticos devem ser instruídos nos termos do regime jurídico referido no número anterior, e ainda com os elementos constantes de portaria conjunta dos membros do Governo responsáveis pelas áreas do turismo e do ordenamento do território, devendo o interessado indicar no pedido o tipo de empreendimento, bem como o nome e a classificação pretendidos.

Vejamos então em que consistem as ditas especificidades.

1.2.1. *Requisitos específicos da instrução dos pedidos de instalação*

A aplicação do regime próprio da instalação dos empreendimentos turísticos não dispensa o cumprimento dos requisitos específicos relativos à instalações e ao funcionamento daqueles estabelecimentos (artigo 24.º, n.º 2, do Decreto-Lei n.º 39/2008).

Aqueles requisitos específicos constam da Portaria n.º 518/2008, de 25 de Junho, que regulamenta o Decreto-Lei n.º 39/2008.

Dispõe-se na Portaria n.º 518/2008 que os pedidos de realização de operações urbanísticas relativos a empreendimentos turísticos devem ser instruídos com os elementos previstos na Portaria n.º 232/2008, de 11 de Março[4], mas com as especificidades que são impostas por aquela Portaria.

Sinteticamente, estas especificidades na instrução dos procedimentos de instalação de empreendimentos turísticos concretizam-se no seguinte:

a) Especificidades quanto aos elementos instrutores do pedido de informação prévia referente a operações de loteamento (n.º 2 Portaria n.º 518/2008);

---

[4] Dispõe-se no n.º 19.º da Portaria n.º 232/2008 que os pedidos de informação prévia, licenciamento ou comunicação prévia referentes a várias operações urbanísticas devem ser instruídos com os elementos previstos para cada uma das operações pretendidas.

b) Especificidades quanto aos elementos instrutores do pedido de informação prévia relativo a obras de edificação (n.º 3 Portaria n.º 518/2008);

c) Especificidades quanto aos elementos instrutores do pedido de licenciamento de operações de loteamento (n.º 4 Portaria n.º 518/2008);

d) Especificidades quanto aos elementos instrutores do pedido de licenciamento de obras de edificação (n.º 5 Portaria n.º 518/2008);

e) Especificidades quanto aos elementos instrutores da comunicação prévia de operações de loteamento (n.º 4 Portaria n.º 518/2008);

f) Especificidades quanto aos elementos instrutores da comunicação prévia de obras de edificação (n.º 5 Portaria n.º 518/2008).

1.2.2. *Outros regimes específicos do procedimento de instalação*

A regulamentação do Decreto-Lei n.º 39/2008 estabelece ainda um conjunto de regimes específicos para determinado tipo de empreendimentos turísticos. É o que sucede com os empreendimentos de turismo de habitação e de turismo no espaço rural, cuja instalação deve também obedecer aos requisitos previstos na Portaria n.º 937/2008, de 20 de Agosto, aí se determinando que o procedimento de instalação destes empreendimentos deve observar os requisitos gerais previstos no artigo 5.º do Decreto-Lei n.º 39/2008, de 7 de Março – ou seja, os requisitos estabelecidos no Regime Jurídico da Urbanização e Edificação –, aos quais acrescem os previstos naquela Portaria.

Relativamente ao procedimento de instalação (e, de igual modo, a classificação e o funcionamento) dos parques de campismo e de caravanismo haverá também que ter em conta os requisitos específicos previstos na Portaria n.º 1320/2008, de 17 de Novembro, o mesmo sucedendo com os empreendimentos de turismo de natureza, cujo reconhecimento está sujeita aos requisitos/critérios estabelecidos na Portaria n.º 261/2009, de 12 de Março, competindo ao Instituto da Conservação da Natureza e da Biodiversidade, I. P. (ICNB, I. P.) efectuar aquele reconhecimento.

1.3. Requisitos específicos do procedimento de instalação dos equipamentos de uso comum: a discricionariedade administrativa de avaliação

Sobre os requisitos de instalação dos equipamentos de uso comum dos empreendimentos turísticos dispõe a Portaria n.º 358/2009, de 6 de Abril.

Nos termos do artigo 3.º, n.º 1, os equipamentos de uso comum dos empreendimentos turísticos devem cumprir os requisitos de instalação e de funcionamento aplicáveis a cada tipo de equipamento, nomeadamente os previstos em normas técnicas homologadas, com as especificidades constantes das disposições daquela Portaria.

Especialmente relevante é ainda o artigo 2.º, n.º 2, no qual se determina que, no procedimento de instalação dos equipamentos de uso comum dos empreendimentos turísticos, podem ser dispensados pela entidade licenciadora, mediante parecer favorável do Turismo de Portugal, I. P., os requisitos de instalação que se revelem inadequados ou impossíveis de executar face ao projecto de arquitectura do empreendimento ou atendendo à finalidade turística do mesmo.

Esta disposição confere um lato *poder discricionário* às entidades licenciadoras, delegando-lhe um verdadeiro poder de avaliação de cada situação concreta, para determinar uma espécie de "isenção/dispensa" da observância dos requisitos de instalação dos equipamentos, na medida em que, no caso concreto, se conclua fundadamente pela sua inadequação ou impossibilidade de execução. Mas note-se que tal só poderá suceder se o Turismo de Portugal. I.P., emitir parecer favorável e nos termos que forem definidos neste parecer.

Este parecer é vinculativo num só sentido – no sentido de que a entidade licenciadora nunca poderá dispensar o cumprimento dos requisitos se o parecer do Turismo de Portugal, I.P., for negativo, isto é, desfavorável, podendo, no entanto, impor a sua observância mesmo que o parecer desta entidade seja favorável.

1.4. Ainda outros regimes específicos

Por força do artigo 24.º, n.º 1, do Decreto-Lei n.º 39/2008, o regime deste diploma, relativo à instalação e ao funcionamento dos

O Procedimento de Instalação de Empreendimentos Turísticos   127

empreendimentos turísticos, é aplicável aos estabelecimentos comerciais e de restauração ou de bebidas que deles sejam partes integrantes.

O regime jurídico da instalação e da modificação de estabelecimentos de restauração ou de bebidas, bem como o regime aplicável à respectiva exploração e funcionamento – e, portanto, ao exercício da actividade –, encontram-se definidos no Decreto-Lei n.º 234/2007, de 19 de Junho, e sobretudo no Decreto Regulamentar n.º 20/2008, de 27 de Novembro, o Decreto Regulamentar n.º 20/2008, de 27 de Novembro[5].

Por sua vez, sobre o regime específico de licenciamento de estabelecimentos comerciais dispõe o Decreto-Lei n.º 21/2009, de 19 de Janeiro, e respectiva regulamentação.

II. O quadro legal de repartição de competências no âmbito dos procedimentos de instalação de empreendimentos turísticos[6]

1. Competência dos órgãos municipais

Relativamente aos órgãos dos municípios, o artigo 22.º do Decreto-Lei n.º 39/2008 estabelece dois blocos de competências: *i)* as competências atribuídas pelo Regime Jurídico da Urbanização e Edificação; *ii)* e as competências atribuídas pelo Decreto-Lei n.º 39/2008 quanto a certo tipo de empreendimentos turísticos (artigo 22.º, n.º 2, alíneas a) a d)).

2. Competências do Turismo de Portugal, I.P.

Aos órgãos do Instituto de Turismo de Portugal é devolvido o quadro de competências a seguir enumerado.

---

[5] O Decreto Regulamentar n.º 20/2008, de 27 de Novembro, estabelece os requisitos específicos relativos às instalações, funcionamento e regime de classificação de estabelecimentos de restauração ou de bebidas.

[6] Dado que o tema do ponto em causa no texto é objecto de tratamento autónomo no presente livro, limitamo-nos à mera e genérica referência da repartição legal de competências no âmbito do procedimento de instalação de empreendimentos turísticos.

2.1. Competências consultivas

As competências consultivas do Turismo de Portugal consubstanciam-se na emissão de pareceres (artigo 21.º, n.º 2, alínea b), e artigo 26.º e artigo 4.º, n.º 2, alínea h), do Decreto-Lei n.º 141/2007, de 27 de Abril, que aprova as atribuições e a orgânica do Instituto de Turismo de Portugal, I.P).

Os pareceres do Turismo de Portugal desdobram-se em:

i) Pareceres sobre operações de loteamento que contemplem a instalação de empreendimentos turísticos (artigo 21.º, n.º 2, alínea b), do Decreto-Lei n.º 39/2008). Estes pareceres têm, naturalmente, de limitar-se à área do empreendimento turístico, excepto quando tais operações se localizem em zona abrangida por plano de pormenor em que o Instituto de Turismo tenha tido intervenção;

ii) Pareceres emitidos no âmbito de cada procedimento de licenciamento (remissão para o que à frente se dirá, aquando da análise destes pareceres).

2.2. Competências decisórias

No âmbito dos procedimentos de instalação de empreendimentos turísticos, a competência dos órgãos do Turismo de Portugal, I.P., é essencialmente consultiva. Em todo o caso, a lei reconhece-lhe algumas competências decisórias. Assim sucede com a competência para fixar a capacidade máxima dos estabelecimentos hoteleiros, aldeamentos turísticos, apartamentos turísticos e dos conjuntos turísticos (artigos 21.º, n.º 2, alínea c), e 26.º, n.º 5, do Decreto-Lei n.º 39/2008).

2.3. Competências "concertadas ou contratualizadas"

2.3.1. *Os contratos urbanísticos no domínio da instalação de empreendimentos turísticos*

Para além da faculdade geral prevista no artigo 6.º-A do Decreto-Lei n.º 380/99, de 22 de Setembro, que aprova o regime jurídico dos instrumentos de gestão territorial, com a redacção que lhe foi dada pelo Decreto-Lei n.º 46/2009, de 20 de Fevereiro, concretizada na possibilidade de os interessados na elaboração, alteração ou revisão de um plano de pormenor poderem apresentar à câmara municipal propostas de contratos que tenham por objecto a elaboração de um projecto de plano, sua alteração ou revisão, bem como a respectiva execução, o Decreto-Lei n.º 39/2008, no seu artigo 21.º, n.º 4, alarga o âmbito de aplicação daqueles contratos, permitindo aos interessados propor também a sua celebração directamente ao Turismo de Portugal, I.P.[7]

Mas note-se que a participação desta entidade na celebração daqueles contratos não implica a renúncia às suas competências consultivas, desde logo ao seu poder de emissão de pareceres desfavoráveis.

2.3.2. *Competências contratualizadas ao nível procedimental: os contratos interadministrativos entre os municípios e o Turismo de Portugal, I.P.*

O artigo 23.º, n.º 3, do Decreto-Lei n.º 38/2009, permite que as câmaras municipais possam contratualizar com o Turismo de Portugal, I.P., o acompanhamento do procedimento de instalação dos seguintes empreendimentos turísticos: *i)* estabelecimentos hoteleiros; *ii)* aldeamentos turísticos; *iii)* apartamentos turísticos; *iv)* conjuntos turísticos; v) e hotéis rurais.

Estes contratos têm por finalidade a dinamização do procedimento, designadamente para a promoção de reuniões de concertação

---

[7] Sobre os contratos a que se faz referência no texto, JORGE ANDRÉ ALVES CORREIA, *Contratos Urbanísticos*, Almedina, 2009.

entre as entidades consultadas ou entre estas, a câmara municipal e o requerente. Tratando-se de contratos interadministrativos deve ter-se em conta a disciplina que para eles estabelece o Código dos Contratos Públicos (artigo 338.º).

Quanto à iniciativa para a celebração destes contratos, pela redacção do artigo 23.º, n.º 3, do Decreto-Lei L n.º 39/2008, parece que a mesma só pertence às câmaras municipais ("a câmara municipal pode"), mas nada impede que o Turismo de Portugal, I.P., faça propostas de contratualização.

Esta participação contratual do Turismo de Portugal, I.P., pode permitir a obtenção de vantagens: para além das que andam normalmente associadas à concertação, pretende-se que o Turismo de Portugal, I.P., surja nestes procedimentos como catalizador e dinamizador da celeridade procedimental, designadamente por estarmos em face de procedimentos complexos.

3. *Competências de outras entidades: as entidades regionais de turismo*

Os diplomas regulamentares que estabelecem as atribuições e definem a orgânica as entidades regionais de turismo prevêem a sua participação, através da emissão de pareceres, nos procedimentos de instalação de empreendimentos com impacto na dinâmica da oferta turística local e regional.

Relativamente à sua natureza, estes pareceres são meramente facultativos, isto é, os municípios não têm o dever legal de pedir parecer às entidades regionais de turismo nos procedimentos de instalação dos empreendimentos turísticos. Para que o pedido de parecer fosse obrigatório seria necessária uma disposição legal, constante ou do Decreto-Lei n.º 39/2008 ou do Regime Jurídico da Urbanização e Edificação (ou de outra disposição legal específica), a impor aos municípios a obrigatoriedade de pedir parecer àquelas entidades. A previsão constante daqueles diplomas regulamentares, emitidos sob a forma de portaria, sugere, sobretudo, a ideia de incentivo à colaboração institucional.

III. Os procedimentos de instalação de empreendimentos turísticos

1. *O pedido de informação prévia*

Nos termos dos artigos 14.º a 17.º do Regime Jurídico da Urbanização e Edificação, aplicáveis por expressa remissão artigo 25.º do Decreto-Lei n.º 39/2008, qualquer interessado pode requerer à câmara municipal informação prévia sobre a possibilidade de instalar um empreendimento turístico e sobre quais as respectivas condicionantes urbanísticas.

Por condicionantes urbanísticas deve entender-se todos os condicionamentos legais e regulamentares, nomeadamente os relativos a infra-estruturas, servidões administrativas e restrições de utilidade pública, índices urbanísticos, cérceas, afastamentos e demais condicionamentos aplicáveis à pretensão, etc.

1.1. **Especificidades do pedido de informação prévia relativo a conjuntos turísticos** *(resorts)*

Quando o objecto do pedido de informação for a instalação de um conjunto turístico, determina o artigo 25.º, n.º 2, do Decreto-Lei n.º 39/2008, que o mesmo deve abranger a totalidade dos empreendimentos, estabelecimentos e equipamentos que o integram. Em todo caso, tal não impede que a entidade promotora do empreendimento não possa optar por submeter conjuntamente a licenciamento ou comunicação prévia as operações urbanísticas referentes à instalação da totalidade dos componentes de um conjunto turístico, ou, alternativamente, submeter tais operações a licenciamento ou comunicação prévia separadamente, relativamente a cada um dos componentes ou a distintas fases de instalação (cfr. o artigo 28.º).

1.2. **Intervenção do Turismo de Portugal no pedido de informação prévia**

A aprovação pela câmara municipal de um pedido de informação prévia para a realização de operações urbanísticas carece sempre de parecer do Turismo de Portugal, I.P., quando estejam em causa os seguintes empreendimentos turísticos: *i)* estabelecimentos hoteleiros; *ii)* aledeamentos turísticos; *iii)* apartamentos turísticos; *iv)* conjuntos turísticos *(resorts); v)* hotéis rurais (cfr. o artigo 26.º, n.º 1, do Decreto-Lei n.º 39/2008, e artigo 15.º do Regime Jurídico da Urbanização e Edificação).

Naturalmente que no âmbito do procedimento de informação prévia há lugar a consultas externas, nos termos dos artigos 13.º, 13.º-A e 13.º-B do Regime Jurídico da Urbanização e Edificação, às entidades cujos pareceres, autorizações ou aprovações condicionem, nos termos da lei, a informação a prestar, sempre que tal consulta deva ser promovida num eventual pedido de licenciamento ou apresentação de comunicação prévia (conjugação do artigo 26.º, n.º 1, do Decreto-Lei n.º 39/2008 com o artigo 15.º do Regime Jurídico da Urbanização e Edificação).

1.3. Efeitos da aprovação do pedido de informação prévia

Os efeitos da informação prévia favorável são os previstos no Regime Jurídico da Urbanização e Edificação. Ou seja, aquele pedido tem os seguintes efeitos:

i) Vincula as entidades competentes na decisão sobre um eventual pedido de licenciamento ou apresentação de comunicação prévia da operação urbanística a que respeita. O significado e âmbito desta vinculatividade traduz-se no seguinte: a informação prévia favorável é constitutiva de direito, não do direito a concretizar a operação urbanística em causa, mas do direito ao licenciamento – ou pelo menos, no âmbito deste, à aprovação do projecto de arquitectura – ou do direito à admissão da comunicação prévia de um certo projecto[8].

ii) Quando a informação prévia seja proferida nos termos do n.º 2 do artigo 14.º do Regime Jurídico da Urbanização e Edificação

---

[8] Sobre os efeitos da aprovação do pedido de informação prévia, FERNANDA PAULA OLIVEIRA, MARIA JOSÉ CASTANHEIRA NEVES, DULCE LOPES, FERNANDA MAÇÃS, *Regime Jurídico da Urbanização e Edificação Comentado*, 2.ª ed., Almedina, 2009.

tem por efeito a sujeição da operação urbanística em causa, a efectuar nos exactos termos em que foi apreciada, ao regime de comunicação prévia e dispensa a realização de novas consultas externas.

1.4. Pode (ou não) o interessado pedir ao Turismo de Portugal, I.P., o parecer legalmente devido antes de apresentar o pedido de informação prévia na câmara municipal competente?

Embora o Decreto-Lei n.º 39/2008 seja omisso a tal respeito, não vemos qualquer razão para, neste tipo de procedimentos, afastar aplicabilidade do artigo 13.º-B do Regime Jurídico da Urbanização e Edificação, podendo, pois, os interessados solicitar previamente os pareceres legalmente exigidos junto das entidades competentes, entregando-os com o requerimento inicial.

Atendendo aos efeitos da aprovação do pedido de informação prévia justifica-se que o interessado possa solicitar a emissão de parecer ao Turismo de Portugal, I.P., apresentando, deste modo, aquele pedido na câmara municipal competente já instruído com o parecer (favorável) do Turismo de Portugal, I.P.

Quanto às consequências da emissão de parecer nesta fase, consoante este seja favorável ou desfavorável, remetemos para o que adiante será dito sobre estes pareceres.

1.5. Elementos que devem instruir os pedidos de informação prévia

Sobre os elementos que devem instruir os pedidos de informação prévia já a eles nos referimos em ponto anterior, valendo aqui a Portaria n.º 232/2008, de 11 de Março, e a Portaria n.º 518/2008, de 25 de Junho, e outros diplomas normativos – legais e regulamentares - que, no caso, se imponham em função da específica operação urbanística em causa.

2. Comunicação prévia

2.1. Tipos de operações urbanísticas que podem ser objecto de comunicação prévia

Os tipos de operações urbanísticas que podem ser objecto de comunicação prévia encontram-se identificados no Regime Jurídico da Urbanização e Edificação (artigo 6.º, n.º 3, e alíneas c) a h) do n.º 1 do artigo 6.º, ambos deste Regime). A disciplina substantiva e procedimental da comunicação prévia é igualmente definida naquele Regime, nos artigos 34.º a 39.º e nos artigos 41.º a 61.º, estes últimos relativos às condições especiais daquela comunicação.

2.2. Intervenção do Turismo de Portugal na admissão da comunicação prévia

A admissão, pelas câmaras municipais, da comunicação prévia para a realização de operações urbanísticas carece sempre de parecer do Turismo de Portugal, I.P., quando aquela diga respeito aos seguintes empreendimentos turísticos: *i)* estabelecimentos hoteleiros; *ii)* aldeamentos turísticos; *iii)* apartamentos turísticos; *iv)* conjuntos turísticos *(resorts);* v) hotéis rurais.

Naturalmente que vale para a comunicação prévia o que antes se referiu para o pedido de informação prévia: o promotor do empreendimento turístico pode solicitar a emissão de parecer ao Turismo de Portugal, I.P., antes de apresentar a comunicação prévia na câmara municipal competente. Ou seja, vale também aqui a faculdade geral prevista no artigo 13.º-B do Decreto-Lei n.º 555/99, por via da qual o interessado pode solicitar previamente os pareceres legalmente exigidos junto das entidades competentes, entregando-os com o requerimento inicial.

O Procedimento de Instalação de Empreendimentos Turísticos

2.3. **Prazo para a prática do acto de rejeição da comunicação prévia**

Vale aqui o prazo previsto no Decreto-Lei n.º 555/99 (20 dias, ou 60 dias no caso de haver lugar a consulta de entidades externas), bem como o regime aí estabelecido para o silêncio do presidente da câmara municipal (artigos 36.º e 36.º-A do Decreto-Lei n.º 555/99), ou seja: se a comunicação prévia não for expressamente rejeitada naqueles prazos equivale, *ex vi legis*, à sua admissão, isto é, produz-se o acto administrativo de admissão (artigo 36.º-A), podendo o interessado iniciar as obras, mesmo que o Turismo de Portugal, I.P., tenha emitido parecer desfavorável.

Este regime do silêncio previsto no Decreto-Lei n.º 555/99 não se confunde com o previsto no artigo 108.º do Código do Procedimento Administrativo, pois no artigo 36.º-A daquele diploma *não está em causa um típico acto tácito*, dado que este só se forma quando o órgão administrativo tem o dever legal de decidir e não decida dentro do prazo previsto. Ora, na comunicação prévia, o órgão competente apenas tem o dever legal de decidir se for para rejeitar a comunicação, não tendo um específico dever legal de decidir de forma favorável; dos artigos 36.º e 36.º-A deduz-se a inexistência de um acto administrativo expresso de admissão da comunicação prévia[9].

2.4. **Elementos que devem instruir a comunicação prévia**

A apresentação da comunicação prévia deve ser instruída nos termos da Portaria n.º 232/2008, de 11 de Março, e da Portaria n.º 518/2008, de 25 de Junho, bem como de outros diplomas normativos – legais e regulamentares – que, no caso, se imponham em função da específica operação urbanística em causa.

---

[9] Sobre o regime da comunicação prévia no Regime Jurídico da Urbanização e Edificação, PEDRO GONÇALVES, *Simplificação procedimental e controlo prévio das operações urbanísticas*, LICÍNIO LOPES MARTINS, *Alguns aspectos fundamentais das operações urbanísticas*, ambos in I Jornadas Luso-Espanholas de Urbanismo, sob a Coordenação de FERNANDO ALVES CORREIA, Almedina, 2009, págs. 89 e segs. e 148 e segs., respectivamente.

3. Licenciamento

3.1. Tipo de operações urbanísticas sujeitas a licenciamento

As operações urbanísticas sujeitas a licenciamento são as enumeradas no Regime Jurídico da Urbanização e Edificação (alíneas a) a g) do n.º 2 do artigo 4.º do Decreto-Lei n.º 555/99), sendo o respectivo procedimento disciplinado nos artigos 18.º a 27.º e nos artigos 41.º a 61.º, estes últimos relativos às condições especiais de licenciamento e de comunicação prévia.

3.2. O caso específico dos conjuntos turísticos

O artigo 28.º do Decreto-Lei n.º 39/2008 concede às entidades promotoras do empreendimento a faculdade de optarem por submeter conjuntamente a licenciamento ou a comunicação prévia as operações urbanísticas referentes à instalação da totalidade dos componentes de um conjunto turístico *(resort)*, ou, alternativamente, submeter tais operações a licenciamento ou comunicação prévia separadamente, relativamente a cada um dos componentes ou a distintas fases de instalação.

3.3. Tipo de intervenção do Turismo de Portugal nos procedimentos de licenciamento

Por força do artigo 26.º, n.º 1, do Decreto-Lei n.º 39/2008, o deferimento do pedido de licenciamento pelas câmaras municipais de operações urbanísticas carece sempre de parecer do Turismo de Portugal, I.P., quando aquele diga respeito aos seguintes empreendimentos turísticos: *i)* estabelecimentos hoteleiros; *ii)* aldeamentos turísticos; *iii)* apartamentos turísticos; *iv)* conjuntos turísticos *(resorts); iv)* hotéis rurais.

O Procedimento de Instalação de Empreendimentos Turísticos 137

3.3.1. *Consequência se o Turismo de Portugal emitir parecer negativo/desfavorável*

Resulta expressamente do artigo 26.º, n.º 2, do Decreto-Lei n.º 39/2008 e do artigo 24.º, n.º 1, alínea c), do Regime Jurídico de Urbanização e Edificação que o pedido de licenciamento é indeferido quando tiver sido objecto de parecer negativo de qualquer entidade consultada cuja decisão seja vinculativa para os órgãos municipais. Consequentemente, se o parecer do Turismo de Portugal, I.P., for em sentido desfavorável o pedido de licenciamento terá de ser indeferi-do, sob pena de nulidade.

3.4. **Elementos que devem instruir os pedidos de licenciamento dos empreendimentos turísticos**

Os elementos que devem instruir os procedimentos de licencia-mento são os previstos na Portaria n.º 232/2008, de 11 de Março, e na Portaria n.º 518/2008, de 25 de Junho, bem como em outros diplomas normativos – legais e regulamentares – que, no caso, se imponham em função da específica operação urbanística em causa.

IV. **Instalação dos empreendimentos turísticos por fases**

O artigo 30.º, n.º 8, do Decreto-Lei n.º 39/2008 e artigo 59.º do Decreto-Lei n.º 555/99, à semelhança do que pode suceder com outras operações urbanísticas, permitem que a instalação de empreen-dimentos turísticos possa ser autorizada por fases.

Vejamos sinteticamente as exigências específicas, as vantagens do faseamento e as consequências ao nível da emissão do alvará.

1. *No caso de licenciamento*

No procedimento de licenciamento o alvará abrange apenas a primeira fase das obras, implicando cada fase subsequente um adita-mento ao alvará (artigos 56.º, n.º 5, e 59.º, n.º 6, do Regime Jurídico da Urbanização e Edificação).

Empreendimentos Turísticos

A delimitação do termo "cada fase da obra" deve fazer-se corresponder a uma parte da obra com capacidade para funcionar autonomamente (artigos 56.º, n.º 3, e 59.º, n.º 2, do Regime Jurídico da Urbanização e Edificação).

2. *No caso da comunicação prévia*

Neste procedimento o promotor do empreendimento tem de identificar na comunicação as fases em que pretende proceder à execução das obras de urbanização (artigos 56.º, n.º 6, e 59.º, n.º 7, do Regime Jurídico da Urbanização e Edificação).

V. Sujeição dos empreendimentos turísticos ao regime jurídico das operações de loteamento

1. *Casos em que a instalação de empreendimentos turísticos está sujeita ao regime jurídico das operações de loteamento*

Os empreendimentos turísticos estão sujeitos ao regime jurídico das operações de loteamento nos casos em que se pretenda efectuar a divisão jurídica do terreno em lotes (artigo 21.º, n.º 2, alínea b), do Decreto-Lei n.º 39/2008 e artigo 38.º do Regime Jurídico da Urbanização e da Edificação).

2. *A localização das operações de loteamento relativas a empreendimentos turísticos*

Neste ponto é de realçar a inaplicabilidade do artigo 41.º do Regime Jurídico da Urbanização e Edificação à instalação de empreendimentos turísticos, relativo à localização das operações de loteamento: as operações de loteamento só podem realizar-se em áreas situadas dentro do perímetro urbano e em terrenos já urbanizados ou cuja urbanização se encontre programada em plano municipal de ordenamento do território, podendo a operação de loteamento reali-

O *Procedimento de Instalação de Empreendimentos Turísticos*   139

zar-se em áreas em que o uso turístico seja compatível com o disposto nos instrumentos de gestão territorial válidos e eficazes (artigo 38.º, n.º 2, do Regime Jurídico da Urbanização e Edificação).

3. *Intervenção do Turismo de Portugal*

Cabe ao Turismo de Portugal, I.P., emitir parecer sobre as operações de loteamento que contemplem a instalação de empreendimentos turísticos, limitado à área destes, excepto quando tais operações se localizem em zona abrangida por plano de pormenor em que tenha tido intervenção (artigo 21.º, n.º 2, alínea b), do Decreto-Lei n.º 39/2008).

Quanto à natureza deste parecer remetemos para o que adiante se dirá sobre estes actos (artigos 21.º, n.º 3 e 26.º do Decreto-Lei n.º 39/2008).

4. *Necessidade de parecer prévio favorável da Comissão de Coordenação de Desenvolvimento Regional*

A Comissão de Coordenação de Desenvolvimento Regional territorialmente competente deve emitir parecer nos termos do artigo 42.º, n.ᵒˢ 1 e 2 do Regime Jurídico da Urbanização e Edificação. A natureza deste parecer resulta expressamente do artigo 42.º, n.º 1 e do artigo 13.º, n.ᵒˢ 4 e 5 daquele Regime, ou seja, trata-se de um parecer conforme favorável.

VI. Procedimentos sujeitos a avaliação do impacto ambiental

A instalação de empreendimento turísticos poderá ficar sujeita a ao regime de impacto ambiental. Quando tal ocorra deverá seguir-se o procedimento estabelecido no artigo 23.º, n.ᵒˢ 5, 6 e 7, do Decreto--Lei n.º 39/2008. Ou seja:

i) Nos casos em que decorra em simultâneo a avaliação ambiental de instrumento de gestão territorial e a avaliação de impacto ambiental de projectos de empreendimentos turísticos enquadrados de forma detalhada naquele instrumento, pode realizar-se uma única consulta pública, sem prejuízo de exercício das competências próprias das entidades intervenientes (n.º 5);

ii) Para os projectos relativos a empreendimentos turísticos que sejam submetidos a procedimento de avaliação de impacto ambiental e que se localizem, total ou parcialmente, em áreas incluídas na Reserva Ecológica Nacional, a pronúncia da comissão de coordenação e desenvolvimento regional competente no âmbito daquela avaliação compreende, também, a sua pronúncia nos termos previstos na alínea a) do n.º 2 do artigo 4.º do regime jurídico da Reserva Ecológica Nacional (n.º 6);

iii) Quando os projectos relativos a empreendimentos turísticos sejam submetidos a procedimento de análise de incidências ambientais e se localizem, total ou parcialmente, em áreas incluídas na Reserva Ecológica Nacional, a pronúncia da comissão de coordenação e desenvolvimento regional competente, ao abrigo do disposto na alínea *a)* do n.º 2 do artigo 4.º do regime jurídico da Reserva Ecológica Nacional, tem em conta os resultados daquele procedimento (n.º 7).

VII. Pareceres do Turismo de Portugal

1. *Análise do âmbito objectivo dos pareceres do Turismo de Portugal: o problema da delimitação do objecto do parecer*

Decorre do artigo 26.º, n.º 2, do Decreto-lei n.º 39/2008 que os pareceres do Turismo de Portugal, I.P., têm por objecto:

i) Verificar o cumprimento das normas estabelecidas no Decreto-Lei n.º 39/2008;

ii) Verificar o cumprimento da respectiva regulamentação;

iii) Verificar, em especial, a apreciação do projecto de arquitectura do empreendimento turístico;

iv) E designadamente a adequação do empreendimento turístico projectado ao uso e tipo pretendidos.

2. *A emissão de parecer e a discricionariedade administrativa de avaliação/apreciação do Turismo de Portugal*

Relativamente ao cumprimento dos requisitos legais, o Turismo de Portugal, I.P., limita-se a fazer um juízo técnico-legal; trata-se de um *juízo de estrita legalidade*. Mas já quanto à análise dos termos "adequação"... ao "uso e tipologia pretendidos" é de admitir algum grau *discricionariedade* daquela entidade, na medida em que está em causa a *emissão de um juízo técnico avaliativo*, concretizado na ponderação/avaliação da adequação do empreendimento projectado ao uso e tipo pretendidos, envolvendo, pois, um *juízo de prognose*.

O Decreto-Lei n.º 39/2009 parece ir, nesta matéria, um pouco mais longe do que o Regime Jurídico da Urbanização e Edificação, na medida em que neste Regime os pareceres das entidades exteriores ao município só têm carácter vinculativo quando tal resulte da lei, e desde que se fundamentem em condicionamentos legais ou regulamentares e sejam recebidos dentro do prazo (artigo 13.º).

3. *Espécies de pareceres do Turismo de Portugal*

Do artigo 26.º, n.ᵒˢ 1, 3 e 4, do Decreto-Lei n.º 39/2008 resulta que os pareceres do Turismo de Portugal, I. P., são *vinculativos*: se o parecer for *desfavorável* a entidade destinatária do parecer fica impedida de praticar o acto do licenciamento ou de aprovar o pedido de informação prévia, devendo igualmente rejeitar a comunicação prévia.

Mas já quanto aos pareceres favoráveis do Turismo de Portugal, I.P., as câmaras municipais não têm de decidir favoravelmente a pretensão dos promotores, podendo, não obstante o parecer favorável, denegar/indeferir a sua pretensão.

O parecer do Turismo de Portugal, I.P., é, pois, um *parecer conforme favorável* por apenas vincular num sentido. Isto é, estamos ante pareceres obrigatórios – porque têm de ser pedidos – e vinculativos. Mas *vinculativos apenas num sentido*: os municípios, para decidirem favoravelmente, necessitam de um parecer favorável do Turismo de Portugal, I.P., mas podem, neste caso, decidir em sentido diferente, indeferindo o pedido do particular. Se o parecer for desfavorável é que não lhes resta outra hipótese senão a de indeferirem a pretensão do promotor.

4. **Aplicação do Regime Jurídico da Urbanização e Edificação aos pareceres favoráveis do Turismo de Portugal, I.P.**

Por remissão do artigo 26.º, n.º 4, do Decreto-Lei nº 39/2008, o regime do artigo 13.º do Regime Jurídico da Urbanização e Edificação, especialmente os n.ºs 5 e 6, é aplicável aos pareceres favoráveis do Turismo de Portugal, I.P. Esta remissão tem algumas decorrências. Sinteticamente:

i) O Turismo de Portugal tem de pronunciar-se exclusivamente no âmbito das suas atribuições, sob pena de nulidade do acto final (artigo 133.º, n.º 2, alínea b), do Código do Procedimento Administrativo).

ii) O prazo de emissão do parecer é de 20 dias a contar da data de disponibilização do processo. Se o parecer não for recebido dentro deste prazo a lei considera haver concordância com a pretensão formulada.

4.1. **Consequências da aplicação do Regime Jurídico da Urbanização e Edificação aos pareceres do Turismo de Portugal, I.P.**

Se uma câmara municipal deferir um pedido de licenciamento ou o presidente da câmara não rejeitar uma comunicação prévia contra ou sem ter em conta o parecer desfavorável do Turismo de Portugal, I.P., a consequência é a nulidade do licenciamento ou da comunicação prévia (artigos 67.º e 68.º do Regime Jurídico da Urbanização e Edificação).

Numa outra hipótese, se uma câmara municipal deferir um pedido de licenciamento ou se se verificar a admissão da comunicação prévia sem ter sido pedido parecer ao Turismo de Portugal a consequência é igualmente a nulidade.

5. *Os pareceres do Turismo de Portugal e o conceito de acto administrativo impugnável: os pareceres desfavoráveis e vinculativos (actos prévios)*

Admitimos atrás que um promotor pode dirigir-se ao Turismo de Portugal, I.P., solicitando-lhe directamente a emissão de um parecer tendo em vista a instrução de um procedimento de instalação de um empreendimento turístico.

Supondo aquela entidade emite um parecer desfavorável podem colocar-se duas questões:

i) Um parecer obrigatório e vinculativo desfavorável pode ser objecto de impugnação pelo interessado? Ou não terá, antes, o interessado de aguardar pela prática do acto administrativo que acolhe, no seu conteúdo, o sentido daquele parecer (o sentido desfavorável/acto administrativo negativo)?

ii) Admitindo que o interessado pode impugnar aquele tipo de pareceres, tal omissão tem um efeito preclusivo relativamente à invocação dos vícios do acto administrativo que derivem daquele parecer?

A estas questões já respondeu o Pleno do STA em Acórdão de 6-12-2005, emitido no Processo n.º 239/04, sentenciando a seguinte jurisprudência:

i) Um parecer vinculativo, apesar de não ser o acto final decisor com que se extingue o procedimento administrativo, é impugnável autonomamente, pela eficácia externa que produza e pela lesividade que represente;

ii) O particular lesado que recorre do acto final de indeferimento pode, de acordo com o princípio da impugnação unitária, imputar-lhe as ilegalidades de que o próprio parecer padeça[10]. Neste sentido estabelece expressamente o artigo 51.º, n.º 3, segunda parte, do CPTA: *"... a circunstância de não ter impugnado qualquer acto procedimental não impede o inte-*

---

[10] Sobre a matéria referida no texto podem ainda consultar-se outros acórdãos: Acórdão do STA, de 9-02-05, Proc. n.º 1138/04; Acórdão do STA, de 30-09-2003, Proc. n.º 826/03; Acórdão do STA, de 3.06-2004, Proc. n.º 239/04; etc.

ressado de impugnar o acto final com fundamento em ilegalidades cometidas ao longo do procedimento".

Mas pode dar-se o caso de ser um município a solicitar o parecer para a instalação de um empreendimento turístico que declarou de interesse municipal e o Turismo de Portugal, I.P., emitir parecer desfavorável. Nesta situação poderá o município impugnar o parecer nos tribunais administrativos?

A resposta é afirmativa, pois o parecer vinculante, no quadro das relações inter-administrativas (relações entre pessoas colectivas públicas), é materialmente um acto administrativo, correspondendo a uma estatuição autoritária, que cria uma obrigação ou impõe uma proibição ao órgão administrativo.

VIII. O silêncio da Administração nas operações urbanísticas relativas a empreendimentos turísticos

Nesta matéria valem também as regras do Decreto-Lei n.º 555/99 (artigo 111.º). Em termos necessariamente breves:

i) No caso do licenciamento, o incumprimento dos prazos para decidir não dá lugar a deferimento tácito, podendo os interessados lançar mão da intimação judicial para a prática de acto legalmente devido;

ii) Tratando-se de qualquer outro acto, considera-se tacitamente deferida a pretensão, com as consequências gerais.

IX. Obras isentas de licença e não sujeitas a comunicação prévia: análise crítica do regime legal

O tipo de operações urbanísticas não sujeitas a licença e ao regime de comunicação prévia são as previstas no Regime Jurídico da Urbanização e Edificação (artigo 29.º do Decreto-Lei n.º 39/2009 e artigo 6.º do Decreto-Lei n.º 555/99), convindo apenas realçar a declaração destas operações urbanísticas ao Turismo de Portugal, I.P., quando realizadas em estabelecimentos hoteleiros, aldeamentos turísticos, apartamentos turísticos, conjuntos turísticos (resorts) e hotéis rurais.

O Procedimento de Instalação de Empreendimentos Turísticos   145

A razão justificativa desta declaração ao Turismo de Portugal, I.P., consta do artigo 29.º, alíneas a) e b), do Decreto-Lei n.º 39/2008. Contudo, o regime aqui previsto só obriga à declaração desde que: *i)* tenham por efeito a alteração da classificação ou da capacidade máxima do empreendimento; *ii)* ou sejam susceptíveis de prejudicar os requisitos mínimos exigidos para a classificação do empreendimento.

Pela nossa parte entendemos que a comunicação ao Turismo de Portugal, I.P., deveria ser sempre obrigatória atendendo aos efeitos que a realização das obras pode produzir no estatuto jurídico do empreendimento. Para além de que deixa na disponibilidade dos promotores o juízo sobre a questão de saber se as obras concretamente efectuadas produzem, ou não, algum ou ambos os efeitos mencionados.

X. Autorização de utilização para fins turísticos: referência a algumas regras específicas

O regime aplicável à autorização de utilização é o previsto no artigo 30.º do Decreto-Lei n.º 39/2008 e no Regime Jurídico da Urbanização e Edificação, estando sujeitas a autorização a utilização dos edifícios ou suas fracções, bem como as alterações da utilização dos mesmos (artigos 4.º, n.º 4, e 62.º e segs. daquele Regime). A autorização de utilização dos edifícios é titulada por alvará (artigo 74.º, n.º 3, do mesmo Regime). No caso dos empreendimentos turísticos é o próprio Decreto-Lei n.º 39/2008 a admitir a emissão de alvarás de autorização de utilização para cada uma das fases de instalação dos empreendimentos turísticos (artigo 30.º, n.º 8).

1. *Referência a algumas regras específicas dos empreendimentos turísticos*

O Decreto-Lei n.º 39/2008 contém algumas regras próprias sobre a autorização e a exploração de empreendimentos turísticos. Abreviadamente:

i) A regra de que a entidade exploradora é designada pelo titular do respectivo alvará de autorização de utilização para fins turísticos (artigo 44.º, n.º 2);

ii) A regra de que cada empreendimento turístico deve ser explorado por uma única entidade (artigo 44.º, n.º 1).

E contém ainda um regime específico para os conjuntos turísticos, designadamente (n.ºs 6 e 7, do artigo 30.º):

i) Dispõem de um único alvará de autorização de utilização para fins turísticos quando se tenha optado por submeter conjuntamente a licenciamento ou a comunicação prévia as operações urbanísticas referentes à instalação da totalidade dos componentes de um conjunto turístico;

ii) Se não suceder o referido no ponto anterior, cada empreendimento turístico, estabelecimento e equipamento integrados em conjuntos turísticos devem dispor de alvará de autorização de utilização própria, de natureza turística ou para outro fim a que se destinem;

iii) E quanto à exploração, o Decreto-Lei n.º 39/2008 permite que nos conjuntos turísticos os empreendimentos turísticos que o integram possam ser explorados por diferentes entidades (artigo 44.º, n.º 3).

2. *Prazo geral para concessão de autorização de utilização para fins turísticos e emissão do respectivo alvará*

Compreensivelmente trata-se de um prazo mais longo do que o previsto no artigo 64.º, n.º 1, do Regime Jurídico da Urbanização e da Edificação, onde se estabelece o prazo de 10 dias, sendo que para os empreendimentos turísticos é de 20 dias (artigo 30.º, n.º 3, do Decreto-Lei n.º 39/2008).

O Procedimento de Instalação de Empreendimentos Turísticos 147

3. *A comunicação de utilização para fins turísticos: a comunicação como título jurídico*

Preenchidos determinados pressupostos, o interessado pode comunicar à câmara municipal competente a sua decisão de abrir ao público o empreendimento turístico, dando também conhecimento de tal facto ao Turismo de Portugal, I.P.

A comunicação funciona aqui como *título jurídico de utilização* para fins turísticos.

As situações em pode ocorrer a comunicação de abertura são as seguintes:

i) Quando prescreva o prazo de 20 dias para a concessão da autorização de utilização (artigo 31.º, n.º 1 e artigo 30.º, n.º 3, do Decreto-Lei n.º 39/2008);

ii) Quando prescreva o prazo para a realização de vistoria se esta tiver sido determinada nos termos do artigo 64.º, n.º 2, do Regime Jurídico da Urbanização e Edificação. Aquele prazo é de 15 dias a contar da decisão do presidente da câmara que determine a realização da vistoria (artigo 65.º, n.º 1, do Regime Jurídico da Urbanização e Edificação).

Comparando, nesta matéria, o regime do Decreto-Lei n.º 39/2008 e o do Regime Jurídico da Urbanização e Edificação resulta a seguinte diferença: neste último, o interessado tem de solicitar a emissão do título de autorização de utilização (artigo 65.º, nº 6), enquanto no primeiro o interessado comunica a sua decisão de abrir o empreendimento ao público (artigo 31.º, n.º 1).

4. *Prazo para a emissão do alvará de autorização de utilização para fins turísticos a contar da recepção da comunicação de abertura: consequências*

Caso o alvará de autorização de utilização para fins turísticos não seja emitido no prazo de 30 dias a contar da recepção da comunicação de abertura, a que se adicionam 8 dias para a notificação, o interessado pode lançar mão da intimação judicial para a prática de acto legalmente devido (artigo 31.º, n.ºˢ 2 e 3 do Decreto-Lei n.º 39/2008 e artigo 112.º do Regime Jurídico da Urbanização e Edificação).

Não obstante o Decreto-Lei n.º 39/2008 seja omisso a este respeito, deve entender-se que o meio processual da intimação judicial vale igualmente para a emissão de alvará de licença de empreendimentos turísticos[11].

---

[11] Para mais desenvolvimentos sobre a intimação judicial prevista no Regime Jurídico da Urbanização e Edificação, LICÍNIO LOPES MARTINS, *Alguns aspectos fundamentais do regime material das operações urbanísticas*, in I Jornadas Luso-Espanholas de Urbanismo, Coordenação de FERNANDO ALVES CORREIA, Almedina, págs. 150 e segs.

CONCRETIZAÇÃO DE EMPREENDIMENTOS TURÍSTICOS
LEGISLAÇÃO E APLICAÇÃO

DULCE LOPES
Assistente da Faculdade de Direito
da Universidade de Coimbra

A. Introdução

O artigo que se publica pretende, como os demais, reflectir a aula leccionada no Curso Temático de Empreendimentos Turísticos, organizado pelo CEDOUA.

Tendo tido oportunidade de participar na definição do programa daquele curso, a autora propôs a realização de uma sessão na qual se problematizassem e concretizassem, em moldes práticos, alguns aspectos analisados ou referidos nos módulos sectoriais do curso, proposta que foi prontamente acolhida.

Com aquela sessão – e, agora, com este artigo, que pretende ser o reflexo escrito daquela –, pretendeu a autora atingir dois objectivos essenciais. Por um lado, sensibilizar os auditores para as problemáticas jurídicas que se suscitam com a instalação e com a entrada em funcionamento de empreendimentos turísticos; por outro, concretizar de forma prática e desejavelmente interessante os estudos que a autora vem desenvolvendo nesta área[1].

---

[1] A autora tem dois trabalhos publicados sobre esta temática, o primeiro dos quais em co-autoria com a Dr.ª Fernanda Paula Oliveira ["Empreendimentos turísticos, Planeamento e Registo Predial: a Concretização de um Desígnio Nacional", *Estudos em Homenagem ao Prof. Doutor Manuel Henrique Mesquita,* Vol. II, Coimbra, Coimbra Editora, 2009, p. 337-389; "Aspectos Jurídicos da Instalação de Empreendimentos Turísticos", *I Jornadas Luso-Espanholas de Urbanismo – Actas,* Prof. Doutor Fernando Alves Correia (coord.), Coimbra, Almedina, 2009, p. 201-230]. O enquadramento teórico de grande parte dos casos práticos apresentados pode ser encontrado naqueles dois textos.

A aula serviu, portanto, de *forum* para a discussão de algumas hipóteses relacionadas com a instalação de empreendimentos turísticos, tendo sido apresentadas diversas situações práticas e debatido o seu melhor enquadramento jurídico com vista à viabilização (ou não) dos empreendimentos em análise.

Este exercício convocou conhecimentos simultaneamente de restrições e servidões de utilidade pública, planeamento, gestão urbanística e legislação turística, tanto ao nível substancial, como ao nível procedimental.

Não obstante a complexidade dos problemas colocados ao auditório, a sua explicitação e a indicação das principais pistas para a sua resolução foram feitas de forma sintética, em moldes similares aos que podem ser encontrados no nosso livro *Direito do Urbanismo – Casos Práticos Resolvidos*[2]. Isto de modo a deixar espaço suficiente para a reflexão e para o trabalho individual que se deve seguir à exposição de situações concretas que carecem de adequada ponderação e decisão.

Assim, na sequência de um breve enquadramento geral sobre a instalação de empreendimentos turísticos (B), procederemos à análise de seis casos práticos, alguns deles inspirados em situações verídicas (C).

B. **Enquadramento Geral**

A temática da instalação de empreendimentos turísticos envolve uma ponderação complexa de interesses, públicos e privados.

Ao nível dos interesses públicos, anote-se a existência de vários níveis de regulação do interesse turístico – internacional, comunitário, nacional, regional e local –, que, seja convocando exemplos, predispondo financiamento, disponibilizando parcerias ou estabelecendo regras e prescrições, contribuem, directa ou indirectamente, para a definição das potencialidades e possibilidades turísticas de uma área ou projecto determinados.

E precisamente porque o interesse turístico, apesar de ser sectorial, demonstra uma clara relação – de dependência e de influência – relativamente a outras utilizações do solo e políticas a elas atinentes

---

[2] Em co-autoria com a Dr.ª Fernanda Paula Oliveira, publicado pela Almedina, em 2004.

(infra-estruturas, equipamentos, protecção ambiental, etc.), é um dos interesses que devem ser objecto de ponderação no âmbito da política de ordenamento do território e urbanismo.

Mas, para além de complexo, o interesse turístico é também um interesse dinâmico, característica esta que implica um constante ajustamento a fenómenos de procura internacional e nacional e torna particularmente delicada a sua composição com o interesse urbanístico, em virtude da necessária projecção, no tempo e no espaço, deste último.

As formas de compatibilização do interesse turístico com as demais utilizações pretendidas para o território passam então não apenas pela sua consideração no âmbito da gestão urbanística municipal – centrada na resolução de um caso concreto[3] –, mas, sobretudo, pela sua devida integração no âmbito dos instrumentos de planeamento. É por intermédio destes que se procede a uma identificação das várias possibilidades de uso e ocupação do território, à sua ponderação recíproca e à definição dos critérios para a instalação daqueles usos. É, portanto, neste âmbito que melhor se poderá promover uma utilização sustentável do território que, sem excluir a concorrência e competitividade, premeie a excelência e a qualidade[4].

---

[3] A insuficiência de uma visão centrada no licenciamento ou admissão da instalação de um empreendimento turístico encontra-se patente no facto de não ser possível, neste âmbito, invocar motivos de indeferimento ou de rejeição que não se encontrem legalmente previstos. Assim, para além da inexistência ou insuficiência de infra-estruturas [cfr. 24.º, n.º 2, alínea b) e n.º 5 do Regime Jurídico da Urbanização e Edificação] ou da emissão de pareceres negativos do Turismo de Portugal [artigo 24.º, n.º 1, alínea c) daquele diploma em conjugação com a legislação turística] ou da Comissão de Coordenação e Desenvolvimento Regional (nos casos delineados no artigo 42.º do Regime Jurídico da Urbanização e Edificação), não haverá como o Município, caso considere inconveniente, do ponto de vista do interesse público, a instalação de um empreendimento turístico, inviabilizá-la. As vias possíveis para o efeito passarão apenas pela mobilização de argumentos relativos à integração na envolvente [artigo 24.º, n.º 2, alínea a) e n.º 4 daquele Regime Jurídico, no âmbito do qual se incluirão os critérios de determinação da incompatibilidade de usos, mas também critérios discricionários aliados à defesa da paisagem, por exemplo], ou, então, pelo expediente da avaliação de impacte ambiental. Lembre-se que, nesta, é possível tomar em consideração os impactes acumulados de outras acções, planos ou projectos aprovados para a área, podendo estes constituir, desde que fundamentadamente, um motivo para a emissão de declaração de utilidade pública desfavorável e, por isso, para a inviabilização do empreendimento.

[4] Note-se que, para que a excelência e a qualidade possam primar sobre a rapidez no início e tramitação dos procedimentos que tendem para a instalação de empreendimentos turísticos, é necessário que os instrumentos de planeamento incluam parâmetros que não

Centrando-nos na instalação dos empreendimentos turísticos, podemos identificar os seguintes momentos, que influenciam decisivamente a génese e funcionamento daqueles empreendimentos e comportam um conjunto de questões e problemas jurídicos, a que procuraremos, quando convocados pela temática de cada um dos casos práticos, dar resposta[5]:

	Principais temáticas	Principais problemas
A montante da instalação de empreendimentos turísticos	Definição de opções estratégicas em matéria turística com relevo para o ordenamento do território e urbanismo	I. A determinação da metodologia adequada para a avaliação das políticas e planos vigentes e para a elaboração do relatório/estratégia de intervenção.
		II. A difícil articulação de estratégias estabelecidas a diferentes níveis de governação e pensadas a horizontes temporais diferenciados.
	Restrições e servidões de utilidade pública	I. A necessidade de respeito e aplicação de um quadro legal fragmentário e nem sempre claro.
		II. A necessidade de adequação do projecto às diversas condicionantes, algumas delas dinâmicas (áreas percorridas por incêndios, sítios arqueológicos) ou não cartografadas (protecção de sobreiros e azinheiras).
	Aprovação de instrumentos de Gestão Territorial	I. A diferenciada força normativa e necessidade de adequação dos instrumentos de planeamento municipal aos instrumentos não vinculativos dos particulares, sobretudo aos Planos Regionais de Ordenamento do Território.

---

limitem apenas o número de camas turísticas disponíveis numa dada área territorial, mas que igualmente definam critérios qualitativos para a aprovação destas (por exemplo, critérios ligados à utilização de energias renováveis ou à promoção de actividades locais) ou estabeleçam procedimentos concursais para a selecção dos projectos a instalar.

[5] Apesar de a nossa exposição diferenciar entre momentos anteriores e momentos posteriores à concretização de empreendimentos turísticos, ambos condicionam-se mutuamente. Desde logo, as perspectivas estratégicas e de planeamento não podem deixar de enquadrar as tipologias e classes de empreendimentos a instalar, nem o projecto a aprovar pode deixar de ser pensado tendo por base o modelo de propriedade a adoptar.

		II. A valorização do papel da avaliação ambiental estratégica não obstante o seu relevo interno aos procedimentos de planeamento.
		III. A contratação para planeamento e a percepção dos seus limites e dos formatos para a sua concretização.
Instalação de empreendimentos turísticos	Programação das intervenções municipais	I. A definição, em instrumentos de planeamento e/ou em programas anuais e plurianuais das prioridades de intervenção do município, em especial quando as áreas ou núcleos de desenvolvimento turístico devam ser precedidas de planos mais concretos.
		II. A adequação da figura das unidades de execução a situações de instalação de empreendimentos turísticos.
		III. A determinação das exigências de infra-estruturação que recaiam sobre entidades públicas e do respeito pelas regras de contratação pública.
	A aquisição de legitimidade	I. A promoção da concertação e contratação entre promotores, proprietários, terceiros interessados.
		II. A possibilidade de benefício de expropriações por utilidade pública por parte dos empreendimentos aos quais tenha sido reconhecida utilidade pública a título prévio.
	Convocação de um procedimento especial	I. A articulação entre o Regime Jurídico da Urbanização e Edificação e o Decreto-Lei n.º 39/2008, de 7 de Março, em especial quanto ao modelo de solicitação dos pareceres e à autorização de utilização.
		II. O papel do Turismo de Portugal, I.P. e a determinação dos limites (procedimentais e materiais) da sua intervenção.
		III. A possível sujeição a avaliação de impacte ambiental do projecto e a sua relação com a avaliação ambiental estratégica.

	Renovadas competências municipais	I. A competência dos Municípios, em especial relativamente ao turismo em espaço rural (com excepção dos hotéis rurais) ao turismo de habitação, e a sua limitada experiência neste domínio. II. A determinação da amplitude das competências regulamentares do Município no âmbito do alojamento local.
A jusante da instalação de empreendimentos turísticos	A classificação dos empreendimentos	I. A realização obrigatória de auditoria de classificação, respectivas regras (por comparação com as vistorias) e o enfonque da classificação nos serviços prestados pelo empreendimento. II. Possibilidade de dispensa casuística dos requisitos para classificação e necessidade de fundamentação adequada destas situações.
	Propriedade, administração e exploração do procedimento	I. A submissão a propriedade plural dos empreendimentos que compreendam lotes e/ou fracções autónomas de um ou mais edifícios, o que engloba a maioria das tipologias de empreendimentos turísticos. II. Determinação das situações em que é conveniente que a constituição da propriedade plural seja precedida de loteamento. III. O paradigma da gestão única dos empreendimentos, salvo nos *resorts* nos quais, em qualquer caso, deve haver apenas uma entidade administradora.
	Classificação do empreendimento como de turismo de natureza	I. Classificação adicional, concedida pelo ICNB, I.P. II. A satisfação dos critérios legais depende do modelo de exploração do empreendimento (por exemplo identificação de serviços de visitação e de práticas de educação ambiental), o que parece supor o prévio licenciamento/admissão do empreendimento.

C. Hipóteses Práticas

Caso I

> *A Empresa X decidiu iniciar o procedimento para instalação de um motel para uma zona de comércio e serviços afastada do centro urbano, que admitia, contudo, outros usos compatíveis.*
>
> *1. O Município alegou que, à luz da legislação turística, deixou de existir a figura dos motéis, pelo que não licenciaria a pretensão do interessado.*
>
> *2. A Empresa X já detém um motel numa outra parte da cidade e pretende agora saber qual o enquadramento jurídico daquele empreendimento.*

I. 1.

Esta questão é particularmente proeminente hoje em face da assumida intenção do legislador de simplificar a classificação dos empreendimentos turísticos, reduzindo as tipologias e sub-tipologias pré-existentes.

Deixaram, desde logo, de existir as tipologias pensão, motel, moradia turística, parque de campismo rural e casas da natureza (que incluíam as casas de abrigo, centros de acolhimento e casas-retiro).

Por este mesmo motivo, deixou o legislador de classificar os motéis como estabelecimentos hoteleiros, pelo que não será em virtude de disposições legais – como as anteriormente resultantes do artigo 41.º do Decreto Regulamentar n.º 36/97, de 25 de Setembro (alterado pelo Decreto Regulamentar n.º 16/99, de 18 de Agosto) – que os motéis continuarão a ser vedados em centros urbanos ou a dever localizar-se na proximidade das estradas.

Assim, passa a competir apenas e só ao Município aferir da compatibilidade dos usos propostos, quaisquer que eles sejam, relativamente ao disposto nos seus instrumentos de planeamento ou, mesmo, adequar estes instrumentos de planeamento ao novo enquadramento legislativo em matéria turística.

Não podia, por isso, o Município repousar na não previsão dos motéis na legislação turística para rejeitar a pretensão da Empresa X.

O actual enquadramento para estas situações será, muito provavelmente, o do alojamento local, previsto no artigo 3.º da Lei n.º 39/2008, de 7 de Março (alterado pelo Decreto-Lei nº 228/2009, de 14 de Setembro) que se aplica supletivamente a moradias, apartamentos e estabelecimentos de hospedagem que não satisfaçam os requisitos da legislação turística.

A qualificação como alojamento local depende de os estabelecimentos deterem autorização de utilização e de ser efectuado registo na Câmara Municipal, registo este que corresponde a uma mera comunicação/declaração instruída com os elementos previstos na Portaria n.º 517/2008, de 25 de Junho, mas passível de controlo posterior, mediante a realização de vistoria municipal que, a nosso ver, em face dos interesses em presença, deveria ter sempre lugar.

Esta autorização de utilização não deverá, porém, ser emitida para fins turísticos, mas antes, em princípio, para fins habitacionais (artigo 75.º, n.º 10 do Decreto-Lei n.º 39/2008), excepto se o edifício em causa for anterior à aplicação local do Regime Geral das Edificações Urbanas.

Nos Regulamentos Municipais de Urbanização e Edificação não é possível inscrever mais exigências funcionais do que as previstas na Portaria para o funcionamento dos estabelecimentos de alojamento local (excepto quanto aos estabelecimentos de hospedagem).

Quanto às taxas a cobrar, como em causa está um mero registo, o seu valor deve cobrir apenas os custos administrativos deste. Isto ainda que se possa, conjuntamente com a taxa devida pelo registo, incluir a taxa relativa à realização da vistoria, sempre que, ao nível do Município, se tenha decidido pela realização obrigatória desta[6].

---

[6] Entendemos, quanto à conversão em alojamento local, que, no âmbito de uma mudança de uma autorização de utilização habitacional para alojamento local (ou melhor, a afectação da habitação ou fracção autónoma a alojamento local) não tem o Município de exigir a autorização do condomínio (o que não significa que, do ponto de vista jus-privatista, ela não deva existir, mas tratar-se-á de uma questão sem refracção administrativa). Assim, o título de legitimidade a que se refere a Portaria n.º 517/2008 [artigo 3.º, n.º 2, alínea a)] refere-se apenas à unidade ou unidades de alojamento em causa. E isto porque o Município apenas tem de registar a afectação a alojamento local, não a controlando constitutivamente, já que a possibilidade de conversão de usos resulta de uma expressa e inequívoca permissão legal.

Trata-se, a nosso ver, de uma situação similar à prevista no Regime de Exercício da Actividade Industrial, aprovado pelo Decreto-Lei n.º 209/2008, de 29 de Outubro, no caso do regime especial de localização aplicável à actividade produtiva similar ou local (artigo 41.º).

I.2.

O artigo 75.º do Decreto-Lei n.º 39/2008 inclui uma disposição transitória que obriga à adaptação, no prazo de dois anos, à nova legislação de todos os empreendimentos turísticos, "excepto quando tal determinar a realização de obras que se revelem materialmente impossíveis ou que comprometam a rendibilidade do empreendimento, como tal reconhecidas pelo Turismo de Portugal, I. P."

Nos restantes casos, terá de se integrar aquele estabelecimento no âmbito do alojamento local, se satisfizer (e quase necessariamente satisfará, em face do anterior regime, mais apertado, que lhe era aplicável) os requisitos para o efeito.

Anote-se, quanto a esta questão, que não há uma relação de verdadeira alternatividade entre alojamento local e a tipologia de empreendimentos turísticos, mas de prevalência legal do regime dos empreendimentos turísticos, sob pena de, se assim não for, serem postos em causa os desideratos de controlo da qualidade da oferta turística subjacentes a esta legislação sectorial, bem como de se poder contrariar ou defraudar eventuais limitações de camas turísticas.

Competirá, nestes casos, aos proprietários controlar se é possível a conformação com o regime jurídico dos empreendimentos turísticos, já que, sendo-o e optando os proprietários por efectuar um mero registo, estarão sujeitos à aplicação da coima prevista no artigo 67.º, n.º 1, alínea a), do Decreto-Lei n.º 39/2008].

Caso II

> *João pretende, num seu terreno, edificar vários edifícios fisicamente distintos mas ligados funcionalmente entre si, em que um deles serviria de cozinha e copa comum, de modo a neles instalar várias moradias em regime de alojamento local.*
>
> *1. A Câmara Municipal X recusa licenciar-lhe as obras de edificação por considerar que:*
> > *a. A Portaria n.º 517/2008, de 25 de Junho (rectificada pela Declaração de Rectificação n.º 25/2008, de 6 de Maio) não permite aquela figura urbanística.*
> > *b. Já se encontra esgotado na área o índice de utilização para fins turísticos previstos no Plano de Urbanização aplicável, datado de 1999, sendo que, na altura, as moradias turísticas eram consideradas meios complementares de alojamento.*

> 2. *Em virtude da recusa municipal, João pretende aprovar um estabe-*
> *lecimento de hospedagem ao abrigo de um regulamento municipal datado*
> *de 1999. Poderá fazê-lo?*

II.1.a.

O artigo 3.º do Decreto-Lei n.º 39/2008 e a Portaria n.º 517/2008 não proíbem a instalação de estabelecimentos de hospedagem em edifícios construídos de raiz para o efeito. Nem sequer a intenção de proceder à instalação de uma moradia de alojamento local tem de ser comunicada à Câmara Municipal no momento do licenciamento e da autorização de utilização, podendo todo o processo correr como se de um uso habitacional se tratasse.

No caso, porém, deveria ser inviabilizado o projecto do interessado uma vez que a ligação funcional, em que um dos elementos comuns seria a cozinha, não é cogitável no caso de usos habitacionais.

Acrescente-se que, termos do disposto na alínea a) do n.º 1 do artigo 2.º da Portaria n.º 517/2008, o estabelecimento de alojamento local do tipo moradia é igualmente constituído por «um edifício autónomo de carácter unifamiliar», o que exclui, legalmente, o desenho urbanístico proposto pelo particular.

II.1.b.

Os estabelecimentos de alojamento local não são integrados no filão do turismo, nem podem incluir esta indicação expressa (artigo 3.º, n.º 6 do Decreto-Lei n.º 39/2008). Também nos termos da Portaria n.º 517/2008, (artigo 8.º), a publicidade, documentação comercial e *merchandising* dos estabelecimentos de alojamento local deve indicar o respectivo nome, seguido da expressão «alojamento local» ou a abreviatura AL.

Pareceria, por isso, que estes estabelecimentos não seriam contabilizados para efeitos aferição da capacidade turística instalada e a instalar, o que, aliás, é corroborado pela natureza da intervenção municipal no âmbito do alojamento local.

Há, no entanto, dificuldades suscitadas pelas mudanças posteriores de classificação legal dos empreendimentos turísticos, nas hipóteses da sua indicação em disposições de planeamento (como aliás, bem se pode ver no Acórdão do Supremo Tribunal Administrativo de 14 de Junho de 2007, proferido no âmbito do processo 0163/07).

A resposta, nestes casos, à questão colocada, depende de uma tarefa de interpretação do plano, que defina o seu sentido e alcance, de molde a aferir se é possível um seu ajustamento à legislação actual ou se deve ser lido de acordo com os pressupostos legais aplicáveis à data da sua aprovação.

II.2.

Os regulamentos municipais existentes para os estabelecimentos de hospedagem foram criados ao abrigo do Decreto-Lei n.º 167/97, de 4 de Julho (artigo 79.º), agora revogado pelo Decreto-Lei n.º 39/2008.

Aqueles regulamentos de hospedagem, da competência da Assembleia Municipal, deixaram hoje, portanto, de ter norma habilitante, pelo que, para continuarem a ser aplicados, têm de ser confirmados à luz do disposto no artigo 5.º, n.º 6 da Portaria 517/2008 e desde que não a contrariem, pertencendo a competência para o efeito agora à Câmara Municipal.

Caso contrário, aplicar-se-ão, tão-só, os requisitos mínimos previstos na Portaria, que, desde logo, não fixa a capacidade máxima dos estabelecimentos de hospedagem, cujas unidades de alojamento são constituídas por quartos.

Caso III

> *A Empresa Y decidiu iniciar um procedimento de instalação de um hotel rural num Município do Alentejo, com capacidade para 90 camas turísticas. No entanto, a área em causa, apesar de admitir usos turísticos, encontra-se classificada como solo rural (espaço agrícola) e é altamente condicionada por Rede Natura (habitat não prioritário), Reserva Ecológica Nacional e Reserva Agrícola Nacional.*

160   *Empreendimentos Turísticos*

> *A Empresa Y apresentou uma proposta de contrato ao Município para elaboração de um plano de pormenor e entende que a assinatura daquele contrato é suficiente para iniciar o procedimento de admissão de comunicação prévia da obra de edificação pretendida.*
> *1. Terá a empresa Y razão?*
> *2. Poderá o Município inviabilizar a construção de um hotel rural por este ter 90 camas?*

III.1.

A celebração de um contrato para planeamento, apesar de admitida pelo artigo 6.º-A do Regime Jurídico dos Instrumentos de Gestão Territorial, não se pode equiparar a um contrato para execução de um plano (no caso, do Plano Director Municipal, único que se encontra em vigor).

De acordo com aquele artigo, os contratos para planeamento estão sujeitos a uma condição suspensiva: a inscrição dos seus ditames no plano a elaborar e a entrada em vigor deste, pelo que, sem estes requisitos, não poderá a Empresa Y, mesmo assumindo que é a legítima proprietária da totalidade da área de intervenção, ver admitida a sua pretensão.

Adicionalmente, o Município apenas pode celebrar contratos para planeamento se as disposições destes se inserirem no âmbito das suas atribuições. Pelo que a vinculação à alteração de restrições legais ao uso do solo (condicionantes) não pode fazer parte do conteúdo daqueles contratos, senão como mera obrigação de meios.

Por estes motivos, seria sempre exigível que, no âmbito da elaboração do Plano de Pormenor se acertasse, pelo menos, a redelimitação da Reserva Agrícola Nacional e da Reserva Ecológica Nacional, de acordo com os procedimentos específicos previstos nestes diplomas.

Uma alternativa, possível neste caso – na medida em que não é o Plano Director Municipal que impõe a elaboração de um Plano de Pormenor para a área, não havendo, portanto, uma verdadeira reserva de urbanização –, é a de se iniciarem os procedimentos de derrogação ou dispensa de aplicação daqueles regimes legais restritivos.

No caso da Reserva Ecológica Nacional, é possível admitir usos e acções que com ela sejam compatíveis, nos termos do Anexo II do

Decreto-Lei n.º 166/2008, de 22 de Agosto (por exemplo a ampliação de edificações existentes para turismo em espaço rural).

No caso da Reserva Agrícola Nacional, quando não exista alternativa viável, é ainda possível a instalação de estabelecimentos de turismo em espaço rural, turismo de habitação e turismo de natureza, complementares à actividade agrícola [artigo 22.º, n.º 1, alínea h), do Decreto-Lei n.º 73/2009, de 31 de Março];

Relativamente à Rede Natura (artigo 10.º do Decreto-Lei n.º 140/99, de 24 de Abril, alterado pelo Decreto-Lei n.º 49/2005, de 24 de Fevereiro), caso se considere que a acção em causa, individualmente ou em conjugação com outras acções, é susceptível de ter impactes significativos na zona, seria necessária uma avaliação de incidências ambientais do projecto. Na hipótese de nestas se chegar a conclusões negativas quanto à integridade do *habitat*, a concretização do empreendimento dependeria do reconhecimento, por despacho conjunto do Ministro do Ambiente e do Ordenamento do Território e do Ministro competente em razão da matéria, da ausência de soluções alternativas e da sua necessidade por razões imperativas de reconhecido interesse público, incluindo de natureza social ou económica

Nos regimes legais das Reservas Ecológica e Agrícola Nacional (artigo 17.º, respectivamente), ainda é possível, em casos excepcionais de relevante interesse geral (por exemplo, a instalação de um hotel rural que seja totalmente eco-sustentável), que o Governo, ouvida a câmara municipal do município abrangido, altere a delimitação daquelas condicionantes a nível municipal através de resolução do Conselho de Ministros.

Para que esta alteração de delimitação possa produzir os seus efeitos não é exigível a suspensão do Plano Director Municipal nos termos do disposto no artigo 100.º do Regime Jurídico dos Instrumentos de Gestão Territorial, uma vez que, já que estamos ao nível das condicionantes (e não ao nível das opções, ainda que estaduais, de uso do solo), nunca seriam aquelas afectadas pela suspensão do plano, que apenas atinge o disposto na planta de ordenamento[7]. Assim,

---

[7] Nos recentes regimes jurídicos da Reserva Agrícola e da Reserva Ecológica Nacional veio afirmar-se (ou confirmar-se) a sua natureza de restrições de utilidade pública,

162   *Empreendimentos Turísticos*

alteradas as condicionantes, a sua nova delimitação passaria a valer imediatamente, sendo apenas devida a alteração por adaptação do Plano Director Municipal, de modo a adequar-se formalmente à Resolução de delimitação.

Assim, sendo admissível, à luz das condicionantes existentes, a instalação do empreendimento, o mesmo poderia ser objecto de licenciamento à luz do Plano Director Municipal, já que este admite usos turísticos para a área. Naturalmente, desde que se mostrem respeitados os indicadores e parâmetros urbanísticos previstos para a edificação em espaços agrícolas[8].

III.2.

São hotéis rurais os estabelecimentos hoteleiros situados em espaços rurais que, pela sua traça arquitectónica e materiais de construção, respeitem as características dominantes da região onde estão implantados, podendo instalar-se em edifícios novos (artigo 18.º, n.º 7 do Decreto-Lei n.º 39/2008), ocupando a totalidade de um edifício ou integrando uma entidade arquitectónica única (artigo 8.º da Portaria n.º 937/2008). Na legislação turística, deixaram de ser previstos (com o Decreto Regulamentar n.º 5/2007, de 14 de Fevereiro) limites de unidades de alojamento no caso de hotéis rurais, o que pode determinar uma carga urbanística potencialmente elevada, particularmente indesejável em solo rural.

Há, inclusive, muitos planos municipais que não estabeleceram limites à edificabilidade para empreendimentos de turismo no espaço rural porque confiavam na legislação turística para o efeito, que determinava um número máximo de camas. O que hoje já não sucede.

---

distanciando, assim, estas condicionantes da figura dos planos sectoriais, previstos e regulados nos artigos 35.º e seguintes do Regime Jurídico dos Instrumentos de Gestão Territorial, estes sim instrumentos desprovidos de eficácia plurisubjectiva.

[8] Especificamente quanto a estes parâmetros, note-se que as áreas incluídas em Reserva Ecológica Nacional não entram, em virtude de expressa previsão legal, para o cálculo da edificabilidade do prédio (cfr. artigos 26.º, n.º 2 e 35.º, n.º 2 do respectivo regime legal). Esta solução visa evitar que, ainda que a implantação dos edifícios seja deslocada para áreas não integradas em Reserva Ecológica Nacional, as funções desta não sejam prejudicadas pela carga urbanística decorrente da utilização daquelas.

Assim, caso o Plano Director Municipal não tivesse previsto tais índices ou na situação de os mesmos – em virtude da ampla dimensão do prédio –, se encontrarem cumpridos, um hotel rural com 90 camas seria potencialmente viável.

Ainda assim, deverá ter-se em consideração que a instalação de empreendimentos turísticos convoca a aplicação do Regime Jurídico da Urbanização e Edificação e, por isso, dos motivos de indeferimento naquele previstos, sendo alguns deles dotados de alguma discricionariedade e susceptíveis de motivar, desde que a sua mobilização seja devidamente fundamentada, o indeferimento do pedido de licenciamento [cfr. artigo 24.º, n.º 2, alínea a) e n.º 4].

Note-se, ainda que, quanto aos hotéis rurais, a apreciação do projecto de arquitectura é feita não apenas pelo Município mas também pelo Turismo de Portugal, que se pronuncia de forma vinculativa (artigo 26.º do Decreto-Lei n.º 39/2008). Por isso, também esta apreciação, perspectivada do ponto de vista da adequação do empreendimento turístico projectado ao uso e tipologia pretendidos, pode ter como consequência a falta de viabilidade do empreendimento.

Caso IV

> *O Sr. António, titular de duas propriedades separadas por um caminho municipal e por uma zona verde de protecção, pretende instalar nelas um empreendimento turístico tipo resort. Para o efeito, pensa que o modelo mais adequado é o da elaboração, pelo Município, de um Plano de Pormenor com efeitos registais (artigo 92.º-A do Regime Jurídico dos Instrumentos de Gestão Territorial), uma vez que em causa está solo urbanizável.*
>
> *1. Será a elaboração do Plano de Pormenor inviabilizada por o artigo 90.º, n.º 3 do Regime Jurídico dos Instrumentos de Gestão Territorial não admitir a sua elaboração para áreas descontínuas do território municipal?*
>
> *2. Imagine que, em momento posterior à elaboração do Plano de Pormenor e ao registo dos seus efeitos fundiários, o Município vem, relativamente às obras de urbanização e edificação, exigir o pagamento de compensações por não cedência, por se tratar de obras com impacte urbanístico relevante, de acordo com o Regulamento Municipal aplicável. Serão estas compensações e cedências exigíveis?*

IV.1.

Existe um desacerto legislativo entre a exigência de que os Planos de Pormenor sejam elaborados para áreas contínuas e a possibilidade de os conjuntos turísticos serem atravessados designadamente por caminhos municipais e faixas de terreno afectas a funções de protecção e conservação de recursos naturais (artigo 15.º do Decreto-Lei n.º 38/2009)

A solução do caso passaria pela integração, no âmbito do Plano de Pormenor, da área titulada pelo Município, passando este a ser considerado como proprietário de parte da área de intervenção do Plano, o que poderia até ser relevante se fosse necessário redimensionar a via existente ou criar um percurso pedonal na zona verde.

Caso não fosse necessário alterar indicadores ou parâmetros urbanísticos fixados no Plano Director Municipal, dever-se-ia ponderar, como alternativa à aprovação de um Plano de Pormenor com efeitos registais, a remissão directa do projecto para o âmbito da programação da execução do Plano Director Municipal (através da delimitação de unidades de execução), ao que se seguiria o licenciamento do empreendimento.

No âmbito da gestão urbanística, seria ainda possível optar pelo modelo do loteamento com obras de urbanização, seguido da admissão da comunicação prévia das obras em cada lote ou pelo modelo do licenciamento de obras de edificação, uma vez que em causa estão edifícios funcionalmente ligados entre si (licenciamento este precedido, em regra, do licenciamento de obras de urbanização). O recurso ao loteamento é, assim, uma opção do promotor, dependendo do facto de este pretender autonomizar fundiariamente a área do lote que compreende, em regra, parte de logradouro, ou de pretender regular a área tão só por intermédio do regime da propriedade plural (artigo 52.º e seguintes do Decreto-Lei n.º 39/2008)[9].

---

[9] Em qualquer dos casos deverá haver sempre lugar a constituição de propriedade plural que não pode, porém, contrariar o disposto no alvará de loteamento. O facto de a propriedade plural, ao ser constituída, aderir a um loteamento prévio pode ter relevo não só para efeitos da comercialização imediata do empreendimento (uma vez que assim se pode promover uma mais fácil alienação das unidades de alojamento quando coincidam com lotes), como também para resolver problemas resultantes da caducidade da autorização de utilização para fins turísticos (artigo 33.º do Decreto-Lei n.º 39/2008), uma vez que, neste caso, sempre se poderiam passar a aplicar as regras dos loteamentos urbanos.

Em qualquer dos casos, tratando-se de Plano de Pormenor com efeitos registais ou de uma matéria de programação do Plano Director Municipal, dever-se-iam distinguir, pelo menos, duas unidades de execução, de modo a permitir uma execução distinta / faseada do conjunto turístico (*resort*).

Qualquer que seja a opção tomada, como os prédios que integram o conjunto turístico vão permanecer separados pelo caminho municipal e pela zona verde, será ideal tentar concentrar (encaixar) as componentes ou fases do conjunto em cada um dos prédios, de modo a cada um deles ser coberto por uma ou várias operações urbanísticas. Neste sentido parecem apontar os artigos 28.º e 30.º, n.ᵒˢ 6 e 7 do Decreto-Lei n.º 38/2009.

Tal significaria a aprovação de operações urbanísticas distintas (ou o respectivo registo, se se optasse pelo modelo do Plano de Pormenor com efeitos registais), e a titulação de cada um dos empreendimentos turísticos parcelares ou outros usos previstos no empreendimento por autorizações de utilização específicas. Só posteriormente (ou progressivamente) se daria a inclusão de todas as componentes num conjunto turístico unitário. Apenas nos casos em que se tenha sujeitado a totalidade das componentes do empreendimentos turísticos a licenciamento ou comunicação prévia haverá lugar à emissão de uma autorização de utilização conjunta.

A este respeito, os problemas jurídicos colocam-se não tanto quanto aos conjuntos turísticos, como quanto aos aldeamentos, que podem igualmente ser atravessados por exemplo por caminhos municipais, quando, afinal, não se trata de empreendimentos compostos por várias componentes distintas (cfr. artigo 13.º do Decreto-Lei n.º 39/2008).

Neste caso, a autorização de utilização – por ser uma autorização especial relativamente ao disposto no Regime Jurídico da Urbanização e Edificação – tem de ser emitida para todo o aldeamento – ainda que subjacente a ela estejam obras de edificação dispersas por vários prédios –, podendo, todavia, aplicar-se o disposto no artigo 30.º, n.º 9, segundo o qual a instalação dos empreendimentos turísticos pode ser autorizada por fases.

IV.2.

Quanto a esta questão, e estando em causa um Plano de Pormenor com efeitos registais, normalmente as cedências, compensações e mesmo as taxas vão já estar equacionadas no âmbito dos mecanismos de perequação de benefícios e encargos previstos no Plano (artigo 92.º-B do Regime Jurídico dos Instrumentos de Gestão Territorial). Acresce que o presente Plano apenas contava com um proprietário para além do promotor do empreendimento: o Município, que entrou no Plano com áreas previamente sujeitas a restrições. Do que se pode retirar que os únicos instrumentos de perequação a equacionar no âmbito do plano seriam, precisamente, as cedências para o domínio municipal e a repartição dos custos de urbanização.

Se o Plano tiver distribuído correctamente os encargos urbanísticos, a exigência agora formulada, ainda que prevista em Regulamento Municipal que considera aquelas como obras de impacte relevante – ao abrigo do artigo 44.º do Regime Jurídico da Urbanização e Edificação – é ilegítima e desproporcional porque duplica encargos já obtidos dos interessados (pois as parcelas de terreno cedidas ao Município integram-se no domínio municipal no acto de individualização no registo predial dos lotes respectivos, de acordo com o n.º 6 do artigo 92.º-A do Regime Jurídico da Urbanização e Edificação).

Poderia assim o Sr. António, mesmo que tivesse já procedido ao pagamento das compensações por não cedência, exigir a sua devolução, nos termos previstos no artigo 117.º, n.º 4 do Regime Jurídico da Urbanização e Edificação.

Caso V

O Senhor A é titular de um equipamento de animação e de um estabelecimento de restauração e bebidas no Município X e o Senhor B de um hotel de cinco estrelas no Município Y, ambos em áreas contíguas. Conjuntamente, decidiram iniciar a aprovação de uma operação de loteamento para um aldeamento turístico no Município Y.

1. É possível constituir um conjunto turístico sobre estes vários empreendimentos?

> *2. Para executarem o aldeamento turístico e, assim, viabilizarem o conjunto turístico, o Senhor A e o Senhor B necessitam de adquirir uma parcela de terreno de pequena área mas que permite que os terrenos de ambos fiquem contíguos. Como o poderão fazer caso o titular dessa área se recuse a vendê-la?*

V.1.

Do ponto da legislação turística, nada há que impeça esta solução, na medida em que o conjunto turístico pode constituir-se sobre empreendimentos preexistentes, dotados de autorizações de utilização próprias (ainda que emitidas por entidades diferentes). Resulta claro que os níveis de apreciação urbanístico e turístico são, assim, diferenciados.

Os entraves à admissibilidade desta situação podem ocorrer, sobretudo, no âmbito registal (já que o título constitutivo tem de ser registado, previamente à celebração de qualquer contrato de transmissão ou de contrato promessa de transmissão dos lotes ou fracções autónomas, nos termos do artigo 54.º, n.º 6 do Decreto-Lei n.º 38/2009), e sobretudo, do ponto de vista fiscal.

V.2.

Nesta hipótese, a forma de aquisição do terreno que viabilize a operação urbanística projectada passa pelo recurso à expropriação em benefício de privados, que, em conformidade com o artigo 14.º do Código das Expropriações, depende de uma expressa qualificação de utilidade pública do empreendimento.

O Decreto-Lei n.º 423/83, de 5 de Dezembro, posteriormente alterado, permite aos empreendimentos declarados de utilidade turística o acesso a um conjunto de benefícios fiscais, bem como à constituição de servidões ou à concretização de expropriações em benefício de entidades privadas para fins turísticos.

Desse modo, para que a declaração de utilidade pública da área necessária à viabilização do conjunto possa ser obtida, é necessário a obtenção da classificação de utilidade turística a título prévio do conjunto turístico, bem como o parecer positivo do Turismo de Portugal,

I.P. (cfr. artigo 28.º e seguintes do Decreto-Lei n.º 423/83, de 5 de Dezembro).

O Despacho n.º 17235/2009, do Secretário de Estado do Turismo, publicado no Diário da República, II Série, n.º 143, de 27 de Julho de 2009, define os elementos que devem ser entregues para solicitação daquela utilidade pública (a título prévio), incluindo nesses elementos o comprovativo da aprovação do projecto pela Câmara Municipal respectiva e o comprovativo da legitimidade do requerente.

Ora, no caso vertente em que o que se pretende é a aquisição dessa mesma legitimidade, sem a qual se inviabiliza a aprovação municipal do projecto, tem de se entender que aquelas exigências se referem, por um lado, à informação prévia favorável ao empreendimento (que, nos termos previstos no artigo 14.º do Regime Jurídico da Urbanização e Edificação pode ser solicitada por quem não seja no todo ou seja apenas em parte, o titular do terreno) e, por outro, ao comprovativo de que o ou os requerentes são legítimos proprietários da restante área abrangida pelo projecto.

Caso VI

> *1. O Sr. Manuel pretende instalar um empreendimento de casas de campo na sua herdade. Para o efeito visa ampliar uma construção existente na mesma, de modo a aumentar as unidades de alojamento. Pode fazê-lo?*
>
> *2. Para garantir a sustentabilidade do projecto, o Sr. Manuel pretende constituir o seu empreendimento em propriedade plural e alienar a terceiros cinco das dez unidades de alojamento para habitação próptia destes e, desde modo, desafectá-las da exploração do empreendimento turístico. Será possível esta desafectação?*

VI.1.

A versão inicial do Decreto-Lei n.º 38/2009 referia que os empreendimentos de casas de campo devem proceder à "recuperação de construções existentes, desde que seja assegurado que esta respeita a traça arquitectónica da construção já existente" (artigo 18.º, n.º 2).

A noção de recuperação aí utilizada não tinha equivalente nas definições dispostas no Regime Jurídico da Urbanização e Edificação;

não devendo, por isso mesmo, ser equiparada, sem mais, à de obras de conservação ou mera alteração.

Já então entendíamos que o que o legislador turístico pretendeu, ao usar aquele termo tendencialmente neutro, foi esclarecer que os parâmetros e índices urbanísticos aplicáveis deveriam ser definidos pelos instrumentos urbanísticos e não por disposições sectoriais turísticas. Assim, não inviabilizava ampliações, sob pena de fazer cessar todo o filão do turismo em espaço rural, desde que aquelas fossem possíveis à luz dos instrumentos de planeamento aplicáveis e servidões e restrições de utilidade pública existentes.

Esta mesma leitura veio a ser inscrita na actual formulação do artigo 18.º, n.º 2 (resultante do Decreto-Lei n.º 228/2009, de 14 de Setembro), que se refere, sem margem para dúvidas, a obras de reconstrução, reabilitação ou ampliação de construções existentes.

VI.2.

O Sr. Manuel deve constituir uma propriedade plural sobre o seu edifício, já que dispõe de várias unidades de alojamento, que podem constituir-se como fracções autónomas. Para o efeito, tem de elaborar um título constitutivo próprio (artigo 52.º e seguintes do Decreto-Lei n.º 39/2008).

A administração deste empreendimento compete, em princípio à entidade exploradora, exploração essa que deve ser una (artigo 44.º).

De acordo com a legislação turística, os empreendimentos turísticos estão permanentemente em regime de exploração turística, devendo a entidade exploradora, quando o empreendimento estiver constituído em propriedade plural obter um título jurídico que a habilite à exploração da totalidade das unidades de alojamento (contrato de exploração entre o proprietário e a entidade exploradora) no qual se estabelecem os termos da exploração turística, a participação do proprietário nos resultados da exploração, bem como as condições de utilização da unidade de alojamento pelo respectivo proprietário. (cf. artigo 45.º do Decreto-Lei n.º 39/2008).

Por isso, o Sr. Manuel não poderia desafectar aquelas 5 unidades de alojamento e destiná-las a fins habitacionais (ao contrário do que poderia suceder à luz da legislação anterior).

No entanto, esta legislação parece acolher o conceito do turismo residencial, já que expressamente admite que os proprietários das unidades de alojamento possam ocupar as mesmas ou celebrar contratos sobre elas, desde que não comprometam o seu uso turístico, usufruam dos serviços obrigatórios do empreendimento e paguem a prestação periódica a que estão vinculados.

Do mesmo modo, admite o n.º 7 do artigo 15.º, mas apenas quanto aos conjuntos turísticos, que neles possam instalar-se edifícios autónomos, de carácter unifamiliar, com alvará de autorização de utilização para fins turísticos autónomo, desde que se preencham os requisitos nele dispostos.

Uma solução deste tipo gera alguma flexibilidade na ocupação das unidades de alojamento dos empreendimentos turísticos, promovendo uma sua maior sustentabilidade (ao aumentar a sua taxa de ocupação e diminuir a sazonalidade) e comportando benefícios urbanísticos, ambientais e sociais para a área envolvente. Caberá, porém, à entidade gestora controlar se a utilização do empreendimento continua a ser pré-ordenada para a sua utilização turística.

Caso contrário, constatando-se um claro desvirtuar das funções destes empreendimentos, poderá caducar a sua autorização de utilização para fins turísticos [artigo 33.º, n.º 1, alínea c) do Decreto-Lei n.º 39/2008], para além da aplicação das devidas sanções contraordenacionais [cfr. artigo 67.º, alíneas n) e o) do mesmo diploma].

PROPRIEDADE PLURAL E GESTÃO DE EMPREENDIMENTOS TURÍSTICOS

CRISTINA SIZA VIEIRA

I. Enquadramento

Dificilmente se encontrará tema, dentro do vasto universo do direito aplicável à actividade turística, que suscite tantas querelas e tensões como o da propriedade plural dos empreendimentos turísticos e respectiva gestão.

O tema atravessa fronteiras e tempos: em vários ordenamentos jurídicos, desde há muito que se discute em que termos é possível permitir que as unidades de alojamento que compõem os empreendimentos turísticos possam ser propriedade de pessoas distintas – e que, no limite, os seus proprietários possam neles residir ou ocupá-los por períodos alargados de tempo, sem que se descaracterize a respectiva vocação e o fim para que foram autorizados e previstos em instrumentos de ordenamento do território.

A questão suscita particular controvérsia na medida em que, em termos de planeamento do uso do solo, é distinta a função que um empreendimento turístico desempenha e a carga que acarreta sobre equipamentos colectivos e infra-estruturas públicas, quando posto em cotejo com outros empreendimentos imobiliários, designadamente os destinados à habitação permanente. Para mais – precisamente porque se tratam de empreendimentos vocacionados para atrair turistas e, portanto, capazes de gerar riqueza e emprego – reconhece-se, no jogo de interesses públicos e privados que entre si conflituam e que devem ser ponderados na actividade de planeamento urbanístico, que algumas áreas, mais raras e ricas do ponto de vista do seu valor cultural, paisagístico ou natural, possam ser destinadas à construção de empreendimentos turísticos, quando provavelmente outros tipos de ocupação urbana não justificariam a ocupação daquelas áreas, ou tão generosos parâmetros urbanísticos. Quando, no entanto, se aceita que aqueles empreendimentos possam ser destinados a um uso mais permanente pelos seus proprietários, questiona-se se se justificaria aquele tipo de ocupação.

Argumenta-se, igualmente, que os apoios fiscais e financeiros ao Turismo que o Estado e as autarquias locais vêm disponibilizando se legitima exactamente em razão da importância vital desta actividade na economia e na criação de emprego; esses apoios não deveriam ser atribuídos quando os empreendimentos são, afinal, usados como simples imóveis residenciais.

No entanto, a tendência internacional para reconhecer a possibilidade de usos mais diversificados e formas mais flexíveis de propriedade plural tem sido irresistível, particularmente nas duas últimas décadas, em razão de três factores.

Em primeiro lugar, do ponto de vista do modelo de financiamento do investimento em empreendimentos turísticos, constatou-se que a alienação de fracções ou unidades de alojamento em empreendimentos turísticos permite alavancar financeiramente um negócio tradicionalmente associado a um investimento de retorno lento e incerto, como é o da hotelaria. Com efeito, o investimento aplicado na construção e instalação de unidades hoteleiras é tipicamente recuperado pela exploração das respectivas unidades de alojamento ao longo de vários anos; a possibilidade de alienar a propriedade do activo imobiliário permite aliviar o investimento realizado à cabeça, diminuindo a imobilização do capital e os encargos financeiros a este associados, sem prejudicar a vocação turística da exploração.

Em segundo lugar, esta conveniência do ponto de vista dos promotores de empreendimentos turísticos encontrou disponibilidade do lado da procura, em função da alteração da realidade demográfica e económica. O envelhecimento da população europeia, acompanhado de maior qualidade de vida, com mais saúde e vontade de passar parte do seu tempo de reforma em locais mais aprazíveis do que os seus países de origem, por um lado, e, por outro lado, o crescimento da poupança e da liquidez a que nos últimos anos assistimos, levaram

Propriedade Plural e Gestão de Empreendimentos Turísticos 173

a uma acrescida apetência para o investimento em produtos imobiliá-rios, e, em particular, em zonas turísticas.

Em terceiro lugar, a conjugação daqueles factores foi apoiada pelas políticas públicas, por forma a contrariar a forte sazonalidade do nosso Turismo e a dependência do produto sol e praia, a comba-ter a imparável desertificação do interior de Portugal e a auxiliar a fixação de população durante todo o ano. Em pano de fundo, este quadro político pretende combater a concorrência crescente de ou-tros países do Sul da Europa, particularmente de Espanha.

Deste modo, assistimos a um crescimento entre nós do fenómeno do Turismo Residencial. Assumir a pluripropriedade de empreendi-mentos turísticos, tal como assumir o *Time Sharing*, tornou-se inevi-tável e tratou-se então, e como é de uso, de regular legislativamente o fenómeno.

II. As intervenções legislativas até 2008

Em Portugal, a aquisição de fracções autónomas ou de lotes em empreendimentos não foi abordada pelo legislador do Turismo até à regulamentação da figura dos aldeamentos turísticos e dos aparta-mentos turísticos. Assim, o Decreto Regulamentar n.º 14/78, de 12 de Maio – "Regulamento dos Meios Complementares de Alojamento Turístico" – previu que nos aldeamentos turísticos e nos apartamen-tos turísticos pudesse haver alienação de um certo número de unida-des de alojamento que integravam um empreendimento de um da-queles dois tipos, sempre na condição de que todo o empreendimen-to ficasse sujeito à mesma administração e que as fracções alienadas, se *"não afectas à exploração turística"*, não pudessem ser objecto de quaisquer negócios jurídicos autónomos que permitissem a con-corrência na exploração. Isto é, a regra fundamental era que, mesmo quando ocorresse a pluralidade de propriedade sobre as unidades de alojamento que constituíam os empreendimentos turísticos, devia haver uma única entidade exploradora, responsável perante as autoridades públicas e perante os diversos proprietários pelo cumprimento das regras disciplinadoras do funcionamento e gestão dos empreendi-mentos turísticos.

174   *Empreendimentos Turísticos*

Em 1980, o legislador sentiu de novo a necessidade de intervir, a fim de "*dar cobertura legal a certos comportamentos cujo interesse económico tem projecção nacional, mas, em contrapartida, não pode ignorar a sua natureza privada, os direitos de terceiros e os próprios poderes públicos*" (preâmbulo do Decreto-Regulamentar n.º 83/80, de 23 de Dezembro). Este diploma admitiu que algumas das fracções que integravam conjuntos turísticos pudessem deixar de estar afectas à exploração turística; regulou o nível de infra-estruturas e serviços de que os conjuntos turísticos deveriam estar dotados – fazendo a clara aproximação ao regime do loteamentos – e as regras para a sua utilização e pagamento dos custos com a respectiva manutenção, funcionamento e substituição, e estabeleceu o tipo e nível de responsabilidades dos distintos titulares das várias fracções.

Em 1982, o preâmbulo do Decreto-Lei n.º 435/82, de 30 de Outubro, e o respectivo clausulado dão a entender que os problemas na gestão das relações entre os vários proprietários das unidades de alojamento nos aldeamentos turísticos e as entidades gestoras continuavam a agravar-se, apesar das intervenções regulamentares anteriores, e por isso se estabeleciam novas regras sobre a matéria[1].

Quatro anos volvidos, o Decreto-Lei n.º 328/86, de 30 de Setembro, que revogou o muito obsoleto diploma de 1969, operou uma reforma profunda da regulamentação do sector, fez nascer novos tipos de empreendimentos turísticos, sujeitos a regras muito diversas, e alterou a sua "arrumação" legal. Assim – e a título de exemplo – os aldeamentos turísticos passaram a ser considerados estabelecimentos hoteleiros (a par dos hotéis e dos hotéis-apartamentos), e os apartamentos turísticos mantiveram-se como meios complementares de alojamento turístico.

São de reter, nesta altura, três notas importantes.

A primeira, a de que os empreendimentos em propriedade plural continuavam a suscitar grave perturbação, levando o legislador a impor a elaboração de um título constitutivo que regulasse as rela-

---

[1] Registe-se, como curiosidade, que a última norma deste decreto-lei dispunha que as dúvidas que a sua aplicação levantasse seriam resolvidas por despacho individual ou conjunto dos membros do Governo que superintendiam as áreas do turismo, ordenamento territorial e habitação e obras públicas. Mais um testemunho da íntima ligação, e dilema, de que acima se deu conta, entre o ordenamento do território e a matéria dos empreendimentos turísticos em propriedade plural.

Propriedade Plural e Gestão de Empreendimentos Turísticos   175

ções entre proprietários das unidades de alojamento e a entidade gestora, e fixando um prazo para o mesmo ser aprovado quanto aos empreendimentos já em funcionamento, sob pena do mesmo ser elaborado oficiosamente pela Direcção-Geral do Turismo. A segunda, a de que o legislador optou por esclarecer o regime aplicável aos empreendimentos em propriedade plural e às relações entre os seus proprietários através da remissão para o regime da propriedade horizontal, com algumas adaptações previstas no próprio diploma. A terceira, a de que este diploma consagrou uma regra segundo a qual *"salvo no caso dos aldeamentos turísticos e dos apartamentos turísticos, nenhuma unidade de alojamento poderá ser retirada da exploração hoteleira"*. O que seja a *"exploração hoteleira"* não no-lo diz o legislador, que, aliás, parece usar indistintamente essa expressão a par da *"exploração turística"*.

O Decreto-Lei n.º 328/86 veio a ser regulamentado através do Decreto-Regulamentar n.º 8/89, de 18 de Fevereiro[2], que incluía, designadamente, um capítulo dedicado aos empreendimentos em propriedade plural. Este capítulo limitava, uma vez mais, a possibilidade de desafectação da exploração turística às unidades de alojamento integradas em apartamentos turísticos, aldeamentos turísticos ou em conjuntos turísticos, e estabelecia regras muito rígidas quanto ao conteúdo do título constitutivo (incluindo a fórmula de cálculo do valor relativo da unidade, apartamento ou fracção) e quanto aos direitos e deveres a que os proprietários ficam adstritos. Uma vez mais, no entanto, não se pronunciou expressamente sobre o conteúdo da noção de exploração turística[3].

Por isso, e apesar dessa profunda intervenção legislativa, o problema das relações entre os proprietários e as entidades gestoras ficou longe de se considerar resolvido. Volvida mais de uma década sobre o diploma de 1986, a discussão continuava acesa. Muitos eram

---

[2] O RET, designação pela qual é conhecido no meio o Regulamento dos Empreendimentos Turísticos, aprovado pelo citado Decreto Regulamentar n.º 8/89, é uma verdadeira "pièce de résistance", de difícil sistemática, e cuja minúcia e vastidão (415 artigos e 4 anexos!) o torna apenas compreensível e manipulável a, e por, "iniciados".

[3] A propósito dos hotés-apartamentos fala-se em "exploração em regime hoteleiro" e nos apartamentos turísticos em "locação habitual a turistas" mas, em termos de subsídio legal para os conceitos cujo sentido se busca apreender, é muito pouco, ou nada, o que nos é dado.

os temas que, então, preocupavam as autoridades administrativas, os promotores e empresas turísticas e os muitos proprietários de unidades de alojamento integradas em empreendimentos turísticos, quer do ponto de vista do direito constituído, quer na perspectiva da política legislativa. Enfim: dever-se-á impedir a venda de parte das unidades de alojamento? E em que proporção do conjunto das unidades? Será que a transmissão da propriedade de unidades de alojamento implica necessariamente a desafectação da exploração turística – ou, ao invés, se os seus donos pretenderem vir a afectá-las à exploração mediante acordo com a entidade gestora do empreendimento, outras propriedades podem ser desafectadas e vendidas a terceiros sem esses constrangimentos? Porque é que só em determinados tipos de empreendimentos turísticos é possível desafectar unidades de alojamento e não noutros, por exemplo nos hotéis-apartamentos?

E mais: a experiência dos empresários do sector turístico, dos práticos do Direito e dos técnicos da Administração Pública revelava ser extremamente difícil elaborar títulos constitutivos de empreendimentos turísticos que já se encontrassem em propriedade plural antes da imposição da obrigatoriedade daqueles. Ao longo do tempo, jamais a Direcção-Geral do Turismo exerceu o poder-dever que o legislador de 1986 lhe tinha cometido (de suprir oficiosamente o dever de elaboração e depósito do título constitutivo).

Enfim, com o Decreto-Lei n.º 167/97, de 4 de Julho, e posteriores alterações introduzidas pelos Decretos-Leis n.ºs 305/99, de 6 de Agosto, e 55/2001, de 11 de Março, dão-se passos muito importantes. Mas não os decisivos.

É certo que, no que respeitou ao procedimento de licenciamento da instalação de empreendimentos turísticos, ocorreu uma verdadeira "revolução coperniciana". Ao invés do procedimento correr junto da Direcção-Geral do Turismo – a quem se requeria o licenciamento e que emitia a licença de instalação, que efectuava consultas às Câmaras Municipais e a outras entidades da administração central, num infindável vai-vem de processos e dificil articulação de regimes – passou a correr no município do local de implantação do empreendimento a licenciar. De consulente, a Direcção-Geral do Turismo passou a consultada. De centro do sistema de licenciamento, passou a satélite. O procedimento passou a respeitar os termos do Regime Jurídico da Urbanização e Edificação – que regula os procedimentos de controlo

Propriedade Plural e Gestão de Empreendimentos Turísticos 177

prévio de toda a actividade urbanística dos particulares –, com as adaptações que a realidade do Turismo exija.

O ganho de tempo, a clareza e transparência do sistema foram vantagens evidentes do novo diploma, a par do alívio na regulação minuciosa e dirigista que vinha de trás.

Mas do ponto de vista que nos ocupa neste trabalho, nenhuma inovação substancial merece destaque.

III. O Decreto-Lei n.º 167/97, de 4 de Julho, e o Decreto-Lei n.º 39/2008, de 7 de Março[4]: breve análise comparativa

Como atrás se disse, a realidade evolutiva dos produtos, tendências e bases da economia do Turismo levaram a que a intervenção legislativa de 2008 não pudesse deixar de ter presente a necessidade de intervir na disciplina dos empreendimentos turísticos em propriedade plural.

Por isso, o Governo, através da Resolução do Conselho de Ministros n.º 53/2007, de 4 de Abril, quando aprovou o Plano Estratégico Nacional do Turismo (PENT) identificou, entre outros produtos turísticos estratégicos para o País, o Turismo Residencial, para responder à crescente procura de um segmento importante da população sénior do Norte da Europa que vinha sustentadamente adquirindo casas no estrangeiro.

Uma das condições assumidas, nesse contexto de consolidação e desenvolvimento deste produto, é o da reforma da legislação turística. Por isso, em imediata sequência da aprovação do PENT, veio a ser publicado o Decreto-Lei n.º 39/2008, de 7 de Março, que contém a segunda grande reforma em matéria de disciplina dos empreendimentos turísticos em Portugal.

---

[4] Tanto um como outro diploma são usados na redacção mais actual. No caso do DL n.º 39/2008, referido às vezes como RJIFET – regime jurídico da instalação e funcionamento dos empreendimentos turísticos – estarei a considerar a redacção dada pelo DL n.º 228/2009, de 17 de Setembro. Na ausência de qualquer referência, os artigos citados respeitam ao RJIFET actualmente vigente.

Vejamos, pois, algumas das mudanças fundamentais, para depois se poder analisar mais de perto o tema da gestão dos empreendimentos turísticos à luz deste novo regime.

A) *A noção de "empreendimentos turísticos"*

Referia o artigo 1.º do Decreto-Lei n.º 167/99 que empreendimentos turísticos eram *"os estabelecimentos que se destinam a prestar serviços de alojamento temporário, restauração ou animação a turistas, dispondo, para o seu funcionamento, de um adequado conjunto de estruturas, equipamentos e serviços complementares"*.

No artigo 2.º do Decreto-Lei n.º 39/2008, os empreendimentos turísticos são caracterizados como os *"estabelecimentos que se destinam a prestar serviços de alojamento, mediante renuneração, dispondo, para o seu funcionamento, de um adequado conjunto de estruturas, equipamentos e serviços complementares"*.

Entre ambas as noções – para além da referência explícita à remuneração dos serviços prestados nos empreendimentos – há apenas uma diferença, aparentemente subtil mas verdadeiramente radical. É que no diploma de 1999 fazia-se referência ao carácter *"temporário"* do alojamento nestes empreendimentos; o decreto-lei de 2008 omite essa referência. E fá-lo propositadamente, porque, passando a admitir-se o produto do turismo residencial, da noção essencial de empreendimento turístico tem de sair essa menção, mesmo que ela venha a ser recuperada como caracterizadora de certo tipo de empreendimentos. Em suma, o carácter temporário do alojamento já não é uma característica do género «empreendimento turístico», mas apenas de algumas das suas espécies[5].

---

[5] Curiosamente, e a meu ver sem qualquer explicação, o carácter temporário integra a noção de estabelecimentos hoteleiros (*vide* artigo 11.º). Ora os hotéis-apartamentos são tipos de estabelecimentos hoteleiros e neles pode verificar-se a situação de propriedade plural nos mesmíssimos termos em que pode ocorrer nos aldeamentos turísticos ou nos apartamentos turísticos. Será que o legislador queria reservar a expressão temporário só para os hotéis mas disse mais do que queria?

B) *As fracções autónomas*

As regras gerais que o Decreto-Lei n.º 167/97 consagrava no que respeitava a alguns grandes princípios não divergiam essencialmente das do diploma que o antecedeu. Assim, consagrava-se a unicidade de exploração e de administração dos empreendimentos turísticos e reafirmava-se a possiblidade da pluripropriedade das "fracções imobliárias", sendo estas as partes componentes dos empreendimentos turísticos que constituam unidades distintas e independentes, delimitadas e destinadas (i) a unidades de alojamento ou (ii) a instalações, equipamentos e serviços de exploração turística.

Por seu turno, as unidades de alojamento só seriam consideradas fracções imobiliárias – e, portanto, susceptíveis de ser adquiridas por terceiros – quando, *"nos termos da lei geral, sejam consideradas fracções autónomas ou como tal possam ser consideradas"* (cfr n.ºs 1 e 2 do artigo 46.º). Esta afirmação final veio suscitando ao longo do tempo grandes dificuldades teóricas e, necessariamente, práticas.

O Código Civil, como sabemos, trata da propriedade horizontal no Capítulo VI, definindo como princípio geral que *"as fracções de que um edifício se compõe, em condições de unidades independentes, podem pertencer a proprietários diversos em regime de propriedade horizontal"* (artigo 1414.º) e que *"só podem ser objecto de propriedade horizontal as fracções autónomas que, além de constituírem unidades independentes, sejam distintas e isoladas entre si, com saída própria para uma parte comum do prédio ou para a via pública"* (artigo 1415.º).

Ao abrigo destas regras, a prática jurídica veio a reconhecer o alargamento do tipo de fracções autónomas que integravam imóveis em propriedade horizontal: dos tradicionais apartamentos, passou a admitir-se a constituição de propriedade horizontal sobre lugares de garagem, arrecadações, gabinetes integrados em escritórios ou consultórios de profissonais liberais...

Relativamente aos empreendimentos turísticos, a questão que se foi levantando – e que, a meu ver, não está ainda resolvida – é se é admissível, por isso, a constituição de propriedade horizontal sobre edifícios no qual estejam instalados hotéis, sendo os respectivos quartos considerados fracções autónomas. É que os quartos de hotel

180   *Empreendimentos Turísticos*

são claramente unidades independentes, distintas entre si e com saída própria para uma parte comum do prédio.

Tanto quanto é do meu conhecimento, há notários e conservadores que o admitem, desde que, nos termos gerais, o projecto aprovado pela câmara municipal identifique os quartos de hotel como fracções autónomas.

Há no Decreto-Lei n.º 39/2008, neste particular tópico, uma diferença subtil de redacção que ainda não está testada na prática: *"as unidades de alojamento dos empreendimentos turísticos podem constituir-se como fracções autónomas nos termos da lei geral"* (n.º 2 do artigo 52.º do Decreto-Lei n.º 39/2008). Isto significa que terá caído a condição do Decreto-Lei anterior – que recordamos, estabelecia que as unidades de alojamento poderiam ser fracções imobiliárias quando, *"nos termos da lei geral, sejam consideradas fracções autónomas ou como tal possam ser consideradas"*?

Não creio que se possam retirar conclusões substanciais da alteração semântica. Se na lei anterior se dizia que as unidades de alojamento podiam ser fracções imobiliárias se reunissem as condições previstas na lei geral para serem consideradas fracções autónomas; agora admite-se que elas podem ser fracções autónomas nos termos da lei geral. Apesar da distinta redacção, não me parece resultar diferente regime.

E por isso, sobre esta questão – podem os quartos de hotel ser fracções autónomas? – a lei turística, uma vez mais, não toma posição e de novo remete o intérprete para a lei geral.

C) *A "afectação à exploração turística" versus a "exploração turística": o novo paradigma*

A maior diferença que nos traz o diploma hoje vigente em matéria do tratamento dos empreendimentos turísticos em propriedade plural é logo anunciada no preâmbulo do Decreto-Lei n.º 39/2008: *"No capítulo da exploração e funcionamento, consagra-se um novo paradigma de exploração dos empreendimentos turísticos, assente na unidade e continuidade da exploração por parte da entidade exploradora e na permanente afectação à exploração turística de todas as unidades de alojamento que compõem o empreendimento,*

Propriedade Plural e Gestão de Empreendimentos Turísticos 181

independentemente do regime de propriedade em que assentam e da possibilidade de utilização das mesmas pelos respectivos proprietários."

Aqui enuncia-se uma verdadeira alteração de fundo, que tem depois expressão em várias normas que enformam o regime específico dos empreendimentos em propriedade plural.

Repare-se na diferença. O Decreto-Lei n.º 167/97 dispunha no seu artigo 45.º:

> *"1 – A exploração de cada empreendimento turístico deve ser da responsabilidade de uma única entidade.*
>
> *2 – A unidade de exploração do empreendimento não é impeditivo de a propriedade das várias fracções imobiliárias que o compõem pertencer a mais de uma pessoa.*
>
> *3 – Só as unidades de alojamento podem ser retiradas da exploração dos empreendimentos turísticos e apenas nos casos e nos termos estabelecidos nos regulamentos previstos no n.º 3 do artigo 1.*
>
> *4 – As unidades de alojamento que tiverem sido retiradas da exploração de um empreendimento turístico não podem ser objecto de outra exploração comercial, turística ou não".*

Em nenhum passo este diploma esclarecia o que era a exploração turística dos empreendimentos turísticos. Apenas se referia que **só as unidades de alojamento podiam ser retiradas da exploração turística, nos casos e termos previstos nos diplomas regulamentares dos vários tipos de empreendimentos.** Assim, havia que procurar em cada um dos quatro decretos regulamentares do pacote de 1997[6] se e em que termos é que a matéria era disciplinada, e eventual-

---

[6] O que não é tarefa fácil: existe um decreto regulamentar por cada tipo de empreendimento: o dos Estabelecimentos Hoteleiros (que integra 4 grupos: hotéis; hotéis-apartamentos; pensões; estalagens; motéis e pousadas); o dos Meios Complementares de Alojamento Turístico (que integra 2 grupos: aldeamentos turísticos; apartamentos turísticos e moradias turísticas); o dos Parques de Campismo (com 2 grupos: parques públicos e parques privados) e o dos Conjuntos Turísticos. Já agora convém referir, a talhe de foice, que para além destes, havia outros equipamentos e alojamentos que, não sendo empreendimentos turísticos, serviam para o Turismo e eram objecto de decretos-leis e decretos regulamentares autónomos, o que tornava obviamente pesado e complexo o sistema. Era o caso, por exemplo, dos empreendimentos de turismo do espaço rural e das casas de natureza. Também aqui o DL n.º 39/2008 foi francamente simplificador e racional, trazendo estas categorias de alojamento para dentro da nomenclatura e elenco dos emprendimentos turísticos que, como é óbvio, sempre foi a sua verdadeira natureza.

182 *Empreendimentos Turísticos*

mente encontrar neles o conceito do que fosse, ao tempo, a "exploração turística".

A matéria era abordada exclusivamente no decreto regulamentar que se referia aos estabelecimentos hoteleiros (e apenas na secção dos hotéis-apartamentos); e no decreto regulamentar dos meios complementares de alojamento turístico, no capítulo dos aldeamentos turísticos. Portanto, a primeira conclusão que se retirava era a de que só nestes tipos e grupos de empreendimentos[7] era possível a existência de unidades de alojamento fora da exploração turística – ou como rezavam aqueles diplomas, afectadas ou desafectadas da exploração.

E o que era essa "afectação à exploração"? Era, afinal, o facto das unidades de alojamento desses empreendimentos estarem disponíveis para ser locadas dia a dia a turistas pela entidade exploradora do mesmo.

Por outro lado, quando se referiam os tipos de empreendimentos em que era admitida a desafectação da exploração turística, definia-se também a percentagem máxima de unidades de alojamento que poderia ser desafectada dessa exploração: 30%, no caso dos hotéis-apartamentos; 50%, no caso dos aldeamentos turísticos[8]. Essas unidades de alojamento estavam completamente retiradas da exploração turística – o que significava, desde logo, que não podiam ser objecto de qualquer outra exploração, comercial ou não.

Mas recorde-se: no sistema do regime de 1997, a possibilidade de alienação das unidades de alojamento não era limitada às unidades de alojamento que pudessem ser desafectadas da exploração turística. Todas as unidades de alojamento susceptíveis de ser consideradas fracções autónomas podiam ser alienadas a terceiros. No entanto, 70% ou 50% das mesmas (consoante o tipo de empreendimento) tinham que estar afectas à exploração turística.

---

[7] E não, por exemplo, nos apartamentos turísticos, o que era obviamente muito controverso. Tanto mais que, recorde-se, até esse decreto-lei de 1997, precisamente a possibilidade de desafectação existia só nos aldeamentos turísticos e nos apartamentos turísticos e não nos hotéis-apartamentos! Sem qualquer razão, alterou-se esta lógica, também ela criticada até 1997 por deixar de fora a realidade dos ditos estabelecimentos hoteleiros, sem que se ficasse a ganhar nada com a troca.

[8] Há regimes excepcionais e especiais – onde a percentagem de unidades susceptíveis de desafectação é superior -para certos conjuntos turísticos.

Propriedade Plural e Gestão de Empreendimentos Turísticos 183

Refira-se, porém, que a lei permitia, ainda assim, que pudesse ser reservado aos proprietários das unidades de alojamento vendidas a terceiros que estivessem afectas à exploração turística o direito de as utilizarem em "proveito próprio"[9], por um período não superior a 90 dias em cada ano, nos termos estabelecidos em contrato celebrado entre aqueles e a entidade exploradora.

Uma pergunta que me fazia (e mantenho, visto que estes empreendimentos explorados desta forma continuam e continuarão a existir) é o que acontece se a percentagem das unidades de alojamento afecta à exploração turística ficar aquém do legalmente previsto. Para além dessa conduta ser configurada como contraordenação, punida com coima e com encerramento e suspensão do alvará de funcionamento, haverá outras consequências? Ao fim e ao cabo, trata-se de um empreendimento que, tendo sido licenciado como empreendimento turístico, pode funcionar como empreendimento totalmente residencial...

Embora a situação, tanto quanto é do meu conhecimento, nunca tenha sido testada pelos órgãos reguladores ou pelos tribunais, parece que, neste caso, poderia ser aplicado o artigo 109.º do Regime Jurídico da Urbanização e da Edificação: por se tratar de uma utilização contrária à prevista na licença de utilização (turística), o presidente da câmara poderá determinar a cessação da utilização e, em certas condições, o despejo administrativo.

Também por isto é de saudar a novidade trazida pelo Decreto--Lei n.º 39/2008. Já não se trata mais de "afectar" ou "desafectar" unidades de alojamento da exploração turística.

---

[9] Parece que esta expressão usada pelo próprio legislador será redundante: pois se não pode haver mais do que uma exploração e as unidades de alojamento não podem ter outra exploração comercial, o que significa isto? Obviamente significa, mais uma vez, que os seus proprietários não podem retirar das unidades de alojamento outro provento que não o que lhes advenha do contrato que têm com a entidade exploradora o que, obviamente, não os inibe de cederem gratuitamente a sua utilização. Vale o mesmo para as unidades não afectas à exploração: os seus proprietários não têm à partida qualquer contrato com a entidade exploradora, e portanto podem utilizá-las livremente, mas estão de igual modo inibidos de tirarem aproveitamento comercial delas, directa ou indirectamente. Claro que se, afinal, vierem a pretender colocá-las no mercado turístico poderão fazê-lo, mas só através da referida entidade exploradora e nos termos de um contrato que com ela venham a celebrar (isto para cumprir o disposto no citado n.º 1 do artigo 45.º do Decreto-Lei n.º 167/97).

184   *Empreendimentos Turísticos*

O que hoje se estabelece – honrando o compromisso que vem do PENT – no artigo 45.º (cuja epígrafe é "Exploração turística das unidades de alojamento") é que "(...) *as unidades de alojamento estão permanentemente em exploração turística, devendo a entidade exploradora assumir a exploração continuada das mesmas, ainda que ocupadas pelos respectivos proprietários"* (n.º 1); e que *"a entidade exploradora deve assegurar que as unidades de alojamento permanecem a todo o tempo mobiladas e equipadas em plenas condições de serem locadas a turistas e que nelas são prestados os serviços obrigatórios* (...)", (n.º 2) . Este artigo é uma das chaves de leitura mais importantes do novo regime.

Repare-se: para o Decreto-Lei n.º 167/97 consideravam-se integradas na exploração turística as unidades de alojamento disponíveis para ser locadas dia a dia a turistas pela entidade exploradora; e só podiam ser desafectadas da exploração turística as unidades que fizessem parte dos aldeamentos e dos hotéis-apartamentos, apenas nas percentagens definidas regulamentarmente. Ou seja, *a contrario sensu*, as unidades de alojamento que não estivessem nessas condições (porque os seus proprietários as tinham adquirido para, por exemplo, segunda residência) estavam fora da exploração turística.

Hoje, à luz do Decreto-Lei n.º 39/2008, as unidades de alojamento consideram-se sempre em exploração turística. Isto é: a regra da exploração turística aplica-se a todos os empreendimentos turísticos, portanto, em todos aqueles em que possa haver propriedade plural (ou seja, em que as unidades de alojamento se possam constituir como fracções autónomas) é possível aplicar as regras do artigo 45.º (e do capítulo VIII) e esta exploração turística ocorre ainda que as fracções estejam ocupadas pelos respectivos proprietários. E, note-se, mesmo que essa ocupação seja **permanente**, desde que tal esteja previsto no contrato de exploração previsto nos números 3 e 4 do citado artigo 45.º.

Caem por terra duas importantes figuras caracterizadoras do regime anterior: a percentagem e o limite temporal de uso pelos proprietários das unidades de alojamento que estivessem afectas à exploração turística.

Dos vários números que integram este artigo retira-se então o conceito de exploração turística: é uma exploração continuada de unidades de alojamento integradas em empreendimentos turísticos

Propriedade Plural e Gestão de Empreendimentos Turísticos   185

que devem estar mobiladas e equipadas em condições de possível alojamento a turistas e onde são prestados os serviços obrigatórios da categoria do empreendimento.

IV. De que falamos quando falamos de empreendimentos turísticos em propriedade plural?

Reza o n.º 1 do artigo 52.º do Decreto-Lei n.º 39/2008: *"Consideram-se empreendimentos turísticos em propriedade plural aqueles que compreendem lotes e ou fracções autónomas de um ou mais edifícios"*.

Não parece que estejamos perante uma noção (apesar da epígrafe do artigo ser essa) mas antes de uma descrição. Com efeito, nada aí se diz quanto ao conteúdo do direito dos vários proprietários do empreendimento, mas apenas quanto às características do empreendimento que pode ser constituído em propriedade plural. Ora, manifestamente não é o facto de um empreendimento ser constituído por fracções autónomas que faz dele um empreendimento em propriedade plural.

Diga-se, de antemão, que os empreendimentos turísticos em propriedade plural não são nem situações de compropriedade, nem situações pré-existentes em que vários proprietários de alojamentos distintos cedem a sua exploração a um terceiro e celebram com ele um contrato de gestão[10]. São, sim, empreendimentos turísticos a constituir ou a instalar sob forma fraccionada e onde se pretende, desde logo, alienar ou vir a alienar as fracções autónomas ou lotes destinados a unidades de alojamento.

---

[10] Tomemos como exemplo um empreendimento de Turismo de Aldeia – casas de campo situadas numa aldeia e exploradas de forma integrada por uma única entidade. Na situação em que várias pessoas adquirem casas numa aldeia e as adaptam ao Turismo e decidem fazer um empreendimento de Turismo de Aldeia, elegendo um deles como responsável pela exploração integrada de todas elas ou pretendem ceder a sua exploração a uma terceira entidade, não estamos perante um empreendimento em propriedade plural, no sentido e para os efeitos previstos no RJIFET. Já se é um único promotor que compra várias casas situadas numa aldeia, que as recupera e constitui um regime de propriedade horizontal e pretende vendê-las mantendo-se na exploração, então tem de se constituir como um empreendimento em propriedade plural.

E porque é que é importante ter presente estas distinções? Porque só os promotores e administradores de empreendimentos turísticos em propriedade plural estão obrigados ao conjunto de deveres e obrigações que constam do RJIFET, tal como porque os proprietários das várias fracções autónomas ou lotes integradas nestes empreendimentos sofrem uma verdadeira compressão do seu direito de propriedade.

A) *Propriedade Plural e Direito privado: ónus e compressões A prestação periódica*

O artigo 45.º do RJIFET trata, como se disse, de prever situações de cisão entre a exploração de um empreendimento turístico e a propriedade das unidades de alojamento que o constituem.

Assim, o n.º 3 determina a obrigatoriedade de a entidade exploradora obter de todos e cada um dos proprietários um título jurídico que a habilite à exploração das unidades de alojamento, visto que há que assegurar a regra da unicidade de exploração (n.º 1 do artigo 44.º). Esse título jurídico é um contrato, denominado "contrato de exploração", que deve regular os termos da exploração da unidade de alojamento, a participação do proprietário nos resultados da exploração da mesma e os termos e condições em que a pode usar (n.º 4 do artigo 44.º), e que deve integrar os contratos promessa e os contratos de transmissão da propriedade, sob pena de nulidade dos mesmos (n.º 7 do artigo 54.º) .

Há, no caso dos empreendimentos turísticos em propriedade plural, uma evidente compressão do conteúdo do direito de propriedade privada dos proprietários das unidades de alojamento.

Na verdade, atente-se no artigo 1305.º do Código Civil que dispõe: "*o proprietário goza de modo pleno e exclusivo dos direitos de uso, fruição e disposição das coisas que lhe pertencem, dentro dos limites da lei e com observância das restrições por ela impostas*" e no artigo 1306.º que determina que não é permitida a constituição, com carácter real, de restrições ao direito de propriedade senão nos casos previstos na lei.

Ora nos termos do RJIFET, os titulares das unidades de alojamento não podem usar, fruir e dispor delas de modo pleno e exclusivo. Assim, não podem explorar directamente a coisa que lhes pertence;

Propriedade Plural e Gestão de Empreendimentos Turísticos 187

não podem celebrar contratos de arrendamento ou de uso e habitação ou outros que comprometam o uso turístico da sua unidade de alojamento (n.º 6 do artigo 45.º); têm de permitir o acesso à fracção por parte da entidade exploradora do empreendimento turístico, para que este a possa locar, prestar serviços, proceder a vistorias, a reparações, executar obras de conservação e reposição (n.º 3 do artigo 57.º); não podem realizar obras, mesmo no interior, sem ter autorização da entidade exploradora (n.º 2 do artigo 57.º); e só podem utilizar a sua fracção nos termos fixados no contrato que celebrem com a entidade exploradora.

A violação de alguns destes deveres – a exploração das unidades de alojamento pelos proprietários ou a celebração de contratos em violação do artigo 45.º – é considerada de tal modo atentatória do interesse público que acarreta, além das penalizações que podem ser estabelecidas no Título Constitutivo, a sua qualificação como contra-ordenação (cfr alínea o) do n.º 1 do art. 67.º).

Enfim, são várias as compressões do conteúdo do direito de propriedade. Em momento algum a lei nos deixa esquecer que se trata de um empreendimento turístico e que as unidades de alojamento não se destinam a habitação... mesmo que os seus proprietários aí habitem.

Mas depois – diz também a lei – os proprietários das unidades de alojamento, quando as ocupem, têm direito aos serviços obrigatórios[11], da categoria do emprendimento, os quais estão cobertos pela **"prestação periódica"**.

A prestação periódica é o pagamento que cada proprietário é obrigado a fazer à entidade administradora[12] e que se destina a fazer face às despesas de conservação, manutenção e funcionamento de todo o empreendimento – isto é, não só das unidades de alojamento mas também das instalações e equipamentos comuns e serviços de utilização comum –; e ainda a remunerar a prestação de serviços de recepção, segurança e limpeza; a remunerar os serviços do revisor

---

[11] E que variam consoante o tipo e categoria do empreendimento, de acordo com a Portaria n.º 327/2008, de 28 de Abril.

[12] A entidade administradora é, nos empreendimentos em propriedade plural, a entidade exploradora (cfr n.º 1 do artigo 58.º)

oficial de contas[13]; e a pagar um *"fee* de gestão" [14] à entidade administradora, podendo ainda servir para cobrir outras despesas previstas no titulo constitutivo.

Ainda quanto à prestação periódica, convém reter que os critérios para a fixação do seu valor, tal como os da sua actualização, são fixados no título constitutivo do empreendimento; que uma percentagem mínima de 4% do seu valor deve ser afecta à constituição de um fundo de reserva destinado à realização de obras de reparação e conservação das instalações e equipamentos de uso comum[15]; que serve de base para o cálculo da caução de boa administração e conservação que tem de ser prestada pela entidade administradora; e que os créditos relativos à mesma gozam do privilégio creditório sobre a respectiva fracção (graduado após os consagrados no Código Civil e em legislação especial).

B) *Obrigações do Promotor*

Como já se disse acima, uma das importantes consequências da instalação de um empreendimento em propriedade plural é a consagração de um conjunto de deveres a que a entidade administradora fica vinculada.

Para maior facilidade de compreensão, penso ser útil distinguir duas situações: a do promotor inicial do empreendimento em propriedade plural e a da entidade administradora. A identidade de ambos pode coincidir, mas não necessariamente.

---

[13] O revisor oficial de contas deve apreciar as contas respeitantes à utilização das prestações periódicas – note-se que não é o mesmo que sujeitá-las a certificação legal de contas (exame completo às demonstrações financeiras) –, contas essas que são organizadas anualmente pela entidade exploradora e submetidas a aprovação da assembleia geral de proprietários (cfr n.º 1 do artigo 60.º e alínea b) do n.º 2 do artigo 63.º). Aquele pode ainda propor a alteração do montante da prestação periódica sempre que o mesmo se revele excessivo ou insuficiente face aos encargos, mas essa proposta carece também de ser aprovada em assembleia geral (alínea d) do mesmo número e artigo).

[14] Que pode corresponder ao máximo de 20% do valor total da prestação periódica (cfr n.º 5 do artigo 56.º).

[15] Diz o n.º 8 do artigo 56.º que o fundo de reserva se destina *"exclusivamente"* a suportar essas obras e *"a outras despesas expressamente previstas no título constitutivo"*, o que dá ampla liberdade à entidade promotora aquando da preparação do título.

Propriedade Plural e Gestão de Empreendimentos Turísticos 189

O promotor é a entidade que promove a "instalação" (conceito usado pela lei) do empreendimento, e por conta de quem o mesmo é licenciado e construído; é ele também que coloca no mercado as fracções autónomas ou lotes para venda. O promotor pode vir a manter-se ligado ao empreendimento, quer enquanto proprietário de algumas das suas fracções, quer, no caso de alienação total, enquanto responsável pela sua exploração; mas também pode ceder a sua exploração (e portanto a sua administração) a outrem.

Ora, a lei estabelece desde logo obrigações do promotor, algumas das quais devem ser cumpridas antes mesmo de serem colocadas no mercado as unidades de alojamento ou lotes, isto é, antes de serem celebrados contratos – ainda que meras promessas – de compra e venda. São elas: (i) **elaborar o título constitutivo**[16] previsto nos artigos 54.º e 55.º que, entre outras matérias vitais, deve conter o critério da fixação e actualização da **prestação periódica** e integrar o **regulamento de administração** (que rege, designadamente, a conservação, a fruição e o funcionamento das unidades de alojamento, das instalações e equipamentos de utilização comum e dos serviços de utilização comum); (ii) fazê-lo aprovar pelo Turismo de Portugal, IP; (iii) registá-lo na conservatória do registo predial competente; (iv) celebrar com os proprietários (ou promitentes compradores) o **contrato de exploração turística** e (v) prestar a **caução** de boa administração e conservação[17].

Os contratos-promessa de transmissão e os contratos de transmissão devem conter obrigatoriamente cópia do título constitutivo aprovado e registado, cópia do contrato de exploração e indicação

---

[16] A lei diz que este título é elaborado pelo titular do alvará de licença para a realização da operação urbanística relativa à instalação do empreendimento, ou pelo titular do respectivo alvará de licença de utilização.

[17] Para nos apercebermos bem de que negócio estamos a falar, note-se que na redacção inicial do artigo 59.º dizia-se que a caução correspondia a cinco vezes o valor anual do conjunto das prestações periódicas. Um exemplo modesto: um empreendimento com 100 fracções em que esteja fixada uma prestação periódica de 500 €/mês corresponderia a uma caução no valor de 3 Milhões €.... A impossibilidade prática das entidades bancárias ou seguradoras assegurarem esta caução e o custo do imobilizado desse valor levou à alteração desta previsão. Agora o mesmo artigo 59.º dispõe que a caução corresponde ao valor anual do conjunto das prestações periódicas, e pode, inclusive, ser reduzido por portaria do membro do Governo da área do Turismo. No mesmo exemplo: a caução será hoje de 600.000 €.

190   *Empreendimentos Turísticos*

do valor da prestação periódica para o primeiro ano, e deve estar prestada a caução antes da celebração dos contratos de transmissão.

A violação de qualquer uma destas obrigações legais determina a nulidade destes negócios jurídicos.

Um último apontamento sobre o título constitutivo. Não nos esqueçamos que o regime dos empreendimentos turísticos em proprie-dade plural é modelado pelo regime da propriedade horizontal. O legislador, aliás, tem esse regime presente quando faz referência às fracções autónomas (artigo 52.º); quando prescreve que as relações entre os proprietários são subsidiariamente reguladas por ele; quando estabelece que não pode haver disposições do título do empreendi-mento incompatíveis com as do título da propriedade horizontal; e, ainda, quando faz corresponder as funções da entidade administradora do empreendimento às de um administrador de condomínio.

Mas o legislador vai mesmo mais longe: o número 3 do artigo 54.º diz que esse título constitutivo é efectivamente uma alternativa ao título constitutivo da propriedade horizontal (*"o título constitutivo (...) consubstancia o título constitutivo da propriedade horizontal (...)"*, se reunidos determinados requisitos e preenchidas certas condi-ções. Ou seja: o título constitutivo pode ser mais do que um docu-mento disciplinador das relações entre proprietários. Pode ter verda-deira natureza constitutiva, fazendo justiça ao seu nome[18].

C) *Obrigações do Administrador/Explorador: obrigações de Gestão*

Como já houve oportunidade de referir, a lei determina que as obrigações de administração incumbem à entidade exploradora do empreendimento turístico, cabendo-lhe exercer as funções de um administrador de condomínio nos termos do regime da propriedade horizontal, sendo ainda a responsável pelo funcionamento e conser-vação das instalações e equipamentos de utilização comum e dos serviços de utilização comum previstos no título constitutivo, bem

---

[18] Este artigo sofreu importantes alterações, designadamente este número, com o Decreto-Lei n.º 228/2009.

Propriedade Plural e Gestão de Empreendimentos Turísticos   191

como como pela conservação dos espaços verdes e de utilização colectiva, das infra-estruturas viárias e das demais instalações e equipamentos de natureza colectiva integrantes do empreendimento (*vide* artigo 58.º).

É esta entidade quem tem anualmente de organizar e prestar contas quanto à utilização das prestações periódicas, submetê-las à apreciação de um revisor oficial de contas, elaborar um relatório de gestão e um programa de administração e conservação e remeter esses documentos aos proprietários juntamente com a convocatória para a assembleia geral que anualmente os deve aprovar.

De resto, é importante sublinhar que à entidade exploradora incumbem os deveres gerais da entidade exploradora de qualquer tipo de empreendimento turístico (isto é, independentemente de ser ou não um empreendimento em propriedade plural). Estão neste caso as obrigações previstas no n.º 2 do art. 45.º e os deveres gerais consagrados nos artigos 46.º e seguintes, que se reconduzem ao cumprimento das normas legais, regulamentares e contratuais quanto à exploração e funcionamento de empreendimentos turísticos (entre elas a de nomear um responsável operacional a quem cabe zelar pelo funcionamento e nível de serviço da unidade).

Parece-me ainda ser de relevar uma importante *nuance*: as contas quanto à utilização das prestações periódicas são objecto de parecer do revisor oficial de contas e aprovadas pela assembleia geral de proprietários – e os respectivos documentos de suporte são remetidos aos proprietários. O mesmo já não acontece quanto às contas de exploração e ao relatório de gestão do empreeendimento. Estes documentos podem ser consultados pelos proprietários na assembleia geral destinada à aprovação daqueles outros, mas não são por ela aprovados: essa matéria é da competência exclusiva da entidade exploradora/administradora. Esta conclusão decorre da leitura cruzada do disposto nos artigos 60.º e 63.º, n.º 2, al. b).

Quanto à destituição da entidade administradora, resulta do artigo 62.º as condições em que a mesma pode ocorrer, por exemplo, em consequência do incumprimento do programa de administração e conservação do empreendimento a que aquela se propôs, programa esse aprovado pela assembleia geral.

192   *Empreendimentos Turísticos*

Finalmente, é preciso ver que as regras de convocação da assembleia geral não são exactamente iguais às da propriedade horizontal, designadamente no que tange à percentagem de votos representativos do valor do empreendimento necessários para proceder à convocatória (10% no RJIFET – *vide* n.º 5 do artigo 63; e 25% no Código Civil – *vide* artigo 1431.º).

V. **Normas Finais e Transitórias. Conclusão**

A análise do regime dos empreendimentos turísticos em propriedade plural e respectiva gestão não ficaria completa sem o estudo das normas finais e transitórias do Decreto-Lei n.º 39/2008, que revestem bastante complexidade, posto que as situações que essas normas pretendem enquadrar, como penso terá resultado do que se disse nos pontos II e III, *supra*, são também elas difíceis.

Este regime transitório abrange três situações:

1. a dos empreendimentos turísticos existentes com título constitutivo aprovado.
2. a dos empreendimentos turísticos existentes sem título constitutivo aprovado.
3. a dos processos que se encontrem pendentes.

Quanto à primeira situação, decorre do n.º 1 do artigo 64.º que tudo se mantém inalterado, sendo assim aplicáveis aos empreendimentos turísticos existentes e com título aprovado as disposições do regime jurídico anterior, portanto também o regime de exploração. Todavia, o n.º 11 do artigo 77.º admite que por decisão unânime de todos os proprietários se opte pelo regime de exploração do novo diploma legal. Assim, as regras da percentagem à afectação/desafectação, as obrigações a que as entidades gestoras estavam vinculadas, os serviços compreendidos na prestação periódica, entre outras, permanecem aplicáveis aos empreendimentos existentes – o que não poderia deixar de ser, dado que são condições absolutamente essenciais para as partes envolvidas, pelo que uma alteração de fundo e constitutiva só por unanimidade poderá ser aprovada.

Da segunda situação tratam os números 2 a 6 do artigo 64.º e o n.º 11 do artigo 77.º. Dos primeiros resulta a obrigação da entidade

Propriedade Plural e Gestão de Empreendimentos Turísticos　　193

administradora elaborar o título constitutivo em falta e submetê-lo à assembleia geral de proprietários para aprovação até 31 de Dezembro de 2010 (e constam ainda regras especiais quanto a convocatórias e maiorias). Do já citado número e artigo 77.º resulta, mais uma vez, que é irrelevante que se esteja perante empreendimentos cujo título constitutivo estivesse em falta, posto que são empreendimentos existentes (como refere a lei) e vêm funcionando à luz de normas e princípios distintos dos hoje consagrados. Daí que o título constitutivo a elaborar tenha de respeitar essa realidade, *de facto* e *de iure*.

Finalmente, da terceira situação trata o artigo 76.º, dispondo o seu número 2 que os promotores podem optar por um de dois regimes: ou o vigente ao tempo do início do procedimento ou o que agora é aprovado. Essencial (e interessante e generosa) é a noção de "processos pendentes", que são basicamente todos os que estejam a ser objecto de qualquer operação urbanística relativa à sua apreciação, instalação, funcionamento, classificação e mesmo pedido de informação prévia.

Nesta situação, privilegia-se a opção do promotor, que formou a sua convicção com base num determinado quadro jurídico e operacional e investiu num modelo de negócio assente nessas premissas[19].

À laia de conclusão, diga-se que, sendo tão diferente o paradigma de exploração dos empreendimentos turísticos em propriedade plural, será interessante observar como, na prática, os poderes públicos, os promotores e os proprietários de unidades de alojamento se irão comportar doravante.

Em termos de planeamento e uso do solo para o futuro, dificilmente se sustentará que este novo paradigma não virá a acarretar alterações programáticas.

É certo que estamos, ainda e sempre, perante um modelo de exploração turística, conquanto assente em diferentes quadros mentais e premissas. Mas a verdade é que os turistas que, a partir de agora, poderão usar estes empreendimentos, não têm só de ser turistas de passagem...

---

[19] Por exemplo em vender "livremente" 50% das unidades de alojamento – isto é desafectadas da exploração turística –, portanto no mercado imobiliário puro, o que pode ter sido determinante na formação do preço do terreno.

EMPREENDIMENTOS TURÍSTICOS EM PROPRIEDADE PLURAL

SANDRA PASSINHAS[1]
Assistente da Faculdade de Direito
da Universidade de Coimbra

I. Introdução

São empreendimentos turísticos em propriedade plural, nos termos do artigo 52.º do DL 39/2008, de 7 de Março[2], que aprovou o regime jurídico da instalação, exploração e funcionamento dos empreendimentos turísticos em vigor (doravante RJIEFET), aqueles que compreendem lotes e ou fracções autónomas de um ou mais edifícios, susceptíveis, por isso, de pertencer a mais do que um proprietário.

A propriedade plural num empreendimento turístico verifica-se, pois, quando este seja composto por, ou resulte da combinação de, vários lotes, unidades imobiliárias[3], ou fracções autónomas de um

---

[1] A autora agrade os comentários e sugestões gentilmente feitos pelo Dr. Curto Fernandes.

[2] Com as alterações introduzidas pelo Decreto-Lei n.º 228/2009, de 14 de Setembro.

[3] Por exemplo, num conjunto turístico, podem ser instalados, desde que admitidos pelos instrumentos de gestão territorial aplicáveis, edifícios autónomos, de carácter unifamiliar, com alvará de autorização de utilização para fins turísticos autónomo, desde que verificados os requisitos do artigo 4.º, n.º 7 do RJIEFET. Os conjuntos turísticos (*resorts*) são empreendimentos turísticos constituídos por núcleos de instalações funcionalmente interdependentes, situados em espaços com continuidade territorial, destinados a proporcionar alojamento e serviços complementares de apoio a turistas, sujeitos a uma administração comum de serviços partilhados e de equipamentos de utilização comum, que integrem pelo menos dois empreendimentos turísticos (estabelecimentos hoteleiros, apartamentos turísticos, empreendimentos de turismo de habitação, empreendimentos de turismo de espaço rural, ou parques de campismo e caravanismo – sendo um deles obrigatoriamente um

edifício ou vários edifícios constituídos em propriedade horizontal, pertencentes ou susceptíveis de pertencer a proprietários diferentes. Nestes casos, a(s) propriedade(s) singular(es) coexiste(m) com as infra-estruturas, os equipamentos e os serviços comuns, que servem de elemento de valorização da fracção autónoma, mas que exigem, pela sua própria natureza e função, uma administração vinculada ao fim turístico do empreendimento, à eficiência da sua gestão e à manutenção da sua qualidade.

A noção de fracção autónoma, entendida *lato sensu* (abrangendo os lotes, as unidades imobiliárias e as fracções autónomas de edifícios constituídos em propriedade horizontal), não é equivalente a unidade de alojamento, já que nem todas as fracções autónomas são unidades de alojamento e nem todas as unidades de alojamento são fracções autónomas.

Num empreendimento turístico podem, por exemplo, existir fracções autónomas destinadas à instalação de estabelecimentos comerciais ou de prestação de serviços, desde que o seu número e localização não afectem a função e a utilização das áreas de uso comum (cfr. artigo 10.º RJIEFET)[4]. É, pois, possível configurar um empreendimento turístico em que todas as fracções autónomas sejam destinadas a comércio e à prestação de serviços, e nenhuma das unidades de alojamento seja autónoma.

Por outro lado, nos termos do artigo 7.º do RJIEFET, unidades de alojamento são o espaço delimitado destinado ao uso exclusivo e privativo do utente do empreendimento turístico. As unidades de alojamento podem revestir vários tipos, consoante o tipo de empreen-

---

estabelecimento hoteleiro de cinco ou quatro estrelas), e ainda um equipamento de animação autónomo (por exemplo, campos de golfe, marinas, portos e docas de recreio, instalações de *spa*) e um estabelecimento de restauração, que pode ser parte integrante de um dos empreendimentos (sobre os requisitos dos estabelecimentos de restauração ou de bebidas, ver o Decreto Regulamentar n.º 20/2008, de 27 de Novembro). Podem ser instalados num conjunto turístico empreendimentos turísticos de tipo diferente, mas nos conjuntos turísticos só podem instalar-se empreendimentos turísticos. Cfr., todavia, artigo 10.º do RJIEFET.

[4] Apesar da letra da lei, parece-nos que nada obsta a que seja instalado num empreendimento turístico, por exemplo, uma padaria, uma pastelaria, ou uma churrasqueira, que são pacificamente qualificados pela jurisprudência como actividade industrial. Vide, *inter alia*, o acórdão do STJ, de 14 de Fevereiro de 2008, http://www.dgsi.pt (Processo 08B29). O critério terá de ser, a nosso ver, se a actividade se enquadra no fim turístico do empreendimento.

dimento turístico: quartos, suites, apartamentos ou moradias, e devem ser identificadas no exterior da respectiva porta de entrada em local bem visível[5]. As unidades de alojamento devem ainda ser insonorizadas e ter janelas ou portadas em comunicação directa com o exterior. O conceito de fracção autónoma parece ser mais exigente. Nos termos do artigo 1415.º do Código Civil, as fracções autónomas têm de constituir unidades independentes, ser distintas e isoladas entre si, e com saída própria para uma parte comum do prédio ou para a via pública. A par destas exigências, as fracções autónomas têm de satisfazer uma série de exigências de direito público, *maxime,* as impostas pelo Regime Geral das Edificações Urbanas.

Note-se, todavia, que temos assistido recentemente a uma reconstrução do conceito de isolamento ou autonomia. Tradicionalmente entendia-se que *"não pode considerar-se conforme à lei a prática que consiste em delimitar as garagens, quando o título lhes atribua natureza privativa – considerando-as fracções autónomas de per si ou elementos de outras fracções –, através de linhas marcadas no pavimento (e não através de paredes). Tal processo apenas será admissível quando a parte do imóvel afectada a garagens seja comum e as linhas de demarcação se destinem tão somente a disciplinar o poder de uso que a todos os condóminos compete, assinalando o espaço reservado a cada um"*[6]. A praxis, todavia, tem vindo a aceitar a qualificação de espaços de estacionamento como fracções autónomas, traduzindo uma reconstrução do conceito de autonomia da fracção autónoma no sentido de, por um lado, exigir um grau de isolamento diferente para cada espaço, de acordo com a sua função, e, por outro lado, passar de uma autonomia física ou material para um conceito abstracto de autonomia (não se exige o isolamento físico do espaço, mas apenas a possibilidade de afastar ingerências nesse espaço, por exemplo através de uma corrente). Este é, definitivamente, um dado a ter em consideração no sentido de poder qualificar as unidades de alojamento de um sistema hoteleiro como fracções autónomas.

---

[5] As portas de entrada das unidades de alojamento devem possuir um sistema de segurança que apenas permita o acesso ao utente e ao pessoal do estabelecimento.

[6] Assim, Pires de Lima/Antunes Varela, (com a colaboração de M. Henrique Mesquita), 2.ª ed., Coimbra Editora, vol. III, anot. ao artigo 1415.º, p. 400, para. 4.

É à Câmara Municipal que cabe apreciar a autonomia das fracções autónomas, nos termos dos artigos 38.º e 62.º do Regime Jurídico da Urbanização e da Edificação. O artigo 59.º do Código do Notariado determina, em conformidade, que os instrumentos de constituição da propriedade horizontal só podem ser lavrados se for junto documento, passado pela Câmara Municipal, comprovativo de que as fracções autónomas satisfazem os requisitos legais. Tratando-se de prédio construído para venda em fracções autónomas, o documento a que se refere o número anterior pode ser substituído pela exibição do respectivo projecto de construção, aprovado pela câmara municipal.

Sobre uma fracção autónoma de um empreendimento turístico, incide um direito de propriedade, com todas as limitações decorrentes do regime legal[7]. Para além das limitações gerais ao direito de propriedade, são ainda de ter em conta as limitações decorrentes do regime de propriedade horizontal, e as do RJEIFET.

As unidades de alojamento estão, nos termos do artigo 45.º do RJIEFET, permanentemente em regime de exploração turística, devendo a entidade exploradora assumir a exploração continuada da totalidade das mesmas, ainda que ocupadas pelos respectivos proprietários. Neste caso, os proprietários usufruem dos serviços obrigatórios da categoria do empreendimento, os quais estão abrangidos pela prestação periódica prevista no artigo 56.º, e não podem ser objecto de contratos que comprometam o uso turístico das mesmas, designadamente contratos de arrendamento ou constituição de direitos de uso e habitação[8].

Nos casos em que a propriedade e a exploração turística não pertençam à mesma entidade ou quando o empreendimento se encontre em regime de propriedade plural, a entidade exploradora deve obter de todos os proprietários um título jurídico que a habilite à

---

[7] Não vamos, por não ser o local adequado, proceder à discussão sobre a natureza jurídica deste direito.

[8] Sobre as necessidades residenciais e a evolução das cidades numa perspectiva histórica, veja-se Fernando Alves Correia, *Manual de Direito do Urbanismo*, I, 2.ª ed, Almedina, Coimbra, p. 49. Sobre o turista na sociedade pós-moderna e o turismo como universo separado, v. Asterio Savelli, *Sociologia del turismo*, 8.ª ed., FrancoAngeli, 2002, p. 129 ss.

exploração da totalidade das unidades de alojamento[9]. Este título deve prever os termos da exploração turística das unidades de alojamento, a participação dos proprietários nos resultados da exploração da unidade de alojamento, bem como as condições da utilização desta pelo respectivo proprietário. O adquirente do direito sobre lote ou fracção autónoma em empreendimento turístico, com base no qual tenha sido conferido à entidade exploradora do empreendimento título jurídico que a habilita à exploração da totalidade das unidades de alojamento, sucede automaticamente nos direitos e obrigações do transmitente daquele direito perante a entidade exploradora.

Na definição do artigo 2.º do RJIEFET, os empreendimentos turísticos são estabelecimentos que se destinam a prestar serviços de alojamento, mediante remuneração, dispondo, para o seu funcionamento, de um adequado conjunto de estruturas, equipamentos e serviços complementares. Nos termos do artigo 56.º, n.º 4 do RJIEFET, consideram-se equipamentos comuns e serviços de utilização comum do empreendimento os que são exigidos para a respectiva categoria[10], devendo constar do título constitutivo (cfr. artigo 55.º). Os equipamentos de uso comum que integram o empreendimento turístico estão sujeitos aos requisitos gerais do RJIEFET, em especial os constantes do artigo 5.º, e aos requisitos da Portaria 358/09, de 6 de Abril. A instalação de estabelecimentos comerciais ou de prestação de serviços não pode prejudicar a instalação e o funcionamento das áreas de uso comum. Uma percentagem não inferior a 4% da prestação periódica deve ser afecta à constituição de um fundo de reserva

---

[9] Deve fazer parte integrante dos contratos-promessa de transmissão, bem como dos contratos de transmissão da propriedade de lotes ou fracções autónomas que integrem o empreendimento turístico em propriedade plural, sob pena de nulidade do contrato, um título jurídico que habilite a entidade exploradora à exploração da totalidade das unidades de alojamento.

[10] Cfr. artigos 34.º e ss. do RJIEFET. Veja-se, ainda, a Portaria n.º 327/2008, de 28 de Abril, quanto à classificação dos estabelecimentos hoteleiros, dos aldeamentos e dos apartamentos turísticos; a Portaria n.º 517/2008, de 25 de Junho, sobre os requisitos mínimos a observar pelos estabelecimentos de uso local; a Portaria n.º 937/2008, de 20 de Agosto, sobre os requisitos mínimos a observar pelos estabelecimentos de turismo de habitação e de turismo no espaço rural; a Portaria n.º 1320/2008, de 17 de Novembro, sobre os requisitos específicos de instalação, classificação e funcionamento dos parques de campismo e de caravanismo.

destinado exclusivamente à realização de obras de reparação e conservação das instalações e equipamentos de uso comum. É à entidade administradora do empreendimento que incumbe assegurar o funcionamento e a conservação das instalações e equipamentos de utilização comum e dos serviços de utilização comum.

II. A propriedade plural e a propriedade horizontal

Nos casos em que exista propriedade plural num empreendimento turístico, o RJIEFET estabelece algumas regras específicas e determina a aplicação subsidiária do regime da propriedade horizontal às relações entre a entidade exploradora e administradora do empreendimento e os proprietários das unidades de alojamento que o compõem. A nossa análise prossegue agora em alguns pontos nucleares deste regime, nomeadamente o título constitutivo, o regulamento de administração do empreendimento, a prestação periódica, os "deveres" dos proprietários, a entidade administradora e a assembleia de proprietários.

1. *O título constitutivo*

O primeiro elemento que o regime dos empreendimentos turísticos importou do regime legal da propriedade horizontal foi a necessidade de existência de um título constitutivo. É preciso destacar, no entanto, que o título constitutivo reveste nos dois domínios um significado muito diverso. Vejamos.

Na propriedade horizontal, o título constitutivo é o acto de eficácia real, *erga omnes*, que modela o concreto estatuto dos direitos que se constituam ao abrigo do respectivo regime. Nas palavras de HENRIQUE MESQUITA[11], estas regras, *"embora resultantes de uma declaração negocial, adquirem força normativa ou reguladora vinculando, desde que registadas, os futuros adquirentes das fracções, independentemente do seu assentimento"*.

---

[11] "A propriedade horizontal no Código Civil Português", *in RDES*, ano XXIII, n.º 1-4 (1976), p. 94 a 102.

Empreendimentos Turísticos em Propriedade Plural

O título constitutivo não pode contrariar disposições legais imperativas e tem de estar de acordo com a autorização municipal. Nos termos do artigo 1418.º, n.º 3, do Código Civil, a falta de conformidade entre o título constitutivo e o projecto aprovado pela entidade pública competente determina a nulidade do título[12].

São títulos constitutivos da propriedade horizontal, nos termos do artigo 1417.º, o negócio jurídico, a usucapião, ou uma decisão judicial ou administrativa. O título constitutivo cria *ex novo*, e modela, um concreto direito real de propriedade horizontal. Significa isto que as restrições que fazem parte do título constitutivo, tendo natureza real, prevalecem sobre qualquer negócio obrigacional que com elas se não harmonize. Para que estas restrições vinculem um locatário, um comodatário, ou qualquer utilizador do edifício, não é necessário que estejam mencionadas no contrato celebrado[13].

Qualquer condómino pode reagir contra violações do título constitutivo, provenham elas de um condómino ou de qualquer terceiro que exerça poderes de facto sobre uma fracção autónoma.

No regime dos empreendimentos turísticos, o título constitutivo não é normalmente... *constitutivo*. O título constitutivo é elaborado pelo titular do alvará de licença ou de autorização para a realização da operação urbanística relativa à instalação do empreendimento, ou pelo titular do respectivo alvará de licença ou autorização de utilização, e carece de aprovação pelo Turismo de Portugal, I.P., que só a pode recusar caso o mesmo viole o RJIEFET, ou outras disposições legais ou regulamentares aplicáveis[14].

No título constitutivo deve constar a menção das fracções autónomas ou lotes (identificação e descrição física e registal, valor e fim); instalações e equipamentos; serviços de utilização comum, infra-estruturas urbanísticas; o montante da prestação periódica; os

---

[12] Vide a este propósito Fernanda Paula Oliveira/Maria José Castanheira Neves/ Dulce Lopes/Fernanda Maçãs, *Regime Jurídico da Urbanização e Edificação*, 2.ª ed., Almedina, Coimbra, 2009, p. 421.

[13] Ver HENRIQUE MESQUITA, "A Propriedade Horizontal no Código Civil Português", *in RDES*, ano XXIII, n.º 1-4 (1976), p. 122.

[14] As entidades exploradoras de empreendimentos turísticos em propriedade plural, em funcionamento à data da entrada em vigor do Decreto-Lei n.º 39/2008, de 7 de Março, mas que não dispusessem de título constitutivo, deviam proceder à respectiva elaboração e promoção da respectiva aprovação em assembleia-geral de proprietários até 31 de Dezembro de 2010.

202 *Empreendimentos Turísticos*

deveres dos proprietários e da entidade administradora; os meios de resolução dos conflitos de interesses. Para além destes elementos, o título constitutivo de um conjunto turístico deve mencionar a identificação da entidade administradora do conjunto turístico, a identificação e descrição dos vários empreendimentos turísticos, estabelecimentos ou instalações e equipamentos de exploração turística que o integram, por forma a que fiquem perfeitamente individualizados, o valor relativo de cada um desses elementos componentes do conjunto turístico, expresso em percentagem ou permilagem do valor total do empreendimento, o fim a que se destina cada um dos referidos empreendimentos turísticos, estabelecimentos e instalações ou equipamentos de exploração turística.

O título constitutivo tem de ser registado[15] antes da celebração de qualquer contrato de transmissão ou contrato-promessa de transmissão dos lotes ou fracções autónomas. Uma cópia simples do título constitutivo devidamente aprovado e registado deve fazer parte integrante dos contratos-promessa de transmissão, bem como dos contratos de transmissão da propriedade de lotes ou fracções autónomas que integrem o empreendimento turístico em propriedade plural, sob pena de nulidade do contrato. O STJ decidiu recentemente, à luz do anterior regime dos empreendimentos turísticos, que esta é uma nulidade atípica, *"susceptível de ser invocada apenas pelo interessado que não lhe deu causa, o promitente comprador, pois cabe exclusivamente ao empreendedor proceder ao depósito do mencionado título constitutivo"* e que após o depósito do título constitutivo, *"a referida nulidade deve considerar-se sanada"[16]*. A entidade exploradora deve, ainda, enviar a cada um dos proprietários uma cópia do título constitutivo aprovado e registado.

Quando é que o título constitutivo de um empreendimento turístico é constitutivo? Quando o empreendimento turístico se encontra instalado em edifício ou edifícios implantados num único lote, o título constitutivo do empreendimento turístico consubstancia o título constitutivo da propriedade horizontal do empreendimento, quando esta não tenha sido previamente constituída, desde que conste de

---

[15] Cfr. artigo 2.º, n.º 1, alínea z) do Código de Registo Predial.

[16] Acórdão do STJ de 19 de Março de 2009, *in* http://www.dgsi.pt (Processo 09A0273).

escritura pública, de documento particular autenticado por entidade habilitada a fazê-lo nos termos da lei ou de outro título de constituição da propriedade horizontal, e abranja todas as fracções do edifício ou edifícios onde está instalado o empreendimento jurídico, independentemente do uso a que sejam afectas.

A elaboração do título constitutivo pelo titular do alvará de licença ou de autorização para a realização da operação urbanística relativa à instalação do empreendimento, ou pelo titular do respectivo alvará de licença ou autorização de utilização, e a aprovação pelo Turismo de Portugal, I. P., constituem condição prévia à outorga da escritura pública ou documento particular autenticado a que se refere o n.º 3 do artigo 54.º, quando exista, sendo aí mencionada expressamente a data da aprovação do título constitutivo pelo Turismo de Portugal, I.P.

O título constitutivo do empreendimento turístico não pode conter disposições incompatíveis com o estabelecido no alvará de loteamento, ou no projecto de construção aprovado, ou no título constitutivo da propriedade horizontal respeitantes aos imóveis que integram o empreendimento turístico. Assim, se uma parte do edifício se destinava a jardim, não pode constar no título constitutivo do empreendimento turístico como parque de estacionamento.

2. *Regulamento de administração do empreendimento*

Do título constitutivo deve fazer parte integrante um regulamento de administração do empreendimento, o qual deve reger, designadamente, a conservação, a fruição e o funcionamento das unidades de alojamento, das instalações e equipamentos de utilização comum e dos serviços de utilização comum. O regulamento de administração deve, assim, ser aprovado pelo Turismo de Portugal, I.P., e registado na conservatória do registo predial.

Também aqui se verificam algumas especificidades relativamente à propriedade horizontal. No regime da propriedade horizontal, encontramos referências ao regulamento de condomínio em duas disposições: no artigo 1418.º, n.º 2, e no artigo 1429.º-A, ambos do Código Civil e com a redacção que lhes foi dada pelo DL 267/94, de 25 de Outubro.

Segundo o artigo 1418.º, n.º 2, alínea b), o título constitutivo pode conter um regulamento do condomínio, disciplinando o uso, fruição e conservação, quer das partes comuns, quer das fracções autónomas. Nos termos do artigo 1429.º-A, havendo mais de quatro condóminos e caso não faça parte do título constitutivo, deve ser elaborado um regulamento do condomínio disciplinando o uso, a fruição e a conservação das partes comuns. A feitura deste regulamento compete à assembleia de condóminos ou ao administrador, se aquela não o houver elaborado. Estes regulamentos correspondem a realidades distintas. O regulamento a conter no título constitutivo tem, desde logo, um conteúdo mais amplo: pode disciplinar o uso, a fruição e a conservação, quer das partes comuns quer das fracções autónomas. O regulamento inserido no título constitutivo e o regulamento elaborado em assembleia distinguir-se-iam, formalmente, quanto à fonte e quanto à eficácia ou modificabilidade e, substancialmente, quanto ao conteúdo. Quanto à fonte, temos duas situações distintas: um tem origem no título constitutivo, o outro na assembleia ou, em sua substituição, no administrador. O título constitutivo é, normalmente, uma declaração unilateral do proprietário, em que este exprime a vontade de sujeitar o edifício ao regime da propriedade horizontal. No título constitutivo são estabelecidos os poderes dos condóminos sobre as fracções autónomas e sobre as partes comuns, sendo, assim, um acto modelador do estatuto da propriedade horizontal. A assembleia de condóminos e o administrador são os órgãos administrativos das partes comuns do edifício, em cujo âmbito de competências cabe apenas a elaboração do regulamento de condomínio que discipline o uso, fruição e conservação das coisas comuns.

Quanto à modificabilidade, o regulamento contido no título constitutivo e, portanto, formalizado por escritura pública ou por documento particular autenticado[17] e sujeito a registo[18], nos termos do artigo 1419.º, n.º 1, só pode ser modificado havendo acordo de todos os condóminos. O regulamento aprovado pela assembleia ou elaborado pelo administrador é modificável por deliberação simples dos condóminos.

---

[17] Cfr. artigo 22.º do Decreto-Lei n.º 116/2008 , de 4 de Julho.

[18] Cfr. artigo 2.º, n.º 1, alínea b).

Como já defendemos noutro local[19], esta é uma distinção formal entre duas realidades que não deve prevalecer sobre uma outra distinção, de cariz substancial, no âmbito do conteúdo. O artigo 1429.º-A refere-se ao regulamento de condomínio, propriamente dito, como aquele que disciplina o uso, fruição e conservação das partes comuns. As normas que incidam sobre este núcleo mínimo de matérias têm carácter regulamentar, e podem ser alteradas por maioria dos condóminos. São matérias que cabem na competência dos órgãos administrativos e que têm um conteúdo decisório diminuto: não alteram a distribuição de poderes, mas apenas disciplinam o exercício desses poderes pelos seus titulares. A disciplina das partes comuns satisfaz necessidades que variam continuamente e, por isso, foi-lhe fixado um regime expedito, de decisão maioritária, em assembleia, ou por decisão do administrador. Se o regulamento inserido no título constitutivo contiver cláusulas que disciplinem estas matérias, pode ser alterado, neste âmbito restrito, por maioria. Esta nossa opinião leva a uma interpretação restritiva do artigo 1419.º, n.º 1: o regulamento de condomínio contido no título constitutivo pode ser alterado pela maioria prescrita na lei. Por estar inserido no título constitutivo, o regulamento não vê alterada a sua natureza. É a mesma realidade, qualquer que seja a sua fonte ou localização.

Segundo o artigo 1418.º, o regulamento de condomínio a inserir no título constitutivo pode disciplinar não só o uso, a fruição e a conservação das partes comuns, mas também das fracções autónomas. O que ficou estabelecido sobre as fracções autónomas, no regulamento inserido no título constitutivo, não poderia ter sido instituído por simples maioria – é necessário o acordo de todos os condóminos. Neste aspecto, este regulamento partilha a mesma natureza do título constitutivo, modelando o direito de cada condómino sobre a sua fracção autónoma. Aqui não se trata de mera administração, mas da definição do direito de propriedade de cada um sobre a sua fracção autónoma. O regulamento, *stricto sensu,* é um instrumento de gestão das partes comuns do edifício. A assembleia de condóminos, em princípio, não pode decidir sobre a administração de fracções autó-

---

[19] Ver o nosso *A Assembleia de Condóminos e o Administrador na Propriedade Horizontal*, 2.ª ed., Almedina, Coimbra, 2004, p. 69 e ss.

nomas (salvo nos casos especiais previstos na lei). Só em casos excepcionais a assembleia pode influir no modo de utilização das fracções autónomas, e sempre com fundamento na tutela de um interesse colectivo.

Concluímos, pois, que na propriedade horizontal a distinção não se faz entre o regulamento contido no título constitutivo e o regulamento aprovado pela assembleia ou elaborado pelo administrador. Faz-se entre o conteúdo típico (alterável por maioria) e o conteúdo atípico que participa na natureza do título constitutivo.

O regulamento de administração, inserido no título constitutivo do empreendimento turístico, é elaborado pelo titular do alvará de licença ou de autorização para a realização da operação urbanística relativa à instalação do empreendimento, ou pelo titular do respectivo alvará de licença ou autorização de utilização. Normalmente, o regulamento de administração do empreendimento não pode contrariar o estabelecido em alvará de loteamento ou título constitutivo da propriedade horizontal respeitantes aos imóveis que integram o empreendimento turístico. Uma excepção, contudo, deve ser apontada. Quando o título constitutivo do empreendimento turístico consubstancia o título constitutivo da propriedade horizontal do empreendimento, o regulamento de administração do empreendimento turístico tem valor igual ao regulamento contido no título constitutivo da propriedade horizontal.

O regulamento de administração do empreendimento rege designadamente, a conservação, a fruição e o funcionamento das unidades de alojamento, das instalações e equipamentos de utilização comum e dos serviços de utilização comum. Assim sendo, vale, directamente, perante todos os utilizadores do edifício[20].

Cabe recordar que em princípio, é livre o acesso aos empreendimentos turísticos, sem prejuízo da possibilidade de afectação total ou parcial dos empreendimentos turísticos à utilização exclusiva por associados ou beneficiários das entidades proprietárias ou da entidade exploradora; da reserva temporária de parte ou da totalidade do empreendimento turístico; de a entidade exploradora dos empreendi-

---

[20] Veja-se o acórdão da Relação de Lisboa, de 8 de Dezembro de 2009, em http://www.dgsi.pt (Processo 2269/03.0TBFIG.C1).

mentos turísticos reservar para os utentes neles alojados e seus acompanhantes o acesso e a utilização dos serviços, equipamentos e instalações do empreendimento. Fora estes casos, o acesso ou a permanência nos empreendimentos turísticos só pode ser recusado a quem perturbe o seu funcionamento normal. As normas de funcionamento e de acesso ao empreendimento devem ser devidamente publicitadas pela entidade exploradora.

3. *Prestação periódica*

Os proprietários de fracções autónomas estão obrigados ao pagamento de uma prestação periódica, a fixar no título constitutivo, à entidade administradora do empreendimento. Esta prestação é devida mesmo quando os proprietários as ocupem. O título constitutivo deve mencionar o critério de fixação e actualização da prestação periódica devida pelos proprietários[21], e a percentagem desta que se destina a remunerar a entidade responsável pela administração do empreendimento, bem como a enumeração dos encargos cobertos por tal prestação periódica (artigo 54.º, n.º 1, *h*); o tempo, lugar e forma de pagamento (artigo 54.º, n.º 1, *i*); bem como o valor devido no primeiro ano (artigo 54.º, n.º 7).

A indicação do valor da prestação periódica devida pelo titular daqueles lotes ou fracções autónomas no primeiro ano, nos termos do título constitutivo, deve fazer parte integrante dos contratos-promessa de transmissão, bem como dos contratos de transmissão da propriedade de lotes ou fracções autónomas que integrem o empreendimento turístico em propriedade plural, sob pena de nulidade do contrato.

A prestação periódica destina-se a pagar as despesas de manutenção, conservação e funcionamento do empreendimento; a remunerar a prestação dos serviços de recepção permanente, de segurança

---

[21] Nos conjuntos turísticos (*resorts*) cada um dos empreendimentos turísticos, estabelecimentos, ou instalações e equipamentos de exploração turística que integram o empreendimento contribuem para os encargos comuns do conjunto turístico na proporção do respectivo valor relativo fixado no título constitutivo do empreendimento, nos termos previstos no artigo 55.º, n.º 2 do RJIEFET.

e de limpeza das unidades de alojamento e das partes comuns do empreendimento; a remunerar os serviços do revisor oficial de contas e a entidade administradora do empreendimento (não pode ultrapassar 20% do valor total); bem como outras despesas desde que previstas no título constitutivo.

Uma percentagem não inferior a 4% da prestação periódica deve ser afecta à constituição de um fundo de reserva destinado exclusivamente à realização de obras de reparação e conservação das instalações e equipamentos de uso comum e de outras despesas expressamente previstas no título constitutivo.

Independentemente do critério de fixação da prestação periódica estabelecido no título constitutivo, aquela pode ser alterada por proposta do revisor oficial de contas inserida no respectivo parecer, sempre que se revele excessiva ou insuficiente relativamente aos encargos a que se destina e desde que seja aprovada em assembleia convocada para o efeito.

A prestação periódica é uma obrigação real, ou seja conexa ou acessória de um direito real, e ambulatória. Todavia, seguindo a posição de Henrique Mesquita, entendemos que a ambulatoriedade deve ser excluída nos casos em que a prestação representa uma contrapartida de um uso ou fruição que couberam ao alienante, e o adquirente não dispõe de elementos objectivos que revelem a existência de dívidas[22].

Nada parece apontar em sentido contrário a reconhecer que se deve aplicar nos empreendimentos turísticos a norma que atribui valor de título executivo à acta da assembleia de proprietários[23], nem o reconhecimento da aplicação da excepção de não cumprimento dos contratos no caso em que a jurisprudência o tem vindo a admitir para a propriedade horizontal.

---

[22] Ver Henrique Mesquita, *Obrigações Reais e Ónus Reais*, Almedina, Coimbra, 1990, p. 316 e ss.

[23] Cfr. artigo 6.º, do Decreto-Lei n.º 267/94, de 25 de Outubro, e o acórdão da Relação de Évora, de 26 de Março de 2009, *in* http://www.dgsi.pt (Processo 2911/08-2).

4. *"Deveres" dos proprietários*

Vimos *supra* que os proprietários têm sobre a fracção autónoma um direito de propriedade, com as restrições próprias resultantes da sua inserção num empreendimento turístico, e que constam do artigo 57.º do RJIEFET. Ao contrário da epígrafe, que sugere a existência de 'deveres dos proprietários', do que se trata aqui é da modelação legal da extensão do próprio direito sobre uma fracção autónoma num empreendimento turístico. Os proprietários de lotes ou fracções autónomas em empreendimentos turísticos em propriedade plural não podem, em primeiro lugar, dar-lhes utilização diversa da prevista no título constitutivo (e que foi a autorizada pela entidade administrativa competente). Parece-nos que qualquer dos proprietários pode fazer cumprir o disposto no título constitutivo e, portanto, pode agir judicialmente contra o utilizador da fracção para fim diverso do previsto. Também nos parece isento de dúvidas que a entidade exploradora tenha competência para o fazer[24].

Em segundo lugar, os proprietários não podem alterar a volumetria ou a configuração arquitectónica exterior da sua fracção autónoma. A configuração arquitectónica, que resulta do traçado e dos motivos ornamentais, e que imprime às várias partes do empreendimento no seu conjunto, do ponto de vista estético, uma determinada fisionomia unitária e harmónica, do ponto de vista arquitectónico mais ou menos valiosa, é um bem comum, cuja diminuição pode alterar o valor comercial do empreendimento. No caso de o proprietário alterar a volumetria ou a configuração arquitectónica exterior da sua fracção autónoma, a entidade exploradora tem o dever de obter a restituição ao estado natural (artigo 1436.º, f) *ex vi* artigo 58.º, n.º 3 RJIEFET).

Em terceiro lugar, o proprietário não pode praticar quaisquer actos ou realizar obras que afectem a tipologia ou categoria do empreendimento. As regras acima referidas quanto à legitimidade para obter o respeito do título constitutivo mantêm-se.

---

[24] À semelhança do que já defendemos para o administrador no regime da propriedade horizontal. Cfr. o nosso *A Assembleia de Condóminos e o Administrador na Propriedade Horizontal*, 2.ª edição, Almedina, Coimbra, 2004, p. 329.

210 *Empreendimentos Turísticos*

Por último, os condóminos não podem impedir a realização de obras de manutenção ou conservação da respectiva unidade de alojamento, por parte da entidade exploradora.

A realização de obras pelos proprietários de lotes ou fracções autónomas, mesmo quando realizadas no interior destes, carece de autorização prévia da entidade administradora do empreendimento, sob pena de esta poder repor a situação a expensas do respectivo proprietário (artigo 57.º, n.º 2). Esta norma tem que ser lida em relação com o artigo 45.º, n.º 2 do RJIEFET, segundo o qual a entidade exploradora *"deve assegurar que as unidades de alojamento permanecem a todo o tempo mobiladas e equipadas em plenas condições de serem locadas para alojamento a turistas e que nelas são prestados os serviços obrigatórios da categoria atribuída ao empreendimento turístico"*, ainda que os proprietários as ocupem.

A entidade exploradora do empreendimento tem, assim, acesso às unidades de alojamento do empreendimento, a fim de proceder à respectiva exploração turística, prestar os serviços de utilização comum e outros previstos no título constitutivo, proceder às vistorias convenientes para efeitos de conservação ou de executar obras de conservação ou reposição. Ao ponderar-se a eficácia da actuação da entidade administradora, e a sua conformidade com os fins gerais de actuação a que deve obedecer, que são a razão de ser das suas competências, deve atender-se ao princípio da oportunidade e da proporcionalidade. A necessidade de acesso deve ser suficientemente fundada e o exercício legítimo dessa competência depende estritamente do exercício proporcional deste poder.

5. *Entidade administradora*

A administração dos empreendimentos turísticos em propriedade plural incumbe à entidade exploradora. Nos conjuntos turísticos, a administração incumbe a uma entidade administradora única, designada no título constitutivo, o que não impede que os empreendimentos turísticos que o integram possam ser explorados por diferentes entidades, que respondem directamente pelo cumprimento das disposições legais e regulamentares. Todavia, o funcionamento das instalações e equipamentos e os serviços de utilização comum obrigatórios, nos

Empreendimentos Turísticos em Propriedade Plural 211

termos da classificação atribuída e do título constitutivo, são da responsabilidade da entidade administradora do conjunto turístico. O legislador considerou essencial para a boa gestão dos empreendimentos turísticos a unidade da administração. A unidade da entidade administradora é também essencial para a representação unitária do condomínio, imprescindível para os interesses do tráfico jurídico. A entidade administradora, que é designada pelo titular do respectivo alvará de autorização de utilização para fins turísticos, é responsável pelo integral funcionamento e nível de serviço do empreendimento turístico e pelo cumprimento das disposições legais e regulamentares aplicáveis[25].

A entidade administradora do empreendimento exerce as funções que cabem ao administrador do condomínio, nos termos do regime da propriedade horizontal, *v.g.*, convocar a assembleia de condóminos; cobrar as receitas e efectuar as despesas comuns; exigir dos condóminos a sua quota-parte nas despesas aprovadas; executar as deliberações da assembleia de proprietários; representar o conjunto dos proprietários perante as autoridades administrativas; guardar e manter todos os documentos que digam respeito ao empreendimento turístico; guardar as actas e facultar a respectiva consulta, quer aos proprietários, quer a terceiros.

Também a administração global do empreendimento cabe à entidade administradora, incumbindo-lhe, nomeadamente, assegurar o funcionamento e a conservação das instalações e equipamentos de utilização comum e dos serviços de utilização comum previstos no título constitutivo, bem como a manutenção e conservação dos espaços verdes de utilização colectiva, das infra-estruturas viárias e demais instalações e equipamentos de utilização colectiva integrantes do empreendimento, quando tenham natureza privada.

---

[25] Nos termos do artigo 76.º, n.º 2, as entidades promotoras ou exploradoras dos empreendimentos turísticos em propriedade plural cujos processos se encontram pendentes à data da entrada em vigor do DL 39/2008 podem optar por aplicar o regime constante dos capítulos VII e VIII do DL 39/2008 ou o regime de exploração aplicável à data do início do procedimento. Consideram-se pendentes os processos relativos a operações de loteamento, pedidos de informação prévia e pedidos de licenciamento de operações urbanísticas e pedidos de classificação definitiva que tenham por objecto a instalação de empreendimentos turísticos, de empreendimentos de turismo no espaço rural e de casas de natureza.

A entidade administradora dos empreendimentos turísticos em propriedade plural deve elaborar um programa de administração e conservação do empreendimento para cada ano, sujeito a aprovação pela assembleia geral. O programa deve ser enviado a cada proprietário juntamente com a convocatória da assembleia geral ordinária em que se procede à respectiva aprovação para o ano seguinte.

Nos empreendimentos em propriedade plural, a entidade administradora do empreendimento deve prestar caução de boa administração e conservação, a favor dos proprietários das fracções autónomas ou lotes, antes da celebração dos contratos de transmissão da propriedade dos lotes ou das fracções autónomas que integrem o empreendimento, sob pena de nulidade dos mesmos. Parece-nos que estamos, novamente, perante uma nulidade atípica, susceptível de ser invocada apenas pelo interessado que não lhe deu causa, tal como decidido pelo STJ a propósito do artigo 54.º, n.º 7[26].

A entidade administradora do empreendimento deve organizar anualmente as contas respeitantes à utilização das prestações periódicas e submetê-las à apreciação de um revisor oficial de contas. Cabe à assembleia de proprietários aprovar o relatório de gestão e as contas respeitantes à utilização das prestações periódicas, bem como a sua alteração, sempre que se revele excessiva ou insuficiente relativamente aos encargos que se destina (sob proposta do revisor oficial de contas). O relatório de gestão e as contas são enviadas a cada proprietário, juntamente com a convocatória da assembleia geral ordinária, acompanhados do parecer do revisor oficial de contas (que pode ir no sentido de um aumento da prestação periódica).

Os proprietários têm, além disso, o direito de consultar os elementos justificativos das contas e do relatório de gestão a apresentar na assembleia geral. A entidade administradora deve, também, facultar aos proprietários, na assembleia geral destinada a aprovar o relatório de gestão e as contas respeitantes à utilização das prestações periódicas, a análise das contas de exploração, bem como dos respectivos elementos justificativos.

A administração, na concreta execução das suas funções, deve ter um carácter finalista, ter em conta a vinculação da sua actuação

---

[26] A que correspondia o artigo 46.º, n.º 10, do Decreto-Lei n.º 167/97, de 4 de Julho.

Empreendimentos Turísticos em Propriedade Plural   213

ao fim da gestão turística. Se não cumprir as suas funções, a assembleia geral de proprietários pode destituí-la das suas funções de administração, nos termos do artigo 62.º do RJIEFET. Para ser eficaz, a assembleia deve nomear simultaneamente uma nova entidade administradora, que deve prestar caução de boa administração no prazo de 15 dias. O legislador não exclui expressamente a aplicação do artigo 1485.º do Código de Processo Civil, que trata da exoneração judicial de administração.

6. *Assembleia de proprietários*

A assembleia geral de proprietários integra todos os proprietários dos lotes ou fracções que constituem o empreendimento. A assembleia tem um vasto leque de competências, nomeadamente: eleger o presidente de entre os seus membros; aprovar o relatório de gestão e as contas respeitantes à utilização das prestações periódicas; aprovar o programa de administração e conservação do empreendimento; aprovar, sob proposta do revisor oficial de contas, a alteração da prestação periódica, sempre que se revele excessiva ou insuficiente relativamente aos encargos a que se destina; accionar a caução de boa administração; destituir a entidade administradora do empreendimento; deliberar sobre qualquer outro assunto que lhe seja submetido pela autoridade administradora do empreendimento. As deliberações da assembleia tomadas em sede de gestão do empreendimento assumem carácter de decisões administrativas e são sempre susceptíveis de revogação e de modificação.

A assembleia geral é convocada pela entidade responsável pela administração do empreendimento ou pelo respectivo presidente sob proposta de proprietários que representem pelo menos 10% dos votos correspondentes ao valor total do empreendimento. Parece ser de excluir a aplicação subsidiária do artigo 1438.º do Código Civil que permite aos condóminos, isoladamente, convocarem a assembleia de condóminos quando recorram de um acto do administrador. Note-se que esta norma é imperativa, não pode ser afastada no título constitutivo nem no regulamento de administração do empreendimento turístico.

214   *Empreendimentos Turísticos*

A assembleia geral deve ser convocada por carta registada, enviada pelo menos 30 dias de calendário antes da data prevista para a reunião, no 1.º trimestre de cada ano. A convocatória deve ser instruída com o relatório de gestão e contas (acompanhados do parecer do ROC) e com o programa de administração e de conservação do empreendimento.

As eventuais lacunas e irregularidades do procedimento de convocação – e, em particular, as atinentes à observância do prazo e à iniciativa da convocação – não podem dar lugar senão a deliberações contrárias à lei e, como tal, sujeitas a anulação. Nas deliberações resultantes de assembleias irregularmente convocadas, há uma violação literal da lei, através do processo formativo da assembleia. Serão, por isso, de acordo com o regime regra, deliberações meramente anuláveis. O desrespeito dos limites impostos pela lei importa a anulabilidade da decisão adoptada, com a consequência que, não sendo esta tempestivamente impugnada, o vício de que é afectada considera-se sanado[27].

É inválida a deliberação da assembleia tomada sem contraditório, ao menos formal, de todos os interessados, pois não se pode dizer que haja deliberação se não está constituída a massa deliberante, isto é, que cada um esteja em posição de participar na formação da vontade comum, seja com o seu voto, as suas sugestões ou observações ou, ainda, que esteja em posição de eventualmente exercer os seus direitos como dissidente ou como ausente[28]. A falta de convocação de um proprietário afecta a própria validade da deliberação, sem que se possa aduzir que o voto do condómino não convocado não tinha influência no resultado da votação[29].

---

[27] Neste sentido, A. Nicoletti/R. Redivo, *Il regolamento e l'assemblea nel condominio degli edifici*, 2.ª ed., Cedam, Pádova, 1990, p. 141.

[28] Sobre os direitos dos participantes na assembleia, ver o nosso *A Assembleia de Condóminos e o Administrador na Propriedade Horizontal*, 2.ª ed., Almedina, Coimbra, 2004, p. 228 e ss.

[29] Segundo Lobo Xavier, *Anulação de Deliberação Social e Deliberações Conexas*, Atlântida Editora, Coimbra, 1975, p. 52, quando a pessoa legitimada para concorrer ao colégio foi disso impedida, este facto determina sempre a invalidade das deliberações aí tomadas (e tal invalidade revestirá a forma de anulabilidade). Isto muito embora os votos que àquela coubessem fossem insuficientes para, somados aos da minoria, igualar o número daqueles que fizeram vencimento. A posição do autor justifica-se desde logo porque não

Obviamente que a participação dos proprietários na assembleia sana a irregularidade ou a falta de convocação. Não basta a mera presença na assembleia; o proprietário pode dirigir-se ao local da reunião numa tentativa de adiar a assembleia, pois apesar de ter tido conhecimento da sua realização, não beneficiou do prazo mínimo concedido por lei e que, no caso concreto, seria indispensável, por exemplo, para aconselhamento jurídico ou tão só para ponderar sobre uma correcta tomada de decisão. É necessário que os proprietários manifestem a vontade de que a assembleia se constitua e delibere sobre determinado assunto. A impugnação pode ser proposta ainda pelos proprietários presentes na reunião e que manifestaram o seu dissenso quanto à capacidade da assembleia de deliberar validamente[30].

O RJIEFET determina que são aplicáveis à assembleia geral as regras sobre quórum deliberativo previstas no regime da propriedade horizontal. As deliberações são tomadas por maioria simples dos votos dos proprietários presentes ou representados. Registe-se que, ao contrário do artigo 1432.º, n.º 4, do Código Civil, a maioria dos votos presentes não tem, em geral, que corresponder a um mínimo do valor do empreendimento. Há, claramente, um afastamento do critério patrimonial (o voto em função do valor da fracção autónoma), e até do critério pessoal (um proprietário, um voto). O legislador decidiu atribuir o poder regulatório a quem se interessa e intervém activamente no empreendimento turístico, nomeadamente, participando nas reuniões da assembleia de proprietários. Exceptuam-se as deliberações para accionar a caução de boa administração ou destituir a entidade administradora do empreendimento, que devem ser

---

pode garantir-se que a deliberação teria sido aprovada tal como o foi, se porventura se tivessem respeitado os preceitos legais e estatutários, admitindo-se o sujeito excluído. Pois, no pensamento da lei, a assembleia geral não é apenas destinada à votação, mas também à formação do convencimento dos votantes, através do mútuo esclarecimento proveniente da discussão que eventualmente precede a emissão dos votos. Assim, com a irregularidade cometida perde-se a possível influência de um membro do colégio deliberativo na determinação dos restantes. Não pode raciocinar-se como se o sentido dos votos destes fosse seguramente o mesmo, ainda que o excluído tivesse intervindo na assembleia. Cfr., ainda, Gino Terzago, *Diritti i doveri dei condomini*, Dott. A. Giuffrè Ed., Milão, 1985, p. 28.

[30] O ónus de provar em juízo que todos os condóminos foram tempestivamente convocados para a assembleia incumbe à entidade convocante, não se podendo encarregar o condómino da prova negativa da inobservância de tal obrigação legal.

tomadas pela maioria dos votos correspondentes ao valor total do empreendimento e, em geral, os casos previstos na propriedade horizontal (*v.g.*, quando haja destruição do edifício, nos termos do artigo 1428.º do Código Civil).

As deliberações da assembleia de proprietários não podem contrariar disposições legais imperativas, nem o título constitutivo. Questão complexa pode ser a da compatibilização entre as reuniões e as deliberações da assembleia de condóminos e as reuniões/deliberações da assembleia de proprietários. Referimo-nos aos casos em que do empreendimento turístico faça parte um edifício constituído em propriedade horizontal. Os condóminos têm poder de decisão nos assuntos que só a eles (e não ao empreendimento turístico no seu conjunto) digam respeito, e por cujas despesas serão responsáveis. Nos outros casos, parece-nos que poderá ter lugar uma compressão dos poderes dos condóminos reunidos em assembleia, em detrimento da preferência pela assembleia de proprietários como lugar de discussão. Por exemplo, em reunião de condóminos, não podem estes autorizar a mudança da linha arquitectónica ou do arranjo estético do edifício, nos termos do artigo 1422.º, n.º 3, do Código Civil, já que esta autorização está em contradição com o artigo 57.º, n.º 1, do RJIEFET.

Merece especial destaque a questão do conflito de interesses, particularmente acentuada nos casos em que a entidade exploradora do empreendimento é também proprietária de alguma fracção autónoma do empreendimento turístico. Dependendo das circunstâncias concretas, o proprietário/ entidade exploradora pode ser impedido de votar.

III. Conclusão

Procurámos traçar as linhas gerais de interconexão entre o regime da propriedade horizontal e o regime dos empreendimentos turísticos, quando haja propriedade plural. Independentemente da qualificação jurídica a atribuir a este direito, a localização da fracção autónoma num empreendimento turístico impõe uma série de restrições ao seu titular e um regime de administração eficaz e vinculado ao fim do empreendimento. O legislador determinou que o regime desse direito

Empreendimentos Turísticos em Propriedade Plural 217

é modelado, em primeiro lugar, pelas normas legais imperativas e pelos termos das autorizações administrativas legalmente exigidas. Em segundo lugar, é o título constitutivo da propriedade horizontal, quando exista, que modela os direitos e os deveres dos condóminos. Quando o título constitutivo da propriedade horizontal não seja o título constitutivo do empreendimento, tem lugar a elaboração e registo deste último. Do título constitutivo do empreendimento turístico ou da propriedade horizontal deve fazer parte um regulamento de administração do empreendimento. No caso de o regulamento estar inserido no título constitutivo do empreendimento e existir um título constitutivo da propriedade horizontal, este tem valor normativo superior. Por último, as deliberações da assembleia de proprietários ou as deliberações da assembleia de condóminos (que têm um âmbito de incidência distinto) não podem contrariar nenhum destes actos. Graficamente, esta hierarquia pode ser assim representada:

| Disposições legais imperativas |
| Autorizações administrativas |
| Título constitutivo da propriedade horizontal |
| Título constitutivo do empreendimento turístico e regulamento de administração do empreendimento |

No caso de o título constitutivo do empreendimento ser igualmente o título constitutivo da propriedade horizontal:

| Disposições legais imperativas |
| Autorizações administrativas |
| Título constitutivo da propriedade horizontal/do empreendimento turístico e regulamento da administração do empreendimento |
| Deliberações da assembleia de proprietários e da assembleia de condóminos (incluindo deliberação que aprove o regulamento de condomínio nos termos do artigo 1429.º-A) |

EMPREENDIMENTOS TURÍSTICOS
Implicações Registais

MADALENA TEIXEIRA
Conservadora do Registo Predial
e Vogal do Conselho Técnico do IRN, I.P.

Introdução

Até à entrada em vigor do Decreto-Lei n.º 39/2008, de 7 de Março[1], o cruzamento entre a realidade turística e o registo predial fazia-se sobretudo no campo das operações urbanísticas destinadas à implantação de empreendimentos turísticos, da sinalização descritiva de empreendimentos turísticos explorados no regime do direito real de habitação periódica, da inscrição de constituição deste direito e suas modificações, transmissões e onerações, e do controlo de legalidade dos actos de transmissão das fracções imobiliárias à luz do revogado regime jurídico da instalação e do funcionamento dos empreendimentos turísticos (artigo 46.º/11 do Decreto-Lei n.º 167/97, de 4 de Julho, na redacção dada pelo Decreto-Lei n.º 305/99, de 6 de Agosto).

Com a entrada em vigor do Decreto-Lei n.º 39/2008, diploma legal dominado por objectivos de unificação legislativa e de simplificação e agilização procedimental que define o novo regime jurídico da instalação, exploração e funcionamento dos empreendimentos turísticos[2], o registo predial é colocado como vector decisivo no plano da

---

[1] Este diploma foi rectificado pela Declaração de Rectificação n.º 25/2008, de 6 de Maio, e alterado pelo Decreto-Lei n.º 228/2009, de 14 de Setembro.

[2] Os preceitos citados no texto, salvo indicação em contrário, são do Decreto-Lei n.º 39/2008, com as alterações indicadas na nota anterior, e remetem para o Regime Jurídico da instalação, exploração e funcionamento dos empreendimentos turísticos (RJIEFET).

220   *Empreendimentos Turísticos*

constituição e do funcionamento dos empreendimentos turísticos, dado que o título constitutivo do empreendimento turístico em proprie-dade plural passa a constituir facto sujeito a registo (artigo 54.º/6)[3], sendo a feitura do registo pressuposto injuntivo e requisito de valida-de dos actos de transmissão ou de promessa de transmissão dos lotes e ou fracções autónomas que integrem um empreendimento turístico nestas condições (artigo 54.º/6 e 7).

É, pois, o conjunto de todas estas implicações registais o objecto da análise que aqui se procura fazer, ainda que de modo sumário e sem nos afastarmos do *móbil*, vale dizer, da dimensão prática especial-mente suscitada pelo ramo de Direito em tabela.

1. Operações de transformação fundiária tendentes à instalação do empreendimento turístico

Considerando que, na noção dada pelo artigo 2.º/1, o empreen-dimento turístico é constituído por um estabelecimento destinado a prestar serviços de alojamento, mediante remuneração, dispondo, para o seu funcionamento, de um adequado conjunto de estruturas, equipamentos e serviços complementares[4], e que, perante as tipolo-gias detalhadas naquele diploma legal[5], são de complexidade variá-vel os elementos que o compõem e, bem assim, os seus requisitos da sua instalação, o primeiro aspecto relevante para o Registo Predial é

---

[3] O Decreto-Lei n.º 116/2008, de 4 de Julho (diploma legal concretizador de medidas de simplificação, desmaterialização e desformalização de actos e processos na área do regis-to predial e de actos notariais conexos), por seu turno, vem não só acolher o registo do título constitutivo do empreendimento turístico, introduzindo-o no elenco do artigo 2.º do Código do Registo Predial sob a alínea z) do n.º 1, como determinar a sua obrigatoriedade, por força das disposições conjugadas dos artigos 8.º-A a 8.º-D aditadas ao Código do Registo Predial.

[4] Em face do artigo 2.º/2, ficam, porém, excluídos do regime jurídico da instalação, exploração e funcionamento dos empreendimentos turísticos os estabelecimentos que revis-tam a natureza de alojamento local ou que sejam explorados sem intuito lucrativo ou para fins exclusivamente de solidariedade social e cuja frequência seja restrita a grupos limitados.

[5] De acordo com o artigo 4.º, os empreendimentos turísticos podem ser estabeleci-mentos hoteleiros, aldeamentos turísticos, apartamentos turísticos, conjuntos turísticos (*resorts*), empreendimentos de turismo de habitação, empreendimentos de turismo no espaço rural, parques de campismo e de caravanismo ou empreendimentos de turismo da natureza.

Empreendimentos Turísticos – Implicações Registais

justamente o que se relaciona com os recursos prediais que podem servir à instalação de um empreendimento turístico e com o conjunto de operações de transformação fundiária implicadas, designadamente, quando esteja em causa a transformação fundiária precedida de um procedimento administrativo prévio[6], que deva ser reflectido no registo, ou directamente fundada em plano de pormenor que contenha as menções constantes das alíneas a) a d), h) e i) do n.º 1 do artigo 91.º do Decreto-Lei n.º 380/99, de 22 de Dezembro, na redacção dada pelo Decreto-Lei n.º 316/2007, de 19 de Setembro[7].

Como se sabe, o registo predial está organizado como um sistema de fólio real, onde o prédio, enquanto porção delimitada do território, se apresenta como o objecto a que respeita a situação jurídica (conjunto de factos que simultaneamente incidem sobre o mesmo objecto) publicitada pelo registo e, portanto, como a coisa jurídica em torno da qual gravita o objecto da relação de conhecimento registal[8].

Donde quaisquer vicissitudes que se traduzam na alteração das características materiais, funcionais ou económicas dos prédios reconhecíveis a partir do registo predial devem neste ser espelhadas ao nível descritivo, assim como devem ser inscritos os actos causantes da transformação fundiária, seja qual for a forma de actividade administrativa pela qual se manifestem, mesmo quando a eficácia real pretendida demande ainda uma actuação de índole privada destinada a assegurar a observância de princípios estruturantes dos direitos

---

[6] Para a apreciação do regime geral do controlo prévio das operações urbanísticas e do regime especial das operações urbanísticas da Administração Pública à luz das alterações introduzidas ao Decreto-Lei n.º 555/99, de 16 de Dezembro (Regime Jurídico da Urbanização e da Edificação) pela Lei n.º 60/2007, de 4 de Setembro, vd. Pedro Gonçalves, *Controlo prévio das operações urbanísticas após a reforma legislativa de 2007*, Direito Regional e Local, n.º 01, 2008, pp.14 e ss.

[7] Sobre a intercambialidade do plano de pormenor com a aprovação de operações de loteamento após as alterações ao Regime Jurídico dos Instrumentos de Gestão Territorial (RJIGT) introduzidas pelo Decreto-Lei n.º 316/2007, de 19 de Setembro, vd. Dulce Lopes, *Planos de pormenor, unidades de execução e outras figuras de programação urbanística em Portugal*, Direito Regional e Local, n.º 03, 2008, pp. 8 e ss.

[8] Sobre os elementos da relação de conhecimento registal, cfr. Carlos Ferreira de Almeida, Publicidade e Teoria dos Registos, p. 165.

222   *Empreendimentos Turísticos*

reais, como é, por exemplo, o que visa assegurar o destino jurídico unitário da coisa[9].

Assim, sempre que a instalação de um dado empreendimento turístico reclame operações de transformação fundiária[10], executadas em plano de pormenor materialmente equiparável a uma operação de loteamento em sentido estrito ou a uma operação de reparcelamento, decorrentes de operações de execução dos planos ou desenvolvidas em consonância com a programação municipal levada a cabo através da delimitação de uma unidade de execução[11], ou simplesmente envolvendo actos de gestão urbanística disciplinados no RJUE[12], a primeira intervenção do registo predial na realidade presente ou futura desse empreendimento há-de fazer-se mediante a *inscrição* da operação de loteamento ou do reparcelamento e o consequente ajustamento do lastro fundiário essencial à sua instalação[13-14].

---

[9] Quando de trate de operações de transformação fundiária insusceptíveis de ser subsidiadas pela polémica figura da «sub-rogação real», ou, noutra perspectiva, pela figura da «aquisição originária» por *abandono* para integração na massa de concentração (cfr. J. A. Mouteira Guerreiro, *Efeitos registrais decorrentes da execução urbanística*, Direito Regional e Local, n.º 02, 2008, pp. 41 e ss.), como será o caso do reordenamento de terrenos de titulares diversos fora do âmbito da execução dos planos regulada no RJIGT ou da alteração de loteamento que implique recomposição de lotes de proprietários diferentes, não custa, no entanto, aceitar que a composição de interesses privados necessária à concretização do novo desenho urbano se faça ainda no âmbito do procedimento administrativo, através de um acordo prévio de todos os interessados que defina o quadro de *adjudicações* dos lotes resultantes do reparcelamento e no qual possamos reconhecer a base obrigacional de todas as aquisições derivadas translativas pertinentes à nova realidade jurídica (coisa), obtendo-se o efeito real a final, à custa do acto imaterial de direito público *licenciador* da dita operação de transformação fundiária.

[10] Sobre o enquadramento urbanístico dos projectos turísticos e o relacionamento entre o regime jurídico dos empreendimentos urbanísticos e o conjunto normativo atinente ao ordenamento do território e do urbanismo, vd. Dulce Lopes, *Aspectos Jurídicos da Instalação de Empreendimentos Turísticos*, Primeiras Jornadas Luso-Espanholas de Direito do Urbanismo.

[11] Cfr. Fernanda Paula Oliveira, *As virtualidades das unidades de execução num novo modelo de ocupação do território*, Direito Regional e Local, n.º 02, 2008, pp. 17 e ss.

[12] Lembramos que o artigo 38.º/1 do RJUE sujeita os empreendimentos turísticos ao regime jurídico das operações de loteamento nos casos em que se pretenda efectuar a divisão do terreno em lotes.

[13] Relativamente aos projectos urbanísticos de potencial interesse nacional (PIN) e, dentro destes, aos que assumem importância estratégica (PIN+), anotam-se o impacto e as especificidades do normativo contido no Decreto-Lei n.º 287/2007, de 17 de Agosto, no

Empreendimentos Turísticos – Implicações Registais 223

Para o efeito, importa que se comprovem os termos daqueles factos – do loteamento ou do reparcelamento –, o que implica carrear para o registo:

- O alvará de loteamento ou o recibo de admissão da comunicação prévia, quando se trate de operações urbanísticas sujeitas aos procedimentos administrativos de controlo prévio previstos no RJUE[15].
- O documento administrativo que comprove o licenciamento ou a aprovação da operação de reparcelamento prevista no artigo 131.º do RJIGT como instrumento de execução do plano[16-17].

Decreto-lei n.º 157/2008, de 8 de Agosto, no Decreto-Lei n.º 174/2008, de 26 de Agosto, no Despacho Conjunto n.º 606/2005, de 22 de Agosto, e na Portaria n.º 547/2009, de 25 de Maio, seja no domínio da realização de operações urbanísticas necessárias à concretização do projecto, seja no que respeita à realização dos respectivos registos, que integram, à cabeça, o âmbito das operações especiais de registo da competência dos balcões «SIR – Soluções integradas de registo» (SIR).

Do âmbito das operações especiais de registo podem também fazer parte os «empreendimentos urbanísticos, incluindo, designadamente, a constituição e modificação de propriedade horizontal, o registo do titulo constitutivo de empreendimento turístico e suas alterações», «a constituição, alteração e transmissão do direito real de habitação periódica» e as «operações de transformação fundiária», desde que se verifique um dos requisitos previstos no n.º 2 do artigo 4.º da Portaria atrás indicada, ou se trate de entidades ou profissionais que cumpram as condições indicadas no n.º 3 do mesmo artigo.

[14] Em face do disposto no artigo 41.º do CRP, o registo efectua-se mediante pedido de quem tenha legitimidade, salvo os casos de oficiosidade previstos na lei, pelo que, em regra, o registo das operações de transformação fundiária constitui um acto de iniciativa particular, cabendo aos interessados a obrigação de requerer o registo dentro do prazo que lhes é legalmente assinalado (artigos 8.º-A e seguintes do CRP).

Estipula-se, no entanto, no artigo 27.º/7 do RJUE, uma «oficiosidade externa» do registo, porquanto se atribui à câmara municipal o poder-dever de comunicar à conservatória do registo predial competente o aditamento ao alvará de loteamento (ou a admissão da alteração à comunicação prévia, nos casos em que o pedido relativo à operação de loteamento tenha seguido o procedimento previsto nos artigos 34.º e seguintes do RJUE), com indicação dos elementos em que se traduz a alteração.

[15] Recorda-se, no entanto, que o procedimento respeitante à instalação dos empreendimentos turísticos não deixa de exigir articulação entre o RJUE e o RJIEFET, porquanto neste se ressalvam expressamente as especificidades dele constantes e aquelas que à Portaria n.º 232/2008, de 11 de Março, se introduzem por via da Portaria n.º 518/2008, de 25 de Junho (cfr. artigos 5.º e 21.º e seguintes).

[16] Nos dizeres de Fernando Alves Correia, *Estudos de Direito do Urbanismo*, Almedina, 1997, p.72, esta operação consiste num «reordenamento de terrenos, edificados ou não, situados em regra no âmbito territorial de aplicação de um plano, de modo a

224   *Empreendimentos Turísticos*

– Ou a certidão do plano de pormenor que contenha as menções constantes das alíneas a) a d), h) e i) do n.º 1 do artigo 91.º do RJIGT e que se faça acompanhar das peças escritas e desenhadas que suportem as operações de loteamento ou reparcelamento nele previstas.

Sendo que, para o registo do reparcelamento que directamente proceda de plano de pormenor, cumprirá ainda apresentar um dos contratos previstos no n.º 8 do artigo 131.º do RJIGT[18].

Sobre a feitura do registo, vale a pena salientar que do extracto da inscrição da operação de transformação fundiária devem constar, como menções especiais, a identificação do título e a especificação das condições da operação (artigo 95.º/1/f), do CRP)[19], reflectindo-se

---

constituir lotes de terreno que, pela sua localização, forma e extensão, se adaptem aos fins de edificação ou a outro tipo previsto no plano».

[17] Sobre o registo do reparcelamento do solo urbano de acordo com as disposições do plano, cfr. o parecer do Conselho Técnico do Instituto dos Registos e do Notariado, proferido no processo n.º C.P. 148/2002 DSJ-CT, publicado no Boletim dos Registos e do Notariado n.º 2/2003.

[18] Considerando que o artigo 131.º/10 do RJIGT diz que a operação de reparcelamento em área abrangida por plano de pormenor, que contenha as menções constantes das alíneas a) a d), h) e i) do n.º 1 do artigo 91.º, pode concretizar-se através do contrato de urbanização ou de desenvolvimento urbano e registo efectuado nos termos dos artigos 92.º-A e 92.º-B, e que o artigo 133.º/2 vem, por seu turno, dizer que a operação de reparcelamento assim concretizada produz os efeitos referidos no n.º 1 do mesmo artigo, com as adaptações decorrentes do disposto nos mencionados artigos 92.º-A e 92.º-B, não parece despropositado equacionar que, nesta operação, o efeito real da divisão fundiária, a substituição, com plena eficácia real, dos antigos terrenos pelos novos lotes ou parcelas e a transmissão para a câmara municipal, de pleno direito e livre de quaisquer ónus ou encargos, das parcelas de terrenos para espaços verdes públicos e de utilização colectiva, infra-estruturas e equipamentos públicos que, de acordo com a operação de reparcelamento, devam integrar o domínio público não se bastem com a publicação do plano de pormenor no Diário da República, antes se apresentem também como uma decorrência do registo predial, aqui colocado como *modo* e com uma natureza constitutiva. Nesta perspectiva, a operação de reparcelamento na área abrangida pelo plano de pormenor constituiria um processo que teria início com o dito plano e com os contratos previstos no n.º 8 do artigo 131.º e que terminaria com o registo.

[19] De acordo com o disposto na alínea a) do n.º 3 do artigo 95.º do CRP, se as condições técnicas permitirem o arquivamento electrónico dos documentos junto das inscrições, a menção das condições da operação de transformação fundiária deve ser feita por remissão para o documento arquivado que serve de base ao registo, pelo que, quando assim for, a informação registal não se recolhe toda do extracto da inscrição, antes se obtém também à custa do título depositado.

Empreendimentos Turísticos – Implicações Registais

tabularmente, portanto, o particular regime a que a área objecto de intervenção urbanística se encontra sujeita e a coesão ou o «estatuto» unitário a que, apesar da fragmentação, se encontram subordinadas as unidades prediais autónomas resultantes de uma concreta intervenção no solo[20].

2. Autorização ou comunicação de utilização para fins turísticos

No que concerne à instalação dos empreendimentos turísticos, deixa-se ainda nota da função enunciativa atribuída ao registo predial no que respeita à existência da autorização de utilização emitida nos termos do artigo 62.º do RJUE, a qual, tratando-se de empreendimento turístico, recebe a designação de autorização de utilização para fins turísticos e segue as especificidades previstas no RJIEFET (artigo 30.º).

De acordo com as disposições conjugadas da alínea a) do n.º 1 e do n.º 2 do artigo 90.º-A do CRP, a existência de autorização de utilização é anotada à descrição mediante a indicação do respectivo número e data de emissão, dizendo o n.º 3 do mesmo artigo que, se as condições técnicas o permitirem, esta anotação deve ser efectuada de forma totalmente automática, nos termos de portaria do membro do Governo responsável pela área da justiça, o que, em princípio, há-de fazer-se à custa de mecanismos de interoperabilidade entre o sistema de informação das entidades competentes para a emissão daquela autorização e o SIRP (Sistema de Informação do Registo Predial)[21].

Ao mesmo tempo que se aditou este artigo 90.º-A ao Código do Registo Predial, modificou-se o artigo 1.º do Decreto-Lei n.º 281/99, de 26 de Julho, para dizer, no seu n.º 4, que, nos actos que envolvam

---

[20] Quando esteja em causa uma operação de reparcelamento, importa patentear no registo, a um tempo, o resultado do *agrupamento dos terrenos*, mediante a abertura da descrição da *massa de concentração*, a inscrição do facto, na nova ficha, com as menções legalmente previstas, a abertura da descrição dos lotes e parcelas (divisão fundiária), a inscrição dos factos e direitos pertinentes à situação jurídica de cada um desses lotes ou parcelas e a inutilização das descrições dos prédios correspondentes à divisão fundiária inicial.

[21] Cfr. o artigo 26.º da Portaria n.º 1535/2008, de 30 de Dezembro.

226   *Empreendimentos Turísticos*

a transmissão da propriedade de prédios urbanos ou de suas fracções autónomas, a apresentação de autorização de utilização perante a entidade que celebrar a escritura ou autenticar o documento particular é dispensada se a existência desta estiver anotada no registo predial e o prédio não tiver sofrido alterações[22].

3. Direito Real de Habitação Periódica

Outro domínio de implicação registal em matéria de empreendimentos turísticos é o do direito real de habitação periódica, posto que se trata de um direito sujeito a registo que, no essencial, radica na atribuição ao seu titular da faculdade de usar uma unidade de alojamento integrada num empreendimento turístico de certo tipo durante um período ou *fracção temporal* em cada ano[23].

Sobre o regime deste direito, introduzido no nosso país num impulso legislativo (Decreto-Lei n.º 355/81, de 31 de Dezembro) inspirado na figura do *time-sharing* utilizada nos sistemas jurídicos anglo-saxónicos, dispõe agora o Decreto-Lei n.º 275/93, de 5 de Agosto[24-25], resultando então a possibilidade de sobre as unidades de

---

[22] No dizer preambular do Decreto-Lei n.º 116/2008, que instituiu estas alterações, a anotação da existência de autorização de utilização insere-se num conjunto mais vasto de medidas destinadas a simplificar os procedimentos na área de justiça, permitindo aos cidadãos encontrar, num único local, toda a informação considerada necessária para a aquisição e celebração de outros negócios jurídicos sobre imóveis, tornando a informação mais rápida, mais segura e com menores custos. Ainda assim, apesar de a tónica justificativa ter sido colocada ao nível simplificação e da economia de esforço e de encargo para o cidadão, cremos que, através da figura da anotação à descrição, dando a conhecer a terceiros que, relativamente àquele prédio, a actividade de edificação foi desenvolvida em conformidade com a disciplina jurídica urbanística, igualmente se sinaliza e reforça o papel do registo predial na «rota» da função social da propriedade e da defesa dos direitos do consumidor.

[23] Sobre o direito real de habitação periódica, *vd.* Henrique Mesquita, *Uma nova figura real: O direito de habitação periódica*, Revista de Direito e Economia, Ano VIII, 182.

[24] Alterado pelo Decreto-Lei n.º 180/99, de 22 de Maio (com o intuito de assegurar uma adequada transposição da Directiva n.º 94/47/CE, de 26 de Outubro, conformando o direito nacional com o direito europeu, e de compatibilizar o regime do direito real de habitação periódica com o regime jurídico da instalação e do funcionamento dos empreendimentos turísticos, aprovado pelo Decreto-Lei n.º 167/97, e com os seus regulamentos), pelo Decreto-Lei n.º 22/2002, de 31 de Janeiro (destinado a garantir a transposição integral da Directiva n.º 94/47/CE, propósito não conseguido com a precedente alteração legislativa),

Empreendimentos Turísticos – Implicações Registais   227

alojamento integradas em hotéis-apartamentos[26], aldeamentos turísti-cos[27] e apartamentos turísticos[28] poderem constituir-se direitos reais de habitação periódica limitados a um período certo de tempo de cada ano (que não pode ser inferior a sete dias seguidos nem superior a 30 dias seguidos), desde que se observem as condições previstas no artigo 4.º, tanto para o empreendimento turístico como para as unidades de alojamento.

Assim, pelo que respeita às características do empreendimento turístico, exige-se que ocupe a totalidade de um ou mais imóveis, excepto no caso dos hotéis-apartamentos e dos apartamentos turísti-cos, que apenas têm de ocupar a maioria das unidades de alojamento de um ou mais edifícios, no mínimo de 10, que formem um conjunto urbanístico coerente[29].

---

pelo Decreto-Lei n.º 76-A/2006, de 29 de Março (para ajustar a redacção do artigo 48.º/9/a) à *desformalização* dos actos constitutivos das entidades nele referidas), e pelo Decreto-Lei n.º 116/2008 (para reflectir no texto dos artigos do Decreto-Lei n.º 275/93 que aludiam à forma notarial de escritura pública o resultado da *desformalização* consagrada no novo diploma legal).

[25] Salvo indicação em contrário, os preceitos citados neste ponto são do Decreto-Lei referido no texto.

[26] Grupo integrante do tipo «estabelecimento hoteleiro», previsto no artigo 4.º/1/a) e detalhado no artigo 11.º do RJIEFET, que é legalmente caracterizado como um empreendi-mento turístico destinado a proporcionar alojamento temporário e outros serviços acessórios ou de apoio, com ou sem fornecimento de refeições, e vocacionado a uma locação diária, em que a maioria das unidades de alojamento é constituída por apartamentos.

[27] Empreendimentos que, nos dizeres do artigo 13.º do RJIEFET, são constituídos por um conjunto de instalações funcionalmente interdependentes com expressão arquitectó-nica coerente, situadas em espaços com continuidade territorial, ainda que atravessados por estradas e caminhos municipais, linhas ferroviárias secundárias, linhas de água e faixas de terreno afectas a funções de protecção e conservação de recursos naturais, destinados a proporcionar alojamento e serviços complementares de apoio a turistas.

[28] Na tipologia definida no artigo 14.º do RJIEFET, os apartamentos turísticos sur-gem como empreendimentos turísticos constituídos por um conjunto coerente de unidades de alojamento, mobiladas e equipadas, que se destinem a proporcionar alojamento e outros serviços complementares e de apoio a turistas.

[29] Estes requisitos ou condições de exploração no regime de direito real de habitação periódica constituem, assim, uma especialidade relativamente às condições de instalação fixadas no RJIEFET para cada um destes empreendimentos turísticos e que, resumidamente, são as seguintes:
– Para a instalação dos estabelecimentos hoteleiros, em cujo tipo se integram os hotéis-apartamentos, demanda o artigo 12.º um número mínimo de 10 unidades de alojamento

228   *Empreendimentos Turísticos*

E quanto às unidades de alojamento[30], exige-se que sejam independentes, e distintas e isoladas entre si, com saída para uma parte comum do empreendimento ou para a via pública[31], sendo que as unidades de alojamento dos hotéis-apartamentos e dos apartamentos turísticos devem ainda ser contíguas e funcionalmente independentes.

Como forma de garantir a qualidade e a eficácia do funcionamento dos empreendimentos turísticos no regime de direito real de habitação periódica, estabelece-se ainda que, fora da hipótese prevista no n.º 2 do artigo 4.º, só 70% das unidades de alojamento afectas à

---

e a ocupação de uma parte independente de um edifício constituída por pisos completos e contíguos (a expressão verbal utilizada sugere que deva existir, pelo menos, uma suficiência funcional da parte do edifício destinada à instalação do estabelecimento hoteleiro que permita a satisfação do fim a que se encontra adstrita com autonomia e independência em relação ao resto do edifício), ou a totalidade de um edifício, ou de dois ou mais edifícios que constituam um conjunto harmónico e articulado entre si, inserido num conjunto de espaços contíguos, apresentando expressão arquitectónica e características funcionais coerentes.

– Para a instalação de um aldeamento turístico exige-se, no artigo 13.º, para além dos requisitos gerais de instalação e de um determinado conjunto de infra-estruturas e equipamentos, a existência de um mínimo de 10 unidades de alojamento e o cumprimento de determinados limites de ordem urbanística.

– Quanto aos apartamentos turísticos, determina o artigo 14.º que ocupem parte de um edifício, constituída por pisos completos e contíguos (ao contrário do que acontece com a instalação dos estabelecimentos hoteleiros, parece prescindir-se aqui da característica de «independência» da parte do edifício destinada à instalação dos apartamentos turísticos, o que talvez encontre justificação em face das características das próprias unidades de alojamento que podem compor um e outro tipo de empreendimento) e ou a totalidade de um ou mais edifícios que constituam um conjunto harmónico e articulado entre si, inserido num espaço identificável apresentando expressão arquitectónica e características funcionais coerentes (a expressão "espaço identificável" parece ter o sentido de dispensar a contiguidade que é pedida para a instalação dos estabelecimentos hoteleiros que ocupem dois ou mais edifícios, bastando, portanto, a possibilidade de se reconhecer a área ocupada pelo conjunto dos edifícios como pertinente ao empreendimento turístico).

[30] Segundo o artigo 7.º do RJIEFET, entende-se por unidade de alojamento o espaço delimitado destinado ao uso exclusivo e privativo do utente do empreendimento turístico, podendo ser quartos, suites, apartamentos ou moradias, consoante o tipo de empreendimento turístico.

[31] Como assinala Carvalho Fernandes, *Lições de Direitos Reais*, 4.ª edição, p. 457, embora se trate de características físicas semelhantes às que se encontram previstas para as fracções autónomas (artigo 1414.º do Código Civil) não é estritamente necessário que sobre o prédio no qual se encontra instalado o empreendimento turístico seja previamente constituída a propriedade horizontal (artigo 4.º/1/e)).

Empreendimentos Turísticos – Implicações Registais   229

exploração turística podem ficar sujeitas àquele regime[32] e que estas unidades de alojamento devem ter um titular único, ao qual fica vedada a constituição de outros direitos reais sobre as mesmas.

Em face das disposições conjugadas dos artigos 5.º e 6.º, o proprietário das unidades de alojamento que pretenda constituir o regime de direito real de habitação periódica terá de submeter o projecto de constituição a autorização pelo Turismo de Portugal, I.P. (que, no caso de procedência do pedido, emitirá certidão da qual devem constar os elementos indicados no n.º 2 do artigo 5.º), e exteriorizar, em escritura pública ou em documento particular autenticado[33] instruído com aquela certidão[34], o negócio jurídico unilateral de constituição daquele direito.

É este negócio jurídico unilateral que, depois, há-de servir de base ao registo obrigatório da constituição do direito real de habitação periódica[35-36], o qual apresenta as seguintes especificidades:

---

[32] Talvez porque o novo modelo de exploração dos empreendimentos turísticos não consente, como antes, que as unidades de alojamento possam ser retiradas da exploração turística, não se detecta, no Decreto-Lei n.º 39/2008, uma norma como a que estava contida no artigo 43.º/5 do Decreto-Lei n.º 167/97, na redacção dada pelo Decreto-Lei n.º 305/99, dizendo que: «As unidades de alojamento dos empreendimentos turísticos não se consideram retiradas da exploração de serviços de alojamento pelo facto de se encontrarem sujeitas ao regime do direito real de habitação periódica», De qualquer modo, continua a vigorar uma norma de conteúdo semelhante no artigo 4.º/5 do Decreto-Lei n.º 275/93.

[33] Também neste acto constitutivo do direito real de habitação periódica, as formalidades da declaração podem consistir na elaboração do documento particular autenticado, em vez da escritura pública anteriormente exigida, porém, tal como nos actos previstos no artigo 22.º do Decreto-Lei n.º 116/2008, a opção pelo documento particular autenticado implica o preenchimento dos requisitos legais a que estão sujeitos os negócios jurídicos sobre imóveis (artigo 24.º/1) e de todas as formalidades gerais (artigos 150.º e ss. do Código do Notariado) e especiais (artigo 24.º/2 e Portaria n.º 1535/2008) de que depende o valor do termo de autenticação. (Sobre o documento particular autenticado enquanto título para registo, cfr. o parecer proferido no processo R.P. 67/2009 SJC.CT, do Instituto dos Registos e do Notariado).

[34] Tendo em conta o disposto no artigo 6.º, no acto de constituição do direito real de habitação periódica deve fazer-se menção de que o conteúdo da certidão faz parte integrante do título, o que permite concluir que, neste caso, o conteúdo do título se obtém no conjunto dos dois documentos, sendo que um não subalterniza ou substitui o outro, antes se localiza parte do conteúdo de um – a escritura pública ou o documento particular autenticado – no conteúdo do outro – certidão –, para o qual remete.

[35] Sobre a sujeição a registo e a obrigatoriedade deste, cfr. artigos 2.º/1/b) e 8.º-A/1/a) do CRP.

230 *Empreendimentos Turísticos*

– O registo do facto jurídico é realizado mediante inscrição, que deve conter, como menções especiais, o número de fracções temporais com indicação do início e termo de duração em cada ano, bem como o respectivo regime na parte especialmente regulada no título[37] (artigo 95.º/1/r) do CRP).

– Na descrição do prédio sobre o qual tenha sido instalado o empreendimento turístico a explorar no regime de direito real de habitação periódica[38], é mencionada a afectação turística do empreendimento e respectiva classificação[39-40], bem como as letras correspondentes às unidades de alojamento, quando existam[41] (artigo 82.º/2/2.ª parte do CRP).

---

[36] Para comprovar o facto constituído por documento particular autenticado junto do serviço de registo competente, bastará, em regra, indicar o código de identificação referido no artigo 12.º da Portaria n.º 1535/2008, porquanto a consulta electrónica destes documentos substitui a apresentação do documento em suporte papel.

[37] Também a menção do regime do direito de habitação periódica, na parte especialmente regulada pelo título, deve ser feita por remissão para o documento arquivado que serve de base ao registo, se as condições técnicas permitirem o arquivamento electrónico do documento junto da inscrição (artigo 95.º/3/c) do CRP).

[38] Como resulta do artigo 8.º, só pode ser objecto de direito real de habitação periódica o edifício, grupo de edifícios ou conjunto imobiliário objecto de uma única descrição no registo predial, o que não significa que o empreendimento turístico não possa abranger mais de uma descrição (artigo 5.º/1/c)), ponto é que as unidades de alojamento sujeitas àquele regime se *localizem*, todas, numa mesma descrição e que pertençam ao mesmo proprietário (artigo 4º/1/e)), que pode ser, ou não, o proprietário de todo o empreendimento (artigo 5.º/2/a) e b)).

[39] Nos termos do disposto no artigo 34.º do RJIEFET, «a classificação destina-se a atribuir, confirmar ou alterar a tipologia e a categoria dos empreendimentos turísticos e tem natureza obrigatória», sendo que, em face do disposto no artigo 5.º/2/d) do Decreto-Lei n.º 275/93, da certidão emitida pelo Turismo de Portugal para instruir o acto de constituição do direito real de habitação periódica deve constar a classificação provisória atribuída ao empreendimento (a qual, em princípio, figurará junto ao parecer do Turismo de Portugal devido no âmbito do licenciamento ou comunicação prévia das operações urbanísticas, conforme o disposto no artigo 26.º/5 do RJIEFET), ou a classificação definitiva, se já tiverem decorrido dois meses sobre a sua abertura ao público.

[40] Estes elementos podem, se necessário, ser recolhidos da informação constante do Registo Nacional dos Empreendimentos Turísticos a que se refere o artigo 40.º do RJIEFET, em cujo n.º 4 se prevê expressamente o acesso aos dados nele constantes pelos serviços do registo predial.

[41] Pode acontecer que o prédio submetido ao regime de direito real de habitação periódica corresponda, todo ele, a uma unidade de alojamento (por exemplo, uma moradia turística).

Empreendimentos Turísticos – Implicações Registais 231

– Relativamente a cada unidade de alojamento é aberta uma descrição distinta, que deve conter o número da descrição genérica do prédio integrado no empreendimento turístico seguido da letra ou letras da unidade de alojamento, segundo a ordem alfabética, e as menções previstas nas alíneas c), d) e f) do n.º 1 do artigo 82.º do CRP que sejam indispensáveis para identificar a unidade de alojamento (artigo 83.º/2 do CRP)[42].

– Finalmente, é aberta uma descrição para cada fracção temporal, subordinada à descrição da unidade de alojamento, que deve conter, além do número da descrição genérica (correspondente ao prédio que integra o empreendimento turístico), a letra da unidade de alojamento, quando exista, e o início e o termo do período do direito de habitação (artigo 83.º do CRP).

Uma vez realizado o registo definitivo da constituição do regime de direito real de habitação periódica, são emitidos os certificados prediais, um por cada direito real de habitação periódica, vale dizer, um por cada um dos direitos parcelares, que, nos termos do disposto no artigo 10.º, titule o direito e legitime a transmissão ou oneração deste[43].

Com efeito, a oneração ou a transmissão por acto entre vivos de direitos reais de habitação periódica faz-se mediante declaração das partes no certificado predial[44], com reconhecimento presencial

---

[42] Se o prédio estiver em propriedade horizontal, o suporte descritivo da unidade de alojamento é o da correspondente fracção autónoma.

[43] Como refere Carvalho Fernandes, ob. cit., pp. 458/459, «o regime legal do direito de habitação periódica assenta numa certa indefinição entre duas realidades que, contudo, importa manter distintas», pois, por um lado, temos a habitação periódica, enquanto «esquema ou regime» de exploração de unidades de alojamento integradas num empreendimento turístico, e, por outro, temos o direito de habitação periódica, «enquanto situação jurídica adquirida pelos utentes desse empreendimento».

No sentido de que os direitos de habitação periódica, ainda que existentes e validamente constituídos, só adquirem plena eficácia quando forem encabeçados em pessoas diferentes do proprietário das unidades de alojamento, Isabel Pereira Mendes, *Direito Real de Habitação Periódica*, 1993, p. 25.

[44] O meio legalmente concebido para a manifestação ou exteriorização dos negócios jurídicos de transmissão ou de oneração do direito real de habitação periódica – declaração no certificado predial – permite alvitrar a exigência de uma forma especial e única de que depende, pelo menos, a validade do acto.

232 Empreendimentos Turísticos

das assinaturas do constituinte do ónus ou do alienante[45], devendo ainda ser indicado o valor, caso se trate de transmissão onerosa.

E o certificado predial é também o suporte material adequado para a inscrição da transmissão por morte, devendo nele ser aposta a assinatura do sucessor com reconhecimento presencial, antecedido da exibição do documento comprovativo de tal qualidade sucessória à entidade competente para o reconhecimento.

Não obstante faltar, no Código do Registo Predial, um preceito que expressamente preveja o registo da aquisição, da oneração e da extinção do direito real de habitação periódica[46], não deixamos de retirar dos artigos 12.º/1 e 42.º/2 do Decreto-Lei n.º 275/93 a previsão avulsa desse registo, e da alínea b) do n.º 1 do artigo 2.º do CRP a manifestação de um princípio geral de registabilidade de todos aqueles factos jurídicos[47].

Por último, importa referir que as fórmulas verbais dos artigos 47.º e 92.º/1/g) do CRP não parecem avessas ao registo provisório de aquisição do direito real de habitação periódica, pelo que, também neste domínio, se afigura viável a «reserva de lugar» em que o registo provisório de aquisição se traduz[48], podendo servir de base ao

---

[45] O reconhecimento presencial das assinaturas constitui uma formalidade que pode agora ser realizada por notário, conservador ou oficial de registo, ou por qualquer uma das entidades referidas no artigo 38.º do Decreto-Lei n.º 76-A/2006, mas, quanto a estas, a validade do acto fica também dependente do registo em sistema informático, nos termos definidos na Portaria n.º 657-B/2006, de 29 de Junho.

[46] O facto enunciado na alínea b) do n.º 1 do artigo 2.º do CRP diz respeito à criação do direito, que não existia antes, ao seu surgimento e ao seu regime, e, desta forma, também à sua aquisição, pois «toda a constituição de um direito implica a sua aquisição, dado não existirem direitos sem sujeito» (Carlos Alberto da Mota Pinto, *Teoria Geral do Direito Civil*, 4.ª edição por António Pinto Monteiro e Paulo Mota Pinto), mas o que falta, no Código do Registo Predial, é a referência expressa à sujeição a registo da aquisição ou oneração que tenha lugar depois de instituído o regime e de constituído o direito, e que, designadamente, se traduza em aquisição derivada translativa, em aquisição originária por usucapião (para quem a defenda como causa de aquisição deste direito) ou, no caso de oneração, em aquisição derivada constitutiva.

[47] Cremos, de resto, que, à luz do disposto no artigo 8.º-A/1/a) do CRP, estes são também registos obrigatórios, seja por via do disposto na aludida alínea b) do n.º 1 do artigo 2.º, seja por força da alínea u) do mesmo número e artigo, que, consabidamente, congrega todos os factos sujeitos a registo por disposição legal avulsa.

[48] O que no texto se deixou dito, a propósito do registo provisório de aquisição, poderá aplicar-se também ao registo provisório da hipoteca (artigo 92.º/1/i) do CRP), quando

registo o contrato-promessa previsto nos artigos 17.º e 18.º (artigo 47.º/4 do CRP) ou a declaração do titular do direito, com as formalidades previstas no CRP (artigo 47.º/1/2 e 3 do CRP).

4. Empreendimento turístico em propriedade plural

Como atrás dissemos, inovação do RJIEFET, aprovado pelo Decreto-Lei n.º 39/2008, é, sem dúvida, a sujeição a registo do título constitutivo do empreendimento turístico em propriedade plural e a *economia de meios* agora prevista quando o empreendimento turístico esteja instalado em edifício ou edifícios implantados num único lote e o promotor pretenda constituir o direito de propriedade horizontal. Vejamos.

O confronto das características *físicas* que compõem cada um dos tipos de empreendimento turístico permite-nos concluir: que estão em causa unidades funcionais, de lastro fundiário uno ou plúrimo, compostas por elementos diversos e servidas por um conjunto variável de infra-estruturas urbanísticas e de equipamentos[49]; que, sem prejuízo dos condicionamentos legais, a dimensão e a complexidade do projecto podem reclamar operações urbanísticas diversas, nomeadamente de transformação fundiária, ou implicar a utilização de parcelas com soluções de continuidade; que um objectivo de retorno do inves-

---

não se exclua a possibilidade de o direito real de habitação periódica poder ser objecto deste direito real de garantia (*vd.*, a este respeito, Maria Isabel Meneres Campos, *Da Hipoteca, Caracterização, Constituição e Efeitos*, Almedina, pp. 51/52, nota117).

[49] Não obstante a variabilidade dos requisitos de instalação dos empreendimentos turísticos em função da tipologia pretendida, encontramos, nos artigos 5.º e seguintes, um elenco de requisitos comuns, onde avultam a observância das normas e dos procedimentos administrativos exigíveis à luz do regime jurídico da urbanização e da edificação (quando a sua concretização envolva operações urbanísticas neste definidas), embora com os ajustamentos e as especificidades legalmente previstas, e o cumprimento das obrigações impostas pelo regime da acessibilidade aos edifícios e estabelecimentos que recebem público (a que acrescem condições específicas de acessibilidade orientadas em função do espaço físico e arquitectónico em causa nos diversos tipos de empreendimentos turísticos), sendo que na mesma secção legal, se prevê ainda a possibilidade de instalação de estabelecimentos comerciais ou de prestação de serviços (desde que o seu número e localização não afectem a função e a utilização das áreas de uso comum) e se estabelece uma norma habilitadora de regulamentação por portaria dos equipamentos de uso comum (cfr. o artigo 1.º/2 da Portaria n.º 358/2009).

timento pode determinar a substituição do edifício ou grupo de edifícios destinados à instalação do empreendimento por uma multiplicidade de coisas, por via da constituição da propriedade horizontal; e que o «desenho do empreendimento» pode ter como suporte um conjunto de elementos imobiliários, com autonomia estrutural mas funcionalmente interligados, que suscite a incidência do regime da propriedade horizontal, agora por via do disposto no artigo 1438.º-A do Código Civil[50].

E permite-nos outrossim concluir que, relativamente a um empreendimento turístico, pode estar em causa um único direito de propriedade ou uma pluralidade de propriedades, tantas quantas as coisas individualizadas e autónomas que, no todo ou em parte[51], participem na concretização e instalação do dito empreendimento.

Porque o empreendimento turístico constitui uma unidade funcional que, de acordo com o seu «desenho» ou projecto, tanto pode ser instalada numa unidade imobiliária como pode exigir um conjunto mais ou menos complexo de unidades prediais ou imobiliárias, só haverá propriedade plural, ou, dito de outra forma, só existirá um conjunto de direitos de propriedade relativos ao mesmo empreendimento, quando a pluralidade dos elementos constitutivos daquela unidade funcional juridicamente corresponda a uma pluralidade de coisas, cada uma delas objecto de um direito real de propriedade[52].

É justamente esta a conclusão que julgamos ver confirmada na noção de empreendimento turístico em propriedade plural ínsita no artigo 52.º, segundo o qual são considerados empreendimentos turísticos em propriedade plural «aqueles que compreendem lotes e ou fracções autónomas de um ou mais edifícios», e nos artigos 53.º e seguintes; preceitos que concretamente se ocupam da situação de

---

[50] Sobre o tema da propriedade horizontal sobre conjuntos imobiliários, vd. Mónica Jardim, *Propriedade Horizontal e Conjuntos Imobiliários*, 2.º Seminário Luso-Brasileiro de Direito Registral, Coimbra Editora, e Fernanda Paula Oliveira/Sandra Passinhas, *Loteamentos e Propriedade Horizontal: guerra e paz!*, RevCEDOUA, n.º 9.

[51] Perpassa, por exemplo, dos artigos 12.º/3 e 15.º que num mesmo edifício ou numa mesma unidade predial possam ser instalados dois ou mais empreendimentos turísticos sem que tal importe o fraccionamento ou divisão da coisa e sem que, com isso, se ponha em causa o seu destino jurídico unitário.

[52] Sobre o princípio da unidade ou da unicidade do objecto dos direitos reais, cfr. Henrique Mesquita, *Direitos Reais*, sumários das lições ao Curso de 1966-1967, pp. 12/14.

pluralidade dominial e da disciplina por que devem reger-se as relações entre proprietários, bem como do relacionamento com a entidade responsável pela administração, definindo, e mandando definir, o acervo regulamentar relativo à conservação, fruição e funcionamento das unidades de alojamento, das instalações e equipamentos de utilização comum e dos serviços de utilização comum.

Pois, a nosso ver, na noção de empreendimento turístico em propriedade plural estabelecida no referido artigo 52.º/1, o que pesa não é a natureza ou a origem das coisas imóveis envolvidas[53]; é antes a autonomia e a individualização de cada uma dessas coisas e o facto de constituírem objecto de direitos de propriedade diferenciados.

Cremos, aliás, que a noção contida no artigo 52.º exprime um modo de pensar o empreendimento turístico não como coisa *stricto sensu,* objecto de direitos *a se* ou objecto autónomo de relações jurídicas, mas como o resultado da afectação que é feita de cada umas coisas nele compreendidas, em particular, de cada uma das fracções autónomas e ou prédios necessários à consecução do projecto turístico. É este destino prático unitário, esta *finalidade colectiva,* que justamente implica a conciliação dos vários interesses em presença e que, concretamente, exige a conformação de limitações ou restrições de carácter privado ao exercício de cada um dos direitos envolvidos, tudo de forma a garantir a consolidação e a continuidade do estabelecimento turístico e, por conseguinte, a estabilidade daquela interdependência funcional e económica entre as unidades prediais e ou fracções autónomas que suportam o empreendimento[54-55].

---

[53] Cremos que a referência continuada, nos artigos 52.º e seguintes, à díade «lotes/ fracções autónomas» não significa que o conceito de «lote» aqui utilizado tenha o sentido exclusivo com que deve valer no âmbito do ordenamento do território e do urbanismo, até porque o empreendimento turístico pode ser instalado num *fundo* composto por unidades prediais criadas fora de uma operação de loteamento ou de um plano de pormenor com efeitos registais, mantendo-se a precedente divisão fundiária. Nesta hipótese, não deixa de se tratar de um empreendimento turístico que compreende mais de um objecto predial, sendo certo que para haver pluralidade de direitos de propriedade bastará que exista uma pluralidade de coisas em sentido jurídico, ainda que seja o mesmo o sujeito de todos esses direitos.

[54] Com efeito, apesar do uso frequente do termo «estabelecimento» na caracterização legal de cada um dos tipos de empreendimentos turísticos, o regime de propriedade desenhado no diploma legal em apreço não parece corroborar o entendimento de que, para o Direito, o empreendimento turístico seja uma coisa diferente das diversas coisas que organizadamente se congregam com um escopo ou vocação de índole turística.

4.1. *Título constitutivo do empreendimento turístico em propriedade plural*

E é através do título constitutivo do empreendimento turístico que se obtém tal desiderato, porquanto é por ele que se regem os empreendimentos turísticos em propriedade plural, embora subsidiariamente, quanto às relações entre os proprietários, se possa também recorrer ao regime da propriedade horizontal (artigo 53.º).

Diz o artigo 54.º/4 que o título constitutivo do empreendimento turístico em propriedade plural deve ser elaborado pelo titular do alvará de licença ou de autorização para a realização da operação urbanística relativa à instalação do empreendimento, ou pelo titular do respectivo alvará de licença ou autorização de utilização, o que é dizer que a acção ou o comportamento de autonomia privada que põe em vigor a regulação jurídica vinculante pertence, em princípio, ao(s) titular(es) dos direitos de propriedade sobre os lotes e ou fracções autónomas a que alude o artigo 52.º, e, portanto, àquele(s) que sobre as referidas coisas beneficie(m) da presunção de titularidade que o registo predial confere[56].

Ao invés, da noção de empreendimento turístico em propriedade plural e do disposto nos artigos 45.º/3, 54.º/7, 55.º/1/b), c) e d), 56.º e 59.º do RJIEFET, parece possível depreender um âmbito de propriedade restringido às *res unita corporalis* que constituem o lastro físico e ou jurídico do empreendimento, embora a preservação de um fim unitário (oferta turística) do conjunto reclame um mudança de *estatuto* de cada um dos direitos de propriedade, o que é dizer, a particularização de um regime especifico regulador das relações entre os proprietários.

Não sendo nosso propósito teorizar acerca da natureza jurídica da propriedade plural em tabela, não nos parece excessivo alvitrar aqui que sobre cada uma das coisas envolvidas no empreendimento turístico passa a incidir uma forma de propriedade especial, porquanto se estabelecem, na lei e no título constitutivo limitações que excedem as previstas para a propriedade comum e, até, as que resultam do regime da propriedade horizontal.

[55] Um empreendimento nestas condições pode ser desde logo noticiado pelo registo predial através da anotação à descrição prevista no artigo 90.º-A/1/c) do CRP.

[56] Ainda que se diga que a licença urbanística se submete exclusivamente a regras de direito de urbanismo sob reserva de direitos de terceiros, o artigo 9.º do RJUE e os artigos 7.º, 11.º e 15.º da Portaria n.º 232/2008, de 11 de Março, não deixam de denotar alguma flexibilidade relativamente à intersecção do direito privado, nomeadamente, quando exigem que o requerente faça prova documental da titularidade do direito que lhe confira a faculdade de realizar a operação urbanística, ou lhe permita obter a autorização de utilização de edifícios ou suas fracções, e que apresente certidão da descrição e de todas as inscrições em vigor no registo predial relativamente ao prédio ou prédios abrangidos pela dita operação urbanística.

Assim, numa tentativa de caracterização jurídica do título constitutivo do empreendimento turístico em propriedade plural, poderíamos talvez dizer que se trata de um negócio jurídico entendido como uma declaração de vontade, ou um feixe de declarações de vontade[57], dirigida à criação, dentro do *licet* ou do espaço de liberdade consentido pela lei, da regulação jurídica de um acervo de relações que intercedem no âmbito do funcionamento e da administração do empreendimento turístico em propriedade plural e que têm como sujeitos os proprietários ou a administração[58].

Quanto ao modo por que se manifesta esta vontade, parece que tanto os artigos 54.º e 55.º do RJIEFET como o artigo 43.º/1 do CRP revelam bem que o título constitutivo do empreendimento turístico em propriedade plural há-de ter, pelo menos, o aspecto exterior de um documento escrito, assinado pelo seu autor, salvo quando com ele se procure, também, constituir a propriedade horizontal, caso em que as formalidades do negócio assumem, normalmente, maior complexidade.

Relativamente ao conteúdo, o primeiro limite legal é o que se consagra no artigo 54.º/2, onde se proíbe uma conformação do título constitutivo do empreendimento turístico em propriedade plural que mostre incompatibilidade com o estabelecido em alvará de loteamento (quando o empreendimento compreenda um ou mais lotes[59]), ou com o título constitutivo da propriedade horizontal (quando o empreendimento abranja fracções autónomas, claro está), acrescendo que nem

---

De todo o modo, tratando-se de um facto sujeito a registo predial, o princípio do trato sucessivo (artigo 34.º do CRP) só estará assegurado quando no título constitutivo do empreendimento turístico em propriedade plural intervenha o titular inscrito e se possa asseverar que o bem por ele aproveitado é o que se encontra revelado pelo registo.

[57] Usando os critérios classificativos oferecidos pela doutrina, estará em causa um negócio jurídico unilateral, ou seja, com um só lado, ainda que possa intervir uma pluralidade de pessoas, pois o que nele avulta é o facto de não haver declarações de conteúdo oposto, ou, noutra perspectiva, o facto de os seus efeitos não diferenciarem as pessoas nele envolvidas (cfr. Carvalho Fernandes, *Teoria Geral do Direito Civil*, II, 3.ª edição, pp. 54/61).

[58] Mas o título constitutivo do empreendimento turístico em propriedade plural, como lei interna que é no âmbito do funcionamento do empreendimento turístico em propriedade plural, é independente das pessoas que em concreto integram o grupo de proprietários, dado que as suas normas têm eficácia *propter rem*.

[59] Obviamente, nesta articulação já deve valer o conceito técnico de lote a que alude o Decreto Regulamentar n.º 9/2009, de 29 de Maio.

o preenchimento das menções que constituem o conteúdo obrigatório do título, e que se encontram enunciadas no artigo 55.º, nem a densificação do *quid* negocial, para lá do que consta neste artigo, podem contrariar o que, com carácter imperativo, se encontre preceituado no RJIEFET ou noutra sede legal.

Como formalidade, que pode ser anterior ou preparatória (quando o título constitutivo do empreendimento turístico em propriedade plural consubstancia o título constitutivo da propriedade horizontal) ou posterior ao negócio (nos restantes casos), surge a aprovação do título pelo Turismo de Portugal, I.P.; entidade a quem, em primeiro lugar, compete o exercício de fiscalização ou de controlo de legalidade sobre o conteúdo do acto, sindicando da sua articulação com quaisquer disposições legais ou regulamentais aplicáveis (artigo 54.º/5)[60].

Finalmente, há que proceder ao pedido de registo do título, dando assim lugar à inscrição tabular da sua existência, nos termos indicados no artigo 95.º/1/ab), e à consecução da eficácia registal[61], mas isto, naturalmente, se da qualificação a que alude o artigo 68.º do CRP não resultar decisão minguante fundada em dúvida ou em falta de elementos acerca da identidade dos prédios e ou das fracções autónomas, da legitimidade dos interessados, da regularidade formal do título ou da validade do acto nele contido, embora, neste ponto, e naquilo que respeite a matéria de índole estritamente turística, a actividade de fiscalização do registo não deva, a nosso ver, sobrepor-se à ponderação conducente à aprovação do título pelo Turismo de Portugal.

---

[60] Parece, na verdade, que se confere ao Turismo de Portugal a tarefa de apreciar a validade do acto contido no título constitutivo do empreendimento turístico, mesmo quando algum do seu conteúdo só indirecta ou difusamente se relacione com o normativo específico da actividade turística.

[61] Cremos que na base da sujeição a registo do título constitutivo do empreendimento turístico em propriedade plural esteve um ânimo de preservação da estabilidade das transacções imobiliárias que impliquem modificações subjectivas ao nível da titularidade dos empreendimentos turísticos em propriedade plural e um intuito de reforço da segurança do comércio jurídico atinente ao lastro fundiário ou ao suporte físico imobiliário dos empreendimentos turísticos em propriedade plural, atento o «estatuto» a que ficam subordinadas aquelas coisas jurídicas e o particular regime a que ficam sujeitas as relações entre os respectivos proprietários.

4.2. Constituição simultânea da propriedade horizontal

Como vimos, a elaboração do título constitutivo do empreendimento turístico é demandada pela situação de pluripropriedade, porém, permite o artigo 54.º/3 que esse requisito se obtenha em simultâneo com a conformação jurídica do empreendimento turístico, dizendo-se que: «O título constitutivo de empreendimento turístico que se encontre instalado em edifício ou edifícios implantados num único lote consubstancia o título constitutivo da propriedade horizontal do empreendimento, quando esta não tenha sido previamente constituída», desde que abranja todas as fracções do edifício ou edifícios onde está instalado o empreendimento turístico, independentemente do uso a que sejam afectas[62], e se obedeça à forma legal prescrita para a constituição deste direito.

Ou seja, não se trata de dispensar a constituição da propriedade horizontal ou o regime traçado nos artigos 1414.º e seguintes do Código Civil, como a letra do n.º 3 do artigo 54.º, na sua versão inicial, permitia supor, antes estará em causa aglutinar num único suporte negocial e a partir de uma única declaração de vontade os dois efeitos jurídicos:

– Por um lado, a constituição de um novo direito (a propriedade horizontal), com a criação de um novo *estatuto* do edifício ou edifícios implantados no mesmo prédio, deixando este de ser considerado como uma coisa unitária para dar lugar a uma multiplicidade de coisas, «as fracções *autónomas*, a que estão indissociavelmente afectas partes comuns» do prédio, recebendo «cada um destes conjuntos – fracção autónoma mais partes comuns –» autonomia jurídica e, por conseguinte, passando a ser «objecto de uma situação real própria»[63].

---

[62] Pensamos que este requisito traduz a exigência de que todas as fracções autónomas do edifício ou edifícios implantados num único lote constituam suporte imobiliário do empreendimento turístico, ainda que alguma ou algumas delas não se destinem a uso exclusivo e privativo do utente do empreendimento (unidades de alojamento) e, portanto, exerçam outra finalidade dentro do empreendimento.

[63] Carvalho Fernandes, *Da natureza jurídica do direito de propriedade horizontal*, Cadernos de Direito Privado, n.º 15, 2006.

240   *Empreendimentos Turísticos*

– Por outro lado, a delimitação da realidade que consubstancia o empreendimento turístico, em termos físicos, descritivos, de finalidade e de valor[64], e a fixação de um complexo de regras que se impõem com eficácia *erga omnes* e pelas quais devem reger-se as relações dos proprietários entre si e com a entidade responsável pela administração.

Claro que o facto de a propriedade horizontal nascer em simultâneo com o título constitutivo do empreendimento turístico determina alguns ajustamentos, quer em termos de conteúdo deste título, quer no que respeita à demonstração dos requisitos legais de constituição daquele direito.

Quanto ao primeiro ponto, porque as fracções autónomas não têm pré-existência, dado que a pluripropriedade é coetânea da constituição do empreendimento turístico em propriedade plural e só logicamente a precede, a identificação registal exigida na alínea b) do n.º 1 do artigo 55.º há-de ser feita com referência ao prédio que se está a submeter ao regime da propriedade horizontal. Deve, por isso, constar a identificação física e fiscal deste prédio e, se for o caso, o estado em que se encontra o edifício (projectado, em construção ou já concluído), já que, à luz do disposto no artigo 59.º/2 do Código do Notariado, se admite a realização do negócio jurídico constitutivo da propriedade horizontal sobre edifício a construir ou em construção.

Depois, porque para a constituição da propriedade horizontal se estabelecem, no Código Civil, determinados requisitos, a saber, que as fracções autónomas de que o edifício ou grupo de edifícios se compõe, além de constituírem unidades independentes, sejam distintas

---

[64] Tal como na propriedade horizontal, em que o "valor" é o critério que permite definir alguns dos direitos e deveres dos condóminos, desde logo porque «a força do voto [se] regula pelo tamanho da quota» e porque, salvo disposição em contrário, as despesas são pagas na proporção da quota de cada condómino (Sandra Passinhas, *A Assembleia de Condóminos e o Administrador na Propriedade Horizontal*, Almedina, pp. 144 e 234), também das regras vertidas no artigo 63.º do RJIEFET e no que concerne às decisões atinentes ao empreendimento turístico, ressalta a prevalência do «valor» ou capital investido em detrimento do elemento pessoal, já que o que se exige para a tomada de deliberações é a maioria dos votos dos proprietários presentes ou representados ou, em determinadas situações, a maioria dos votos correspondentes ao valor total do empreendimento, e não a maioria formada pelas pessoas (proprietários) presentes ou representadas.

Empreendimentos Turísticos – Implicações Registais   241

e isoladas entre si, com saída própria para uma parte comum do prédio ou para a via pública (artigo 1415.°)[65], e porque em apreço está a constituição da propriedade horizontal por negócio jurídico *inter vivos*, concretamente, por declaração do proprietário, afigura-se que a instruir o título constitutivo do empreendimento turístico em propriedade horizontal que consubstancie o título constitutivo da propriedade horizontal deve estar também o documento, emitido pela câmara municipal, que comprove a verificação daqueles requisitos legais ou, se for o caso, o projecto de construção aprovado pela mesma entidade (artigos 1416.° do Código Civil, 59.° do Código do Notariado e 66.°/3 do RJUE).

Quanto à forma, apesar da especialidade da fonte constitutiva da propriedade horizontal em tabela, é patente que o legislador não quis prescindir das mesmas exigências de forma previstas para a declaração negocial autónoma e exclusiva de criação daquele direito, dizendo-se expressamente no artigo 54.°/3, que o título constitutivo do empreendimento turístico em propriedade plural só consubstancia o título constitutivo da propriedade horizontal quando conste de escritura pública, de documento particular autenticado por entidade habilitada

---

[65] Como ensinam Pires de Lima, Antunes Varela e Henrique Mesquita, *Código Civil anotado*, volume III, 2.ª edição, pp. 399/400, «a questão de saber se cada uma das fracções constitui uma unidade independente depende, em larga medida, do fim a que ela se encontra adstrita», pois os requisitos de independência de uma fracção autónoma destinada a habitação não são os mesmos de uma fracção autónoma destinada a escritório, serviços ou comércio. Por outro lado, dizem os mesmos autores, a lei não exige um número mínimo de divisões para cada fracção autónoma, porquanto «essencial é que cada uma delas possua os requisitos de independência, separação e isolamento de que a lei não prescinde».

É justamente com base nestes argumentos que se coloca a questão de saber se uma suite ou um quarto de hotel pode receber a qualificação de «fracção autónoma», dado que a finalidade a que se destina – estadia turística ou alojamento temporário – não reclama uma independência tão fina como a que se pede quando o fim é a habitação.

Em suma, para além das exigências de direito público, só podem ser objecto de propriedade horizontal as fracções autónomas, e portanto as unidades de alojamento, que reúnam as seguintes características:

– Sejam distintas e isoladas entre si, garantindo privacidade para o fim a que se destinam;
– Sejam auto-suficientes para o fim a que se destinam;
– Tenham saída própria para uma parte comum do prédio ou para a via pública.

a fazê-lo nos termos da lei[66] ou de «outro título de constituição da propriedade horizontal»[67-68].

Outra especificidade consiste na necessidade de a autorização pelo Turismo de Portugal preceder a outorga da escritura pública ou do documento particular autenticado, devendo fazer-se menção expressa, no título, da data em que ocorreu aquela autorização.

E também no registo se reflectem os efeitos produzidos pelo acto realizado nas condições previstas no artigo 54.º/3 do RJIEFET, pois é precisamente com esta *incindibilidade factual* e a coberto de uma inscrição única que a constituição da propriedade horizontal e o título constitutivo do empreendimento turístico em propriedade plural hão-de ingressar na ficha de registo, (99.º/2, do CRP). No entanto, importa não descurar os aspectos privativos de cada um daqueles efeitos, podendo acontecer, por exemplo, que a falta de conclusão do edifício determine a provisoriedade por natureza (artigo 92.º/1/b) do CRP) quanto à constituição da propriedade horizontal, e que a consequente falta de registo definitivo da pluripropriedade implique, por seu turno, a provisoriedade por natureza (artigo 92.º/2/b) do CRP) do título constitutivo do empreendimento turístico em propriedade plural, não se logrando, assim, uma qualificação de sentido único.

Por se tratar de uma inscrição que condensa a publicitação de duas situações jurídicas, o seu conteúdo há-de ser também o resultado organizado das menções especiais previstas para o registo da constituição da propriedade horizontal (artigo 95.º/1/q)) e para o registo do título do empreendimento turístico (artigo 95.º/1/ab)), sem prejuízo da divisibilidade do pedido, para efeitos de qualificação, que acima se preconiza.

---

[66] Cfr. os artigos 22.º a 25.º do Decreto-Lei n.º 116/2008 e a Portaria n.º 1535/2008.

[67] Cremos que o conceito utilizado é o de «título formal», enquanto prova gráfica ou documental de que conste a causa ou a razão de ser da situação jurídica, pois esta passagem legal sucede e dá continuidade à especificação de documentos (escritura pública e documento particular autenticado), e não de modos de constituição da propriedade horizontal (artigo 1417.º do Código Civil).

[68] No fundo, quanto à propriedade horizontal, parece que a forma observada na elaboração do título constitutivo do empreendimento turístico em propriedade plural participa do ser e da existência do acto, já que a falta da forma – escritura pública, documento autenticado ou outro título formal previsto na lei – não permite sequer considerar a *existência* daquele direito.

4.3. *Título constitutivo do conjunto turístico* (**resort**)

Segundo o glossário ínsito no RJIEFET, os conjuntos turísticos ou *resorts* são empreendimentos turísticos constituídos por núcleos de instalações funcionalmente interdependentes, situados em espaços com continuidade territorial, ainda que atravessados por estradas e caminhos municipais, linhas ferroviárias secundárias, linhas de água e faixas de terreno afectas a funções de protecção e conservação de recursos naturais[69], destinados a proporcionar alojamento e serviços complementares de apoio a turistas, sujeitos a uma administração comum de serviços partilhados e de equipamentos de utilização comum, que integrem pelo menos dois empreendimentos turísticos de um dos tipos previstos no n.º 1 do artigo 4.º, sendo obrigatoriamente um deles um estabelecimento hoteleiro de cinco ou quatro estrelas, e ainda um equipamento de animação autónomo e um estabelecimento de restauração (artigo 15.º/1)[70].

Com as alterações introduzidas pelo Decreto-Lei n.º 228/2009, o RJIEFET passou a admitir que, em determinadas condições de ordem urbanística e turística (artigo 15.º/7), dos conjuntos turísticos façam parte edifícios autónomos, de carácter familiar, com alvará de utilização para fins turísticos autónomo[71], os quais, por receberem a qualidade de unidades de alojamento, não podem ser directamente explorados pelos respectivos proprietários.

Mas o que avulta na noção legal de conjunto turístico é precisa-mente a existência de dois ou mais empreendimentos turísticos, inte-

---

[69] Como se sabe, no Decreto-Regulamentar n.º 20/99, de 13 de Setembro, alterado pelo Decreto-Regulamentar n.º 22/2002, de 2 de Abril, não se concebia a existência de soluções de continuidade na delimitação territorial do *resort*.

[70] Sem prejuízo de o pedido de informação prévia relativo à possibilidade de instala-ção de um conjunto turístico dever abranger a totalidade dos empreendimentos, estabeleci-mentos e equipamentos que o integram, diz o artigo 28.º que o promotor pode optar por submeter as operações urbanísticas referentes à instalação do *resort* a licenciamento ou a comunicação prévia em conjunto ou separadamente, relativamente a cada um dos compo-nentes ou a distintas fases de instalação. Por conseguinte, consoante a opção do promotor, os *resorts* dispõem de um único alvará de autorização para fins turísticos ou cada empreen-dimento turístico, estabelecimento e equipamento integrados no conjunto disporá de alvará de utilização próprio, de natureza turística ou para outro fim a que se destinem.

[71] Sobre as condições de emissão deste alvará, cfr. o disposto no artigo 30.º/8.

grados numa dada tipologia e categoria e instalados numa mesma unidade imobiliária ou em unidades imobiliárias diferenciadas, que, apesar da sua autonomia, vêem aumentado o nível de qualidade da oferta turística através da partilha de um conjunto de serviços e de equipamentos de utilização comum e da associação de uma componente de restauração e de animação, criando-se, deste modo, uma ligação ou interdependência funcional em termos de complementaridade e de oferta integrada de valências e de serviços.

Ora também do conjunto turístico é mister elaborar um título constitutivo quando à pluralidade dos seus elementos subjaza uma pluralidade de coisas imobiliárias (lotes e ou fracções autónomas), posto que necessário se torna, igualmente, identificar a realidade turística em causa, descrevendo e *avaliando* os vários empreendimentos turísticos, os edifícios autónomos, os estabelecimentos ou instalações e os equipamentos de exploração turística que compõem o todo[72], conformar os deveres dos proprietários, designar a entidade administradora (artigo 58.º/2) e disciplinar os seus deveres, nomeadamente em matéria de conservação do empreendimento.

O título constitutivo do *resort*, como título constitutivo de empreendimento turístico em propriedade plural que deve ser e com a observância dos mesmos requisitos de forma e de substância atrás enunciados, está sujeito a registo, com as menções previstas no artigo 95.º/1/ab) do CRP, podendo seguir-se, nas tábuas, a precedentes e privativos títulos constitutivos de empreendimento turístico em propriedade plural respeitantes aos empreendimentos turísticos que o integrem e que se encontrem instalados em «lotes» e ou fracções autónomas (artigo 52.º)[73].

---

[72] Cada elemento desempenha a mesma função do «lote» ou fracção autónoma no título constitutivo de um empreendimento turístico simples, pelo que o valor atribuído a cada elemento pode, depois, ter de ser subdividido pelos «lotes» e ou fracções autónomas que componham um mesmo elemento, bastando para tanto que se trate de empreendimento turístico (por exemplo, um hotel) em propriedade plural.

[73] Efectivamente, os conjuntos turísticos podem comportar diversas possibilidades e, portanto, diversas intersecções tabulares, pois um *resort* pode, por exemplo, integrar um empreendimento turístico instalado em edifício constituído em propriedade horizontal (e aqui a pluralidade de coisas jurídicas que suportam este empreendimento turístico determina a elaboração de um título constitutivo do empreendimento turístico, que pode, ou não, consubstanciar o título constitutivo da propriedade horizontal, e o seu subsequente registo)

4.4. *Transacção de lotes ou fracções autónomas integrantes do empreendimento turístico*

Outro ponto que merece referência expressa, dadas as implicações registais que apresenta, é o regime jurídico especial estabelecido no artigo 54.º/7 para a transmissão ou promessa de transmissão da propriedade sobre os lotes ou fracções autónomas que integrem o empreendimento turístico.

Na verdade, o valor positivo destes negócios jurídicos passa a depender da seguinte tríade de requisitos:

– Instrução do acto com cópia simples do título constitutivo do empreendimento turístico devidamente aprovado e registado.
– Instrução do acto com cópia simples do título de exploração referido no n.º 3 do artigo 45.º[74].
– Indicação do valor da prestação periódica devida no primeiro ano, nos termos do título constitutivo.

Mas, para além destes requisitos, também se exige, no artigo 59.º/3, que a constituição de caução de boa administração e conservação preceda a celebração dos contratos de transmissão da propriedade dos lotes ou das fracções autónomas que integrem o empreendimento, sob pena de nulidade dos mesmos.

O que, por um lado, manifesta a força normativa ou reguladora do título constitutivo do empreendimento turístico em propriedade plural, que, uma vez registado, vincula os adquirentes dos lotes e ou

---

e outro empreendimento turístico instalado em unidade predial autónoma e em propriedade singular, assim como pode compreender dois ou mais empreendimentos turísticos, todos eles em propriedade plural e, portanto, todos eles sinalizados no registo através do seu título privativo.

[74] Na base do novo paradigma de exploração dos empreendimentos está a vontade de garantir a unidade e continuidade da exploração do empreendimento turístico, acautelando-se, para o efeito, o nível de qualidade do serviço prestado e a finalidade turística das unidades de alojamento, já que são estas os elementos componentes do empreendimento que proporcionam estadia e fundamentalmente asseguram cariz turístico ao estabelecimento. Impede-se, por isso, a exploração directa das unidades de alojamento pelos proprietários e inviabiliza-se a sua retirada da exploração de serviços de alojamento, cabendo à entidade exploradora obter de todos os proprietários um título jurídico que permita estender a oferta turística à totalidade das unidades de alojamento que integram o empreendimento.

246   *Empreendimentos Turísticos*

fracções autónomas, independentemente do seu assentimento[75], e, tudo junto, reflecte um intuito de estabilidade e de continuidade do estabelecimento turístico[76].

5. Direito transitório

Finalmente, parece-nos pertinente abordar o problema da aplicação do novo regime jurídico dos empreendimentos turísticos no tempo, apenas para sublinhar:

- Que os títulos constitutivos dos empreendimentos turísticos em propriedade plural já elaborados e aprovados à data da entrada em vigor da LN não estarão sujeitos a registo, posto que nesta LN se estipulou uma norma transitória de carácter formal, mandando que a estas situações se aplique a LA (artigo 64.º/1).
- Que, em face da norma de direito transitório material contida no artigo 64.º/5, os títulos constitutivos dos empreendimentos turísticos em propriedade plural em funcionamento à data da entrada em vigor da LN que tenham sido elaborados ao abrigo do disposto no artigo 64.º/2 devem ser registados, depois da aprovação pelo Turismo de Portugal e nos termos previstos no artigo 54.º.
- Que da aplicação das normas a que alude o artigo 64.º/7 às alterações aos títulos constitutivos dos empreendimentos existentes (isto é, aprovados) à data da entrada em vigor da LN resulta também a sujeição a registo do título reformulado.
- E que, relativamente aos empreendimentos turísticos em propriedade plural cujos processos se encontrem pendentes à data da entrada em vigor da LN (artigo 76.º), a opção por um ou outro regime de exploração (o previsto na LA ou o previsto

---

[75] Cremos que vale aqui uma eficácia de densidade paralela à que se reconhece ao título constitutivo da propriedade horizontal (Henrique Mesquita, *A propriedade horizontal no Código Civil Português*, RDES, 1976, p. 94).

[76] Embora não deixe de reflectir também uma intenção de protecção dos adquirentes, colocados na posição de consumidores.

Empreendimentos Turísticos – Implicações Registais

na LN) não acarreta escolhos à registabilidade do título constitutivo, dado que a norma transitória fixada no artigo 76.º/2,
ainda que pouco clara na sua fórmula verbal, não permitirá
sustentar que, nestes casos, o título constitutivo do empreendimento turístico em propriedade plural não está sujeito a
registo[77].

Conclusão

O breve excurso que antecede e a análise perfunctória dos
diversos aspectos relativos aos empreendimentos turísticos que atrás
se deixou feita permite-nos concluir que também neste domínio, que
é o da *disposição* dos prédios para fins turísticos, o registo predial se
apresenta como suporte privilegiado de publicitação dos factos que
integram o *iter* de constituição dos empreendimentos e, desta forma,
se assume como instrumento indispensável de protecção eficaz dos
interesses privados em presença.

Mas a complexidade de muitas das questões aqui colocadas,
deixando espaço para mais e melhor reflexão, não deixa também de
pôr a claro que a *marca* do registo se faz à custa de um bom relacionamento entre os vários ramos do Direito e que só deste modo se
alcança uma solução integrada e eficaz e a tão propalada segurança
do comércio jurídico imobiliário.

---

[77] Com efeito, o recurso a outros subsídios interpretativos, como sejam a consideração das demais disposições que formam o complexo normativo transitório integrado no
Decreto-Lei n.º 39/2008 e a ponderação da *ratio legis* do artigo 54.º/6, permitirá o sentido e
alcance que no texto se propõe para a norma em apreço.

ÍNDICE

Nota Prévia 5

Que estratégia para o turismo em portugal?
JORGE UMBELINO 7

Utilidade turística e interesse para o turismo – dos respectivos regimes jurídicos
SARA BLANCO DE MORAIS 29

Empreendimentos turísticos e planeamento urbanístico: a "turisficação do território"
ou a "territorialização turística"?
FERNANDA PAULA OLIVEIRA 37

A sustentabilidade ambiental do turismo
ALEXANDRA ARAGÃO 69

O procedimento de instalação de empreendimentos turísticos
LICÍNIO LOPES MARTINS 119

Concretização de empreendimentos turísticos legislação e aplicação
DULCE LOPES 149

Propriedade plural e gestão de empreendimentos turísticos
CRISTINA SIZA VIEIRA 171

Empreendimentos turísticos em propriedade plural
SANDRA PASSINHAS 195

Empreendimentos turísticos – implicações registais
MADALENA TEIXEIRA 219